L'ÉDUCATION MATERNELLE

DANS L'ÉCOLE

PAR

Mme Pauline KERGOMARD

INSPECTRICE GÉNÉRALE DES ÉCOLES MATERNELLES

DEUXIÈME SÉRIE

PARIS

LIBRAIRIE HACHETTE ET Cie

79, BOULEVARD SAINT-GERMAIN, 79

1895

L'ÉDUCATION MATERNELLE

DANS L'ÉCOLE

DEUXIÈME SÉRIE

L'ÉDUCATION MATERNELLE DANS L'ÉCOLE

Première série ; 2e édition.

1 vol. in-16, broché. . . . . . 3 fr. 50

Coulommiers. — Imp. Paul BRODARD. — 683-94.

L'ÉDUCATION MATERNELLE

DANS L'ÉCOLE

PAR

Mᵐᵉ Pauline KERGOMARD

INSPECTRICE GÉNÉRALE DES ÉCOLES MATERNELLES

DEUXIÈME SÉRIE

PARIS

LIBRAIRIE HACHETTE ET Cⁱᵉ

79, BOULEVARD SAINT-GERMAIN, 79

1895

AVANT-PROPOS

Ce volume est, comme celui qui l'a précédé de quelques années, un recueil d'articles publiés dans *l'Ami de l'enfance*.

Ce sont, à proprement parler, des notes prises au vol dans les écoles — où m'appellent mes fonctions d'inspectrice, — dans la rue, dans les tristes réduits, où m'attire mon devoir de membre de quelques sociétés philanthropiques.

Il n'y faudra donc pas chercher le classement rigoureux des idées, ni un lien apparent entre les divers chapitres. On ne les y trouverait point.

Mais ce que le lecteur y trouvera, si je ne me suis pas trahie moi-même, c'est une foi profonde, et jusqu'ici inaltérée, dans la puissance de l'éducation, et le désir ardent de la communiquer à ceux qui ont « charge d'âmes ».

C'est en même temps un respect quasi religieux pour l'âme de l'enfant; un amour que je tâche d'éclairer pour ce qu'il y a en elle de mystérieux et d'exquis; une pitié agissante pour la souffrance de cet être faible qui attend tout de nous.

Mon but initial a été de faire pénétrer dans l'école les procédés éducatifs de la famille; Aujourd'hui que je connais mieux les familles, celles que la lutte pour le pain quotidien absorbe et entraîne, celles dont l'ignorance entretient les préjugés, celles que la misère dégrade, celles que le vice déprave, je rêve de faire pénétrer les procédés de l'école dans la famille; plus encore : de faire envahir la famille par l'école.

Mais pour que ce rêve se réalise, il faut que l'école, dépouillée de son formalisme, se laisse pénétrer profondément par le respect et l'amour de l'humanité.

PAULINE KERGOMARD.

L'ÉDUCATION MATERNELLE

PREMIÈRE PARTIE

DEVOIRS GÉNÉRAUX DE L'ÉDUCATEUR

CHAPITRE I

L'Éducateur doit enseigner à ses élèves à vivre en hommes de bien.

(a) Des qualités qui caractérisent l'homme de bien.

« Un instituteur ne doit pas estimer sa tâche remplie, tant qu'il ne pourra pas se rendre cette justice : « J'ai donné à ces petits le meilleur de moi-« même ; je ne leur ai pas seulement enseigné tel « ou tel art, telle ou telle science ; mais la grande « science et le grand art : la science et l'art de « vivre en hommes de bien [1]. »

Nous nous sentons ici en plein air, au milieu d'un

[1]. Discours prononcé le 31 décembre 1893 par M. Spuller, ministre de l'Instruction publique, devant les directeurs et les directrices des écoles primaires supérieures de Paris.

vaste horizon qui nous fait oublier l'étroitesse des programmes. L'éducateur doit cultiver en lui-même tout ce qu'il y a de meilleur dans l'homme, et, ce meilleur une fois obtenu, il doit le donner généreusement à ses élèves; sa tâche se compose donc de deux devoirs tout à fait distincts : s'élever soi-même, élever autrui. La pratique du second est nulle, si le premier n'a pas été rempli.

Pour élever autrui, comme pour s'élever soi-même, il faut commencer de bonne heure. « En matière d'éducation, les commencements sont chose capitale [1]. » Et, grâce à cette phrase, le discours déjà cité de M. Spuller, qui paraissait d'abord ne s'adresser qu'au personnel des écoles primaires supérieures, s'adresse à tous les éducateurs et surtout au personnel des écoles maternelles, à défaut de la famille qui, malheureusement, est occupée ailleurs, et qui, plus malheureusement encore, ne s'intéresse pas aux problèmes de l'éducation. Tandis que nous autres qui en cherchons anxieusement la solution, nous sommes effrayés de la difficulté de notre tâche, elle n'a pas même l'air de se douter que le problème existe.

Notre responsabilité s'en augmente et nos difficultés s'en aggravent. Car, lorsque l'enfant nous est confié à deux ans, son éducation est mal commencée; il faut déjà songer à réparer le mal. Ces deux premières années ont été, en effet, vécues dans la famille ou chez une nourrice et, dans les deux cas, l'enfant a eu pour guides des ignorants, accessibles

1. Extrait du même discours.

seulement aux préjugés, et qui, par surcroît, trop pressés d'arriver à un résultat pratique, ont faussé l'éducation dès le début.

Ainsi, on a laissé le nourrisson contracter l'habitude de sucer son pouce, parce que, lorsqu'il suce son pouce, il reste tranquille ; on l'a fait téter toutes les fois qu'il a crié, comme si la faim était le seul et unique motif des cris d'un petit enfant ; on l'a bercé pour l'endormir, etc. Un peu plus tard on l'a attaché à sa chaise pour n'avoir pas à le surveiller....

Si, de ces exemples matériels, nous passons à des exemples d'éducation morale, nous voyons les parents rire lorsque l'enfant prononce des mots grossiers, que l'on trouve tout à fait amusants dans sa petite bouche, en attendant qu'ils provoquent des punitions ou des coups. Or, ces mots, l'enfant les a cueillis le plus souvent sur les lèvres mêmes de son père ou de sa mère, car personne ne se surveille devant lui, pas plus en actes qu'en paroles. Tous semblent vraiment ignorer que « le commencement est l'affaire capitale ». Le commencement, je le répète, a été presque partout négligé et quelquefois même il a été déplorablement engagé.

Notre intervention — je veux dire celle de l'école — se produit donc presque toujours dans des circonstances défavorables. Mais, loin de nous décourager, ces difficultés doivent, au contraire, enflammer notre bonne volonté.

« La tâche de l'instituteur — je répète une seconde fois — ne sera remplie que lorsque celui-ci pourra se dire : « J'ai enseigné à ces petits la science et « l'art de vivre en hommes de bien. »

La première question que doit se poser l'éducateur est donc celle-ci : Qu'est-ce que vivre en homme
de bien? et sa réponse doit être très nette : L'homme
de bien remplit ses devoirs envers lui-même et
envers les autres; il se respecte lui-même et il respecte les autres; il est juste et il est bon. Son idéal,
au lieu de s'accrocher aux jouissances matérielles de
la vie, s'élève et plane; il tend à la perfection, il tâche
de l'atteindre par le désintéressement et par l'amour.

Il me semble que, dans ce cadre très large, peuvent
entrer toutes les qualités qui ennoblissent l'individu
et assureront le triomphe moral de l'humanité.

Or tout ce qui, pour l'homme, constitue le devoir
envers soi-même ou envers les autres est aussi un
devoir pour l'enfant; les conditions dans lesquelles
le devoir se présente et dans lesquelles il est accompli sont seules différentes. C'est une simple affaire
de proportion. L'école doit donc cultiver dans l'enfant toutes les qualités qui sont l'apanage de l'homme
fait, de l'*homme de bien*.

Nous avons dit que l'homme de bien se respecte
lui-même. Le respect de soi doit donc être enseigné
à l'enfant. La base de ce respect de soi est la propreté : il faudra que l'enfant soit propre, qu'il le
soit à tout prix. Et c'est l'école qui doit, dans un
grand nombre de cas, organiser elle-même la propreté.

Ce que l'on dit et la manière dont on le dit tiennent
aussi du respect de soi-même; presque toutes les
habitudes matérielles aussi; les gestes aussi. Or,
dans le milieu où vivent les enfants, ce que l'on
dit, la manière dont on le dit, les habitudes et les

gestes sont trop souvent bien loin de trahir le respect de soi-même. La surveillance à l'école maternelle doit donc s'exercer sur le geste, sur les habitudes matérielles, sur le vocabulaire. Cette surveillance aura un double résultat : elle conduira au respect d'autrui, en même temps qu'au respect de soi-même, car on surveille aussi la propreté de son corps et de ses vêtements, on surveille aussi ses paroles et ses allures pour autrui, lorsqu'on a le respect d'autrui. Ces premières habitudes contractées à l'école maternelle, cultivées à l'école primaire, sont les premiers fondements de l'éducation de *l'homme de bien.*

L'homme de bien est juste; il est donc de toute nécessité que l'enfant vive dans un milieu où l'on respire en quelque sorte l'idée de justice, et où cette idée s'infiltre en lui par tous les pores. Or l'idée de justice n'est pas toujours honorée dans le milieu où vivent nos petits élèves. On y souffre beaucoup, et, sauf chez les natures très élevées, la souffrance rend injuste.

L'éducateur n'a pas à répéter à satiété à ses élèves : « Ne faites pas à autrui ce que vous ne voulez pas qu'autrui vous fasse à vous-mêmes; faites-lui ce que vous voudriez qu'il vous fît »; mais il faut, à chaque action qui n'est pas conforme au principe de justice, arrêter l'enfant et dire : « Si l'on t'en faisait autant? » — Il frappe : « Veux-tu être frappé? » — Il prend le jouet d'un caramade : « Veux-tu que ton camarade prenne le tien? » — Il refuse de jouer : « Seras-tu content lorsqu'on te refusera aussi?... »

Et, en même temps que l'esprit de justice, s'infiltrera — si nous nous y prenons bien — un sentiment de plus en plus exact de la liberté. On dit si souvent aux enfants qu'ils sont libres, sans leur faire comprendre les restrictions que la vie en commun apporte à la liberté, qu'ils ont, sur ce noble apanage de l'individu, les idées les plus fausses : idées qui, malheureusement, sont difficiles à déraciner et nuisent ensuite à son développement comme homme de bien.

Prenons des exemples. On a donné à l'enfant un tambour ou une trompette; c'est à lui, bien à lui, il est libre de faire rouler les baguettes sur la soi-disant peau d'âne, et de tirer de l'instrument de cuivre des sons faux et discordants; il use de sa liberté; mais si le bruit empêche d'autres joueurs de s'entendre? Il faudra que le tambour ou le clairon s'éloigne, que l'enfant mette une sourdine, peut-être même qu'il cesse tout à fait. Ce sacrifice nécessaire appelle en même temps une concession de la part des joueurs pour lesquels il l'a fait. Ces joueurs respecteront autant que possible la liberté de leur camarade, ils élèveront la voix pour couvrir celle de l'instrument qui les gêne; le sentiment de la justice et celui de la liberté seront ainsi satisfaits.

Autre exemple. Quelques enfants construisent des monuments avec des cubes; ils sont affairés, retiennent leur souffle, il ne faut pas que ça tombe! Un camarade n'a pas le droit de s'appuyer brutalement sur la table, de la secouer, quoique en principe rien de plus légitime en soi que de s'appuyer plus ou moins fort sur une table et de lui imprimer un mouvement quelconque. *Mais il n'est pas juste de priver ses camarades d'un plaisir inoffensif, et la liberté individuelle ne doit pas aller jusqu'à gêner les mouvements de la collectivité.*

Ce sentiment de la solidarité doit être inculqué, sans phrase bien entendu, dès le premier jour de l'entrée à l'école; car il est essentiel que chacun soit persuadé, le plus tôt possible, que la liberté est chose relative. Robinson Crusoé, seul dans son île, était libre; il ne pouvait faire de tort à personne; le jour où il rencontra Vendredi, les choses changèrent pour lui : il ne fut plus libre que relativement; mais porta-t-il le deuil de sa liberté absolue? Non, car il reçut en échange les joies de l'amitié, les dédommagements de la vie sociale. Ajoutons enfin que certaines impossibilités inhérentes aux choses mêmes restreignent la liberté, et qu'il faut en prendre son parti. Pour reprendre mon exemple, Robinson Crusoé, avant d'avoir fait un bateau, était prisonnier dans son île.

Je le répète, un enfant, même tout petit, doit apprendre que sa liberté est limitée par celle d'autrui; et, si on l'habitue à ne pas faire aux autres ce qu'il ne voudrait pas qu'on lui fît à lui-même, cette idée s'implantera dans son esprit et sera féconde pour plus tard.

Plus difficilement, il arrivera à la bonté, qui est le couronnement de l'édifice moral; il la comprendra pourtant dans les autres, et, réchauffé par elle, il éprouvera le désir inconscient de répandre la chaleur d'âme à son tour. Chez des enfants aussi jeunes, la bonté se traduira plutôt par des effu-

sions que par des actes, et c'est pour cela que je
voudrais tant voir la tendresse faire partie du programme dans nos écoles maternelles (j'ajoute maternelles à regret, car la tendresse est pour l'éducateur à tous les degrés un levier de premier ordre.
Interrogez un être arrivé à l'âge d'homme : s'il a
été élevé sans tendresse, il vous dira la solitude de
son âme, l'espèce d'hiver anticipé qui a tenu dans
sa vie la place de la saison riante ; sa timidité, son
manque de confiance en lui-même, son pessimisme
peut-être datent de cette enfance où il a eu froid,
et vous voudrez réchauffer celle de vos élèves. La
bonté se développe malaisément dans les cœurs
fermés : ouvrez les cœurs!)

J'ai dit plus haut que l'idéal de l'homme de bien
ne s'accroche pas aux choses matérielles de la vie,
et je suis convaincue que l'idéal de l'enfant pourrait aussi « planer » dans des sphères relativement
élevées. Il est évident que, si nous lui disons constamment, parce qu'il est tout jeune et presque
exclusivement sensitif : « Si tu es sage, tu auras des
pastilles » ; « Le jour de la fête de ta maman, tu
seras bien content, parce qu'il y aura un bon dîner
et un grand gâteau » ; si la visite du grand-père
représente seulement un jouet nouveau, une « belle
toilette » pour la saison qui vient, l'idéal de l'enfant sera exclusivement matériel.

Mais si, sans exclure les pastilles, le bon dîner
couronné par un gâteau, le jouet grand-paternel et
la « belle toilette », nous mettons l'enfant sur nos
genoux ; si, en caressant sa petite tête ou en cou-
vrant ses mains de baisers, nous lui parlons de pré-

parer une surprise pour la fête de sa mère; si nous faisons pressentir la joie de l'aïeul quand il approchera ses lèvres du front de son petit-enfant, l'idéal s'élèvera, tout naturellement, sans aucune secousse.

Ce que j'appelle secousse en ce cas, c'est la surprise qu'éprouve notre pupille le jour où nous lui disons : « Tu es trop grand pour que je te donne des pastilles »; — « A ton âge, on ne doit pas penser aux bons dîners, aux grands gâteaux »; — « Tu n'aimes donc ton grand-papa que pour les cadeaux qu'il t'apporte? » Il y a en effet une surprise désagréable, car l'enfant, qui a de la logique, se demande comment il se fait qu'hier il pouvait penser aux pastilles, aux bons dîners, aux grands gâteaux, aux cadeaux du grand-père, et pourquoi aujourd'hui il ne le doit plus; il sent si peu de différence en lui-même, entre aujourd'hui et hier! Je le répète, il y a surprise, et la surprise est désagréable, parce que la transition a manqué.

CHAPITRE II

Devoirs de l'éducateur envers les enfants.

I. Protection. — II. Respect. (a) Choix des notions que nous déposons dans l'esprit de l'enfant. — (b) Discrétion et délicatesse dans les rapports entre l'éducateur et l'enfant. — (c) Accueil que doit faire l'éducateur aux manifestations de l'âme de l'enfant.

Ici se placent tout naturellement une énumération et une analyse sommaires des devoirs de l'éducateur envers les enfants.

Le sentiment ou plutôt le pressentiment de ces devoirs est tout nouveau en pédagogie; si nouveau qu'il est loin d'être accepté de tous. On admet encore difficilement que droits et devoirs sont choses réciproques quels que soient les individus, leur âge, leur situation, et que, par conséquent, les parents, les maîtres, la société tout entière ont des devoirs envers les enfants. Autrefois parents, maîtres, société tout entière étaient censés n'avoir que des droits. Il y a donc un abîme entre l'ancienne conception et la nouvelle.

Mais il ne suffit pas de déclarer — j'allais dire d'*avouer* — que nous avons des devoirs envers les enfants; il est indispensable, d'abord, de savoir en quoi ces devoirs consistent; ensuite, d'en mesurer l'étendue pour se préparer à les bien remplir.

Ces devoirs quels sont-ils?

Il me semble qu'on peut les grouper sous trois titres principaux : « protection, amour, respect », et que l'éducateur pourra inscrire au-dessous de ces titres toutes les divisions et les subdivisions de son système.

1° PROTECTION. — Il tombe sous le sens, en effet, que l'enfant a tout d'abord besoin d'être protégé, puisqu'il est faible. Laissez-le à lui-même au moment où il vient au monde, et c'en est fait de sa vie. Privez-le de votre sollicitude pendant les années qui suivront, et il n'en ira pas mieux, à moins que des individus isolés, ou réunis en société, ne vous remplacent auprès de lui.

Cette protection, exclusive au corps pendant les premiers mois, s'étend bientôt à l'âme et à l'esprit, qui doivent être protégés contre l'ignorance et contre le vice.

Ce premier point accepté, examinons ensemble ce devoir de protection au point de vue de l'école elle-même. Cette dernière remplit-elle tout son devoir?

Hélas! non; d'abord elle ne protège pas encore tous les enfants, puisque, malgré la loi scolaire, il y en a par centaines dans les rues et dans les taudis sans air; puisque nous n'avons pu rendre l'école maternelle obligatoire pour les petits que leurs mères abandonnent dans la chambre solitaire, et pour ceux qui mendient et vagabondent dans les rues. Elle ne protège pas non plus suffisamment tous ceux qui la fréquentent, puisque nous n'avons pas trouvé le moyen de généraliser les classes gardiennes pour le soir, pour le jeudi, pour les vacances, puisque nous n'avons pas de cantines partout, que le vestiaire n'existe presque nulle part et que les patronages sont ici et là seulement en voie d'organisation.

Oh! nous avons beaucoup fait à ce sujet; je crois bien qu'en ce qui concerne l'école philanthropique notre pays tient la tête; mais quoique nous soyons à la place d'honneur, nous ne devons pas nous tenir pour satisfaits tant que nous ne serons pas arrivés à la perfection.

2° RESPECT. — L'enfant doit être respecté à l'égal d'un mystère que l'on devine sacré, et de ce sentiment résultera tout un système d'éducation.

On respectera son corps en lui donnant les soins qu'il réclame. C'est le temple qu'habite le feu sacré; on respectera ses yeux en ne lui montrant que des spectacles décents, gracieux et nobles; ses oreilles, en recherchant pour lui l'harmonie, en éloignant le bruit et les discordances, et en ne lui faisant entendre que des paroles bienséantes. On respectera son esprit en n'y déposant que des notions vraies; son âme en y développant tout ce qui doit être l'idéal de l'homme de bien.

Ce respect que nous devons à l'enfant il faut le lui témoigner, non seulement par le bon choix des notions intellectuelles que nous lui distribuons, par la discrétion et la délicatesse avec lesquelles nous entrons en relation avec son âme pour n'y rien froisser, mais aussi par l'accueil que nous faisons à toutes ses manifestations spontanées, — manifestations qui sont pour nous autant de fenêtres ouvertes sur sa personnalité, — et enfin par l'ombre discrète dont nous enveloppons ses bonnes qualités, pour ne pas froisser sa pudeur ; ses défauts, pour sauvegarder le sentiment naissant qu'il peut avoir de l'honneur.

Or l'éducation — celle qui prend l'enfant à la naissance et le conduit jusqu'à l'école primaire, celle de l'école maternelle surtout — pèche bien souvent contre le devoir de respect envisagé à ces différents points de vue.

a. *Choix des notions que nous déposons dans l'esprit de l'enfant.*

Quelle est celle de nous qui, sur ce point, ne doit pas faire son *mea culpa* ? Combien de fois ne sommes-nous pas arrivées devant nos petits pupilles sans nous être préparées à leur donner tout ce que nous avons de meilleur dans l'esprit !

Nous connaissons cependant un moyen — non pas infaillible, mais à peu près sûr — de prévenir les erreurs ! Il consiste : dans un triage très judicieux et très sévère de ce qui est à la portée des enfants de deux à six ans, et de ce qui doit être réservé pour plus tard (mais l'emploi de ce premier moyen exige une étude psychologique à laquelle nous ne donnons pas assez de soins) ; et il exige une préparation très minutieuse de nos petites leçons. Cette préparation doit s'appliquer au fond, aux détails, à la forme.

Malheureusement, nous sommes en général bien éloignées d'attribuer une telle importance à la préparation de nos causeries. Elles sont trop souvent une copie tronquée d'un chapitre de manuel, d'un article de journal. La vérité scientifique en est souvent contestable; faute de détails, de circonstances, d'incidents, la leçon manque de vie; enfin, la forme non travaillée laisse les enfants ignorants du vocabulaire français et les causeries restent, à ce point de vue, tout à fait inutiles.

b. *Discrétion et délicatesse dans les rapports entre l'éducateur et l'enfant.*

Une discipline très libérale, basée sur une quasi-liberté individuelle, pourrait seule consacrer ce principe. Or la discipline de nos écoles maternelles est trop stricte, trop formaliste, trop rythmée, si j'ose ainsi parler; elle assure l'ordre — ce qui n'est pas à dédaigner dans une agglomération aussi considérable, — on lui doit même une sorte d'harmonie matérielle; mais elle supprime presque les rapports entre la maîtresse et chacun des enfants qui lui sont confiés. Les signaux s'adressent à la collectivité, les leçons aussi. C'est à peine si l'éloge et le blâme sont individuels. En de telles conditions, il est presque oiseux d'insister sur les qualités essentielles que doivent réunir les rapports d'éducatrice à élève, et il est évident que si nous voulons faire de l'éducation, au lieu de faire du dressage, il faudra sacrifier quelques mouvements collectifs — sauf à apporter plus de soin à ceux qui seront conservés, —

pour permettre, d'une part, à chaque enfant de se montrer lui-même, d'autre part, à la maîtresse de faire connaissance avec chaque enfant, et de se mêler discrètement à sa vie intime.

Et ce n'est pas impossible, croyez-le; pour ne donner qu'un exemple, je comparerai une entrée en classe à Londres et une entrée en classe à Paris. Chez nous, au signal donné par la cloche ou le sifflet, les maîtresses s'emploient à faire placer les enfants « dans le rang », chacun devient bientôt le prisonnier du camarade qui le précède et du camarade qui le suit; il est pour ainsi dire pris dans un engrenage, obéit machinalement à la consigne, et, sauf exception, aucune infraction de sa part, aucune aide morale de la part de la maîtresse ne peuvent se produire.

A Londres, au contraire, au premier signal, chaque enfant sait qu'il doit se rendre de lui-même, et comme il l'entendra, à sa place, et qu'il doit y être arrivé à un moment précis. L'un y va les mains dans ses poches, l'autre les bras ballants, un troisième en sautant à cloche-pied; mais presque tous sont exacts. La maîtresse parle aux retardataires ainsi qu'à ceux qui ont bousculé leurs camarades pour arriver les premiers, et, pour peu qu'elle ait le sens de l'éducation, elle trouve pour chacun la formule appropriée.

Les enfants une fois entrés en classe, les procédés adoptés chez nous s'opposent aux rapports individuels entre eux et la maîtresse; la distribution du matériel est presque automatique. Quant aux leçons, exclusivement collectives malgré les efforts que nous avons faits pour que l'on adoptât un système mixte, elles favorisent aussi peu que possible l'intimité.

Oh! je sais bien ce que l'on me dira : « Tout est prétexte à causeries dans notre enseignement maternel; la lecture d'une phrase n'est que le point de départ d'une histoire; le calcul est un jeu pour l'esprit, grâce à nos procédés nouveaux, et le dessin lui-même ne s'adresse plus exclusivement aux doigts ». Hélas! que de choses factices encore! Que de sommeil intellectuel, par exemple, dans l'emploi pour le calcul des éternels bâtonnets!

Décidément presque tout est à faire en ce qui concerne les rapports de l'éducatrice avec ses élèves.

c. *Accueil que nous devons faire aux manifestations enfantines.*

Cependant, malgré notre discipline trop étroite, malgré nos leçons trop dogmatiques, malgré bien des imperfections qui vont d'ailleurs s'atténuant tous les jours, l'esprit de quelques enfants s'échappe en saillies du plus haut intérêt pour l'éducatrice. La forme en est parfois grotesque; alors la maîtresse rit, au lieu de débarrasser bien vite le petit diamant de son enveloppe rocailleuse, et les camarades rient de confiance; le petit interrupteur rougit; quelquefois il fond en larmes; presque toujours il se replie sur lui-même, et c'en est fait pour longtemps de ses confidences. Parfois aussi la boutade est inepte; on le traite de « petit sot », sans lui faire comprendre en quoi il se trompe, et le résultat que j'ai indiqué plus haut se produit encore. D'autres fois, enfin, un enfant dit sciemment une énormité que l'on traite avec trop de légèreté : témoin ce bambin à qui je demandais ce qui l'avait le plus amusé dans la rue, et qui me répondit : « Un chien qu'un autre avait mordu ».

« Quelle idée ! » s'écria en riant la jeune maîtresse que mon indignation stupéfia.

Enfin, si l'observation est judicieuse dans le fond et intéressante dans la forme, on comble l'enfant d'éloges. Neuf fois sur dix, il se trouble et se promet de ne plus rien dire à l'avenir; c'est à ce dernier cas et à des cas analogues que s'applique le conseil que j'ai donné plus haut : « Enveloppons d'une ombre discrète les bonnes qualités de l'enfant pour ne pas froisser sa pudeur ».

3° Amour. — Si l'école ne protège pas assez l'enfant, si elle ne le respecte pas toujours assez, elle ne l'aime pas assez non plus, ou plutôt son amour affecte des formes trop austères, trop rigides. Le petit élève arrive, il salue, ou bien il dit : « Bonjour, madame »; on lui rend son salut d'un signe de tête ou d'un sourire — ce qui est déjà bien joli — ou bien on répond à son « bonjour » par un autre « bonjour », et puis c'est tout ou presque tout; il est évident que ce n'est pas assez.

Son prénom même n'est pas accueilli à l'école : Paul, Henri, Gabrielle, Thérèse ne s'appellent plus, dès qu'ils en ont franchi le seuil, que Martin, Duval, Dupré, Garnier, comme leur père, et certainement cela jette du froid. Le tutoiement est, sinon interdit, du moins sérieusement contesté. Quant à cette tendresse rayonnante et effective dont les enfants ont absolument besoin pour se donner — même des

2

enfants de douze ans, — l'école ne la connaît pas, elle la repousse presque comme débilitante. Et cependant elle serait, j'en ai la conviction, le moyen le plus efficace de faire naître et de développer la sincérité. L'amour tempérerait aussi ce que la justice stricte a d'injuste parfois, car il devinerait la cause des défaillances momentanées, ferait la différence entre les incapacités — dont l'enfant ne saurait être responsable — et les mauvaises volontés; il devinerait presque, en attendant de les connaître, les difficultés provenant des milieux. Certes, notre devoir d'amour est aussi impérieux que nos devoirs de respect et de protection.

CHAPITRE III

Nécessité des études psychologiques.

(*a*) La psychologie de l'enfance n'est pas encore faite, parce que l'on a trop longtemps considéré l'enfant comme une quantité négligeable. — (*b*) On ne connaît pas l'enfant parce que l'on a supprimé sa liberté.

Mais, pour se rendre compte de ses devoirs envers l'enfant, encore faut-il connaître celui-ci; or on dit que sa psychologie n'est pas faite. Celle de l'homme l'est-elle donc? Ceux qui cherchent scientifiquement les secrets de l'âme humaine sont loin d'avoir dit leur dernier mot. Quant aux psychologues ama-teurs, parmi lesquels on compte nos plus illustres romanciers, leur étude a pour domaine des milieux tellement spéciaux, que leurs conclusions ne nous apprennent rien sur toute la portion de l'humanité — la plus considérable et, sans contredit, la plus intéressante — qu'ils négligent d'interroger. S'ils mettaient en commun le fruit de leurs observations, la somme de vérité qu'ils nous révéleraient aurait un caractère moins restreint, c'est vrai, mais elle présenterait toujours cette infériorité d'avoir été

réunie dans des milieux où *tout* est excessif, sauf le
désir de se développer moralement, sauf le désir
de devenir meilleur. Les auteurs auxquels je fais
allusion ont creusé jusque dans ses plus intimes
retranchements l'âme de quelques hommes d'État
— et pas de ceux qui se sont montrés les plus
probes, — des financiers les moins scrupuleux, des
oisifs et des oisives, des déclassés et des malades;
mais l'âme de l'honnête homme et de l'honnête
femme, sujets aux défaillances, mais prompts à se
relever, l'âme de tous ceux qui se sont fait un idéal
de justice et de bonté, et qui s'acheminent par
petits progrès, mais sûrement, vers la réalisation
de cet idéal, cette âme, ils ne la connaissent pas,
et parce qu'ils l'ignorent, plusieurs nient qu'elle
existe.

Je causais, un jour, avec une des gloires du
roman contemporain, un des romanciers-psycho-
logues dont la recherche me paraît de meilleur aloi,
je dirais presque de meilleure santé, et je lui
reprochais d'avoir fait commettre à tel de ses personnages, qui m'avait d'abord semblé capable de
se respecter lui-même et de respecter les autres,
des actes odieux, déshonorants. « Mais cela se fait
partout; tout le monde agit ainsi, me répétait-il,
très surpris de mon indignation ; oui,... je vous
assure que cela se fait partout. — Cela ne se fait
pas chez moi, lui affirmai-je; cela ne se fait pas
chez mes amis, ni chez les amis de mes amis, et
vous n'avez pas le droit de nous tenir ainsi en
dehors de votre champ d'observations, de laisser
croire que tous les hommes ressemblent à votre

héros, M. X..., toutes les femmes à votre héroïne,
Mme Z.... J'ajoute que votre devoir est de connaître
notre monde à nous ; le monde où l'on travaille, où
l'on peine, où l'on souffre, mais où l'on sait aussi ce
que valent les joies pures du désintéressement, de
l'amitié et de l'amour. Nous avons droit, nous aussi,
à être décrits par votre plume d'or. En tout cas,
tant que vous ne nous aurez pas étudiés, je récuse
votre psychologie. »

Donc la psychologie de l'homme n'est pas faite :
elle est sur le chantier seulement ; celle de l'enfant
est encore moins avancée, et il me semble cependant qu'elle présenterait moins de difficultés, car si
son âme est comme un miroir aux images essentiellement fugitives, c'est au moins un miroir sincère
dans lequel nous aurions vu une quantité de choses
si nous avions regardé. Mais pendant longtemps
le spectacle a semblé indigne de notre œil. En
somme, si l'enfant ne nous a rien dit de lui-même,
c'est que nous ne lui avons rien demandé. Nous
l'avons trop longtemps traité en être exclusivement
passif, nous lui avons imposé nos systèmes, au lieu
d'aller chercher en lui-même les éléments du système rationnel qui nous aurait permis de l'*élever*,
c'est-à-dire de l'aider à développer sans efforts tout
son être.

La psychologie de l'enfant serait au moins aussi
avancée que celle de l'homme, si les éducateurs
avaient aidé les psychologues ; mais même en ce qui
nous concerne personnellement, nous les avons
laissés chercher et nous avons attendu leurs conclusions ; à plus forte raison sommes-nous restés en

dehors des recherches qui s'appliquaient à autrui.
Ne nous intéressant pas à notre propre histoire
morale, nous avons dédaigné celle de l'enfant.
Comment demander leurs secrets à des êtres qui
ne savent pas encore s'exprimer, si nous ne connaissons pas nos propres secrets? Comment enfin
faire la psychologie de l'enfant si — sous un nom
ou sous un autre, sans nous en douter presque,
comme M. Jourdain faisait de la prose — nous ne
faisons pas notre psychologie à nous? Notre apathie
a trop duré; il faut nous mettre à l'œuvre et la
route est toute tracée : nous apprendrons d'abord
à nous connaître nous-mêmes, puis chaque mère
étudiera son enfant, chaque institutrice ses élèves;
nous deviendrons les collaboratrices des psychologues; nous leur apporterons les faits entourés de
toutes leurs circonstances, ils en détermineront
scientifiquement les causes et, grâce à la psychologie, l'éducation qui, aujourd'hui encore, tâtonne
et chancelle, marchera sûrement.

Mais il est incontestable que c'est à l'école,
surtout à l'école maternelle, qu'est le point de
départ.

Jusqu'ici on a simplifié la question comme la
simplifient ceux qui ont pour principe de se débarrasser d'abord de ce qui les gêne; on a dit : « L'enfant doit obéir; l'obéissance est sa première vertu ».
On a eu raison en principe : sans l'obéissance de
l'élève, il n'y a, en effet, aucun espoir pour l'éducateur. Mais, étant donné que l'obéissance consiste à
ne pas faire ce qui est défendu et à faire ce qui est
ordonné, il s'agit d'abord de déterminer la série

des actes que l'on doit défendre et, parallèlement, la série des actes que l'on doit imposer, sans oublier jamais que défenses et ordres dépendent de l'âge de l'élève et du milieu dans lequel il vit, et que, si l'enfant doit toujours obéir, les injonctions ne sont pas immuables. Exemple : Vous défendez à un enfant de deux ans de toucher à un couteau avec lequel il pourrait se blesser, vous mettez hors de sa portée un verre qu'il pourrait briser, tandis que vous indiquez à l'enfant de cinq ou six ans comment on se sert d'un couteau, et comment on boit tout seul dans un verre sans répandre le liquide, et sans laisser tomber le récipient.

Pour établir 1° cette série d'actes à défendre, 2° cette autre série d'actes à ordonner, 3° la série des actes à tolérer, 4° celle des actes à encourager, à inspirer, il est essentiel de connaître la nature de l'enfant, ses besoins, ses aptitudes, ses possibilités; et ces quatre séries étant bien établies, de les modifier graduellement à mesure que l'enfant se développe.

La plupart des petites infractions commises par les petits enfants des écoles maternelles ont pour cause : 1° le besoin impérieux, irrésistible de mouvement; 2° la vivacité, l'imprévu et la fugacité de leurs sensations; 3° l'écart qui existe souvent entre ce que l'on demande d'eux et leur développement intellectuel ou moral. Exemple : Vous mettez une image entre les mains d'un tout petit enfant; pourquoi cherche-t-il à la froisser, à la déchirer, au lieu de la regarder comme le fait son camarade plus âgé? Il cherche à la froisser et à la déchirer : 1° parce qu'il a besoin de faire agir ses doigts; 2° parce que le bruit du papier froissé amuse son oreille peu cultivée; 3° parce qu'il ne reconnaît pas encore les objets ou les individus qu'elle représente, et qu'ils lui sont, par conséquent, indifférents.

L'empêcherez-vous de froisser l'image? Certes, vous commettriez une faute si vous y manquiez. Mais l'empêcherez-vous aussi de froisser, de déchirer un morceau de papier inutile, un vieux journal? Gardez-vous-en bien; engagez-le même à le faire; c'est un premier exercice manuel. Montrez-lui l'image en lui disant : « Il ne faut pas la déchirer; tu vois, il y a un bébé, ou bien un dada, ou bien un chat, un chien, une voiture »; puis donnez-lui le morceau de papier inutile en lui disant : « Fais ce que tu veux ». — Mais il salira la classe ou le préau? — Non, il n'y apportera qu'un désordre apparent, qui fera l'objet d'un deuxième exercice manuel, et d'un petit enseignement moral non dogmatique. Vous lui ferez ramasser le papier.

Un petit enfant *ne peut pas* voir un objet entre les mains d'un camarade sans chercher à s'en emparer; immédiatement on le déclare jaloux. Reportez-vous à ce que nous disions plus haut de la vivacité de ses sensations : l'objet frappe sa vue, il y va tout droit; si cet objet était abandonné par terre, sur une chaise ou une table, personne ne trouverait blâmable l'acte de s'en emparer. Mais l'enfant est-il en état de faire la distinction? Dans les deux cas, il est poussé par le même sentiment ou plutôt par le même instinct : l'objet a frappé son regard, il lui

a paru intéressant, par conséquent désirable, il le
veut.... Que faire? engager le petit partenaire du
même âge à prêter l'objet? C'est prématuré; il faut
offrir soit un objet semblable, soit un autre objet
à l'enfant qui n'a rien entre les mains — sans lui
dire : « Celui-ci est plus joli », ce qui donnerait
l'éveil à un nouveau sentiment dans le cœur de
chacun des deux petits camarades : la jalousie chez
l'un, la vanité ou l'égoïsme chez l'autre. — Mais, s'il
refuse? C'est un sentiment d'obstination qui s'éveille
et auquel vous ne devez pas céder. Vous mettez
l'objet à sa portée; s'il le prend, vous l'en louez
discrètement par un sourire ou un mot amical; s'il
le repousse ou cherche à le détruire, vous l'enlevez et ne le lui donnez plus, jusqu'à nouvel
ordre.

Mais, je vous en prie, pas de défenses inutiles,
pas de défenses conditionnelles. Un de mes excellents amis, intraitable sur la discipline, avait, il y a
quelques années, un enfant de trois ou quatre ans;
le bébé prenait ses repas à la table de famille, et
avait une réelle passion pour les anneaux de serviettes; ils étaient très jolis ces anneaux; le nickel,
poli comme une glace, reflétait les traits du petit
bonhomme, et puis, qualité essentielle, ils rou-
laient..., comme c'était leur devoir d'anneaux. L'enfant y portait irrésistiblement les doigts : « Prends
garde, lui dit un jour son père, si tu laisses tomber
cet anneau, tu n'y toucheras plus jamais, jamais ».
Une fois, l'anneau roula de la table par terre, et la
sentence prononcée fut exécutée implacablement.
L'anneau était toujours là, il n'y fallait pas toucher

sous peine d'être exclu; c'était un supplice pour l'enfant et pour moi. Or, à quoi bon? les petites mains se disciplinent peu à peu à mesure que l'esprit se fixe; il faut savoir attendre, et puis, il faut, je le répète, distinguer entre les interdictions. J'ai connu un enfant à qui l'on donnait une pendule à torturer, un autre qui tisonnait le feu, un troisième qui étalait un à un, sous les yeux indifférents de son père et de sa mère, tous les morceaux de sucre d'un sucrier sur une nappe où il avait préalablement renversé le contenu de son verre. Les parents de ces quatre enfants avaient tort.

Que veut l'enfant, ou qu'a-t-il l'air de vouloir (car il ne faut pas confondre l'instinct et la volonté)? pourquoi le veut-il? dans quelle mesure devons-nous chercher à le satisfaire? Telles sont donc les questions préalables que doivent se poser la mère et l'institutrice, et c'est pour avoir trop longtemps failli à ce devoir que la famille et l'école ont fait si longtemps fausse route.

Eh bien, lorsqu'il s'agit des enfants, mettez-vous bien dans l'esprit qu'ils veulent d'abord, par besoin irrésistible, voir, puis toucher (car ils ne voient bien qu'avec les doigts), puis goûter (ils portent tout à la bouche), en un mot qu'ils veulent agir et vivre; or, comme à l'âge qui nous occupe, ils sont presque exclusivement sensitifs, c'est d'abord à cultiver leurs sens qu'il faut nous appliquer; peu à peu nous nous préoccuperons de leur esprit et de leur cœur, appelés à devenir les maîtres de leurs sens.

Mais l'éducation, je le répète, ne va pas sans la

psychologie; étudiez-vous donc vous-mêmes pour vous rendre dignes du titre d'éducateurs, puis étudiez l'enfant, non point à vos moments perdus, mais constamment; ce sont les moments que vous distrairez de cette étude qui seront les « vrais moments perdus ».

CHAPITRE IV

L'éducateur doit se persuader que l'enfant est d'abord un être exclusivement sensitif.

(a) Éducation des sens. — (b) Lien intime de l'éducation des sens et de l'éducation morale. — (c) Éducation esthétique.

Les premières investigations sérieuses auxquelles vous vous livrerez vous convaincront que l'enfant est d'abord, ainsi que nous l'avons déjà dit, exclusivement sensitif. Dès qu'il commence à voir, il veut saisir les objets; il le veut avec passion. Ses mains sont sans cesse tendues vers ce qu'il désire. Il sourit aux choses, il les appelle, il s'agite pour les avoir et finit par crier si on ne lui les donne pas.

L'éducation, tout au début, se montre l'ennemie d'elle-même, car elle cherche à réprimer cette disposition qu'elle devrait, au contraire, exciter — si elle était lente à se produire — pour la cultiver et la diriger. C'est, en effet, grâce à elle que les petites mains, d'abord si maladroites, font leur apprentissage; que les yeux, dont le regard est d'abord si vague, embrassent peu à peu l'objet que les mains palpent, et que l'esprit entre en communication plus étroite avec le monde extérieur. C'est grâce à elle, aussi, que l'enfant essaye ses forces, puis les développe graduellement. Voyez-le tout petit, incapable d'évaluer le poids des objets, s'attaquant à des masses relativement considérables, s'acharnant à les faire mouvoir. L'objet reste immobile, mais l'enfant a gagné à cet exercice un accroissement de forces.

Voir, toucher, sont une loi de sa nature, qui le régira autoritairement pendant toute son enfance, loi à laquelle, homme fait, il n'échappera pas complètement. Le priver de voir, de toucher dès le début de sa vie, ce serait le retenir dans l'état embryonnaire dans lequel il est venu au monde; l'en priver plus tard, ce serait ralentir ses progrès, ce serait le condamner à ne pas observer, ou du moins à ne faire que des observations imparfaites; ce serait fermer pour lui le champ des expériences, en un mot ce serait en faire un être amoindri, un raté. N'est-ce pas, en effet, en regardant que l'enfant fait inconsciemment d'abord, en connaissance de cause plus tard, la différence entre les couleurs? N'est-ce pas par le toucher, autant que par la vue, qu'il se rend compte de la forme des objets et de quelques-unes de leurs propriétés? Celui-ci est chaud, celui-là est froid; tel autre est rigide ou souple, dur ou mou. En touchant une boule, l'enfant lui imprime le mouvement, elle roule; une roue, elle tourne. En agitant la sonnette, il finit par deviner que le son est produit par le choc du battant contre le corps de l'objet; en jouant avec son pantin, il arrive à comprendre la relation qui existe entre les membres et la ficelle qui les fait mouvoir. Voir de près, toucher, manier, c'est pour lui une condition essentielle de développement. Et ce n'est pas seulement, je le répète, pour le poupon que sa mère porte dans ses bras ou qui se traîne à quatre pattes sur le tapis, c'est aussi pour l'enfant de l'école maternelle, dont le développement est enrayé par l'immobilité et l'abstraction. Plus âgé, à l'école primaire, plus tard encore, dans la vie, il ne comprendra réellement que les choses qu'il aura lui-même expérimentées. Mais, me dira-t-on, « l'enfant semble parfois prendre plaisir à regarder des choses laides » : c'est qu'il n'a pas encore le sens de l'esthétique. « Il veut toucher des choses malpropres » : c'est qu'il ne sait pas encore apprécier la propreté. — « L'eau qui l'attire le mouillera; avec le couteau qui brille il se coupera. » — Ces conséquences, il les ignore. C'est à vous de les lui enseigner peu à peu; c'est à vous de le diriger. Mais, pour que votre direction soit un bienfait, il importe que vous partiez de ce principe que les sens, étant au début de l'existence la seule intelligence de l'enfant, le début de l'éducation consiste à les développer, à les cultiver, et que, si au contraire l'éducateur en entrave le libre exercice, il fait à l'élève un tort incalculable, même au point de vue intellectuel, même au point de vue moral.

Jusqu'ici éducateurs et maîtres ont passé leur temps à dire à l'enfant : « Ne touche pas »; ils devront désormais lui dire : « Touche, rends-toi compte ». Cette nouvelle méthode les forcera, il est vrai, à éloigner systématiquement de lui tous les objets précieux dont la perte serait regrettable (une montre, par exemple, qui se briserait en tombant), tous les objets avec lesquels il pourrait se blesser (un couteau, des ciseaux), et à l'entourer de tous les objets d'un maniement facile, de tous ceux qu'il peut toucher sans inconvénient. Le petit matériel sera d'abord composé de très peu d'objets; mais chaque jour, avec discernement et méthode, l'éducateur y fera une addition nouvelle, jusqu'à ce que son élève puisse enfin se mouvoir librement au milieu de tous les objets familiers, dont quelques-uns doivent être regardés *avec les yeux seulement*, dont quelques-autres réclament beaucoup de précautions et dont la plupart peuvent être maniés sans aucun inconvénient.

Pour ne citer qu'un exemple, l'enfant apprendra à boire seul dans une timbale, son premier ustensile pour manger sera la cuiller; plus tard, on lui confiera un verre, une fourchette, et en dernier lieu un couteau.

De même, à l'école, pour l'écriture, le crayon précédera la plume; pour le tricot, les aiguilles d'acier ne viendront qu'après les aiguilles de bois. Donc les exercices doivent être gradués, et l'on se gardera d'éterniser ceux du début; chaque jour doit marquer un progrès dans le développement de l'enfant; chaque jour doit lui faire faire un pas de plus vers la conquête du monde matériel, comme vers la conquête du monde moral.

Il faut, je le répète, une gradation; et cette gradation a non seulement pour but l'éducation méthodique des sens, mais aussi l'éducation de l'intelligence et du sens moral qui s'éveillent. Au début, nous *offrons* à l'enfant tout ce qu'il peut toucher ; un peu plus tard, nous l'engageons à le prendre ; nous ajoutons chaque jour aux objets familiers des objets d'un usage moins habituel, mais faciles à manier aussi, et nous n'arrivons à laisser à sa portée les objets précieux ou fragiles, c'est-à-dire que nous n'entrons dans la période des défenses, que lorsque l'enfant est en état de les comprendre. Quant aux objets qui offrent quelque danger, la mère ou la maîtresse judicieuse ne les confiera jamais que sous sa propre surveillance, absolument directe.

Mais nous négligerions ce qu'il y a de plus intéressant et de plus délicat dans l'éducation des sens si nous ne faisions pas ressortir d'une façon plus nette la relation intime qui existe entre cette éducation et l'éducation morale, et si nous ne montrions pas à quel point l'éducation à rebours tient souvent la place de l'éducation logique.

L'enfant veut voir, il veut toucher, avons-nous dit, et nous avons ajouté que c'est une loi de son être. La mère, au lieu de lui mettre l'objet dans la main et de lui dire : « Touche », refuse l'objet. Elle le refuse, soit par ignorance des nécessités dont nous sommes, nous, persuadées, soit pour dresser, dès les premiers mois, le bébé à la patience, pour lui « faire le caractère », comme on dit couramment. Qu'arrive-t-il alors ? L'enfant qui veut, parce qu'il ne peut s'empêcher de vouloir, insiste, tend ses petits bras, s'énerve, crie,... et alors de deux choses l'une : ou bien la mère persiste dans son refus, et l'enfant ne cesse de crier que lorsqu'il est exténué, ce qui est mauvais pour sa santé; ou bien elle donne l'objet qu'elle avait refusé, et il comprend bien vite que les cris sont une formalité, désagréable sans doute, mais d'un effet certain, lorsque l'on veut faire revenir sa mère sur un refus : deux résultats bien piteux, vous l'avouerez. A mesure qu'il se développe, l'enfant se trouve aux prises avec des difficultés analogues, mais plus sérieuses, qui ont en général une solution identique, non seulement dans la famille, mais à l'école; alors les cris sont remplacés par les larmes silencieuses ou par la bouderie, ce qui n'est pas meilleur comme résultat moral.

Tout petit, l'enfant crie lorsqu'on lui refuse les choses; plus grand, il sent son désir d'avoir l'objet entre ses mains devenir plus violent; il le désirait d'abord, par instinct, pour faire connaissance avec lui; on a contrarié ce désir si légitime, et celui-ci s'est modifié, a changé de caractère et de nom en même temps; il s'appelle désormais *la convoitise*; c'est un désir âpre, sournois, mauvais, de posséder ce qu'on ne peut pas lui donner. Pour l'avoir, il ruse, il flatte, il ment, quelquefois même il... subtilise (je ne veux pas dire qu'il vole, parce que, l'envie satisfaite, la désobéissance commise, il remettra l'objet à sa place et il n'y pensera plus). Tel est le résultat des refus inconscients ou systématiques.

Ces refus ont surexcité les nerfs, ils ont fait naître la convoitise; tel est le bilan au point de vue physique et au point de vue moral. Mais ils n'ont pas encore fini de mal faire. Supposez maintenant, et il ne faut pas beaucoup d'imagination pour cela, qu'un autre enfant ait entre les mains un objet semblable à celui qui a fait naître l'envie, et voilà tout à coup un autre sentiment mauvais, maladif, qui, développé, fera le malheur de celui qui en sera possédé et de ceux qui l'entoureront : la jalousie, c'est-à-dire la douleur ou la colère de voir autrui posséder ce que l'on ne possède pas soi-même.

Toutes conséquences désastreuses pour un objet infime, pour un bonbon, pour une image, pour un chiffon de papier ou d'étoffe! Hélas! oui, conséquences désastreuses d'une cause en apparence très futile. Qu'est-ce que cela prouve, si ce n'est que tout a son importance en éducation, et que ceux qui la traitent avec légèreté sont impardonnables?

J'ai voulu faire comprendre que l'éducation des sens, qui réclamait d'abord toute la sollicitude de l'éducateur, était intimement liée avec la psychologie de l'enfance. Mais je devine une critique et je veux y répondre. « Vous vous occupez de l'éducation des sens, me dira-t-on, et vous ne parlez que de la vue et du toucher; pourquoi négliger les autres? » C'est que la vue et le toucher ont, me semble-t-il, une action beaucoup plus directe que les autres sur l'éducation intellectuelle et sur l'éducation morale. Le goût ne me paraît pas en relation très intime avec la psychologie; quant à l'ouïe et à l'odorat, leur culture et leur développement ne touchent à la psychologie que par l'esthétique; or l'éducation esthétique est une chose délicate, subtile, immatérielle, devrais-je presque dire, et mériterait une étude toute particulière.

L'amour du beau est, en effet, intimement lié

avec la délicatesse morale qu'on ne peut, à aucune période de l'éducation, se flatter de cultiver séparément. La voix douce et mélodieuse de la mère, qui ne se lasse pas de répéter de sublimes tendresses; celle de la maîtresse, qui conte avec douceur de belles histoires; les chants de l'école, ceux des oiseaux dans les arbres; l'orphéon de la commune, la fanfare du collège ou de l'école normale, la musique du régiment qui passe, le bruit du vent dans le bois, la chanson de la source qui s'épanche sur les cailloux de la montagne, sans aucun discours, sans aucune formule dogmatique, forment l'oreille, que pervertissent, au contraire, les sons discordants, les chants grossiers, le bruit des querelles, le vacarme partout où il se produit. L'harmonie dans la famille, l'harmonie dans l'école, l'harmonie dans la nature, l'harmonie partout et toujours, telle est la véritable éducatrice de l'oreille; telle est la véritable éducatrice de l'âme.

CHAPITRE V

L'éducateur doit se rendre un compte exact du milieu dans lequel vivent les enfants qui lui sont confiés.

(*a*) Importance relative de certaines fautes. — (*b*) Influence sur les enfants du tempérament physique et du tempérament moral des parents. — (*c*) Le registre d'inscription donnerait de précieuses indications sur le milieu où vivent les enfants. — (*d*) Le souci de l'égalité ne doit pas faire oublier les circonstances qui influent sur la tenue des enfants, sur leurs qualités, sur leurs défauts, sur leur travail. — (*e*) Nécessité de venir en aide aux enfants pauvres. — (*f*) Résultats déplorables de la mendicité. — (*g*) Une société contre la mendicité des enfants dans la rue. Le bien qu'elle peut faire. Quelques exemples.

Connaître l'enfant est essentiel; ce point est désormais acquis; mais toute seule, cette connaissance ne suffirait pas; il faut aussi que l'éducateur se rende un compte exact du milieu dans lequel vit son élève; des faits nombreux ne laissent aucun doute sur cette nécessité.

Ainsi j'ai vu un jour, dans une école, une petite fille qui avait volé. Elle avait volé des plumes, et cette mauvaise action n'était pas la première du même genre que l'enfant eût commise. Son casier de méfaits était déjà chargé! Entre autres fautes contre la probité, elle s'était approprié une certaine quantité de bons points; puis, ne pouvant les faire passer pour siens, puisque, n'en méritant guère, elle en avait fort peu, elle avait dépensé un véritable talent pour les faire revenir à leur propriétaire; elle y avait réussi. Sa faute avait donc été aggravée par son habileté à la dissimuler.

Très préoccupée tout d'abord de l'état moral de la pauvre enfant, je l'ai été bientôt plus encore peut-être des procédés que l'on avait employés à son égard; car je crains qu'ils n'aient été à l'encontre du but, lequel devait être, non de faire un exemple, mais de moraliser, et de relever par conséquent l'enfant coupable. Il y avait eu enquête et publicité en un mot.

Parlons d'abord des résultats de l'enquête, qui a certainement été fort délicate à conduire. Toutes les compagnes de la petite voleuse ont su que c'était elle qui avait commis le larcin. Le souvenir de sa faute a été gravé dans l'esprit de toute l'école autant et plus peut-être que dans son propre esprit; elle a été déshonorée, disons le mot. Maintenant, elle a son casier judiciaire; pour toutes ses compagnes, elle est et restera « la voleuse ». S'il se produit d'autres disparitions d'objets, elles lui seront tout naturellement imputées, et, à moins d'une force d'âme exceptionnelle, la pauvre enfant continuera de mériter cette suspicion. A quoi bon se priverait-elle désormais des choses qui la tentent, puisque, malgré tout, sa réputation est faite? Après avoir volé à l'école, il est à craindre qu'elle ne vole hors de l'école; elle passera alors devant un tribunal dont la sanction est plus redoutable.... C'est une enfant perdue.

Examinons maintenant la faute en elle-même. N'attribue-t-on pas toujours une gravité trop considérable à la tendance qu'ont les enfants à s'approprier le bien d'autrui? N'oublie-t-on pas que cette gravité est toute relative? qu'elle varie d'après l'âge de l'enfant coupable, et surtout d'après le degré de son développement moral? Car il est évident que le petit enfant ignore la différence qui existe entre le tien et le mien. Tout ce qu'il voit est à lui, il s'en empare, quand il le peut, et la restitution forcée amène des drames.

C'est que, pour comprendre la légitimité du tien et du mien, il faut pouvoir se rendre compte que ce qui nous appartient — *parce que cela nous a été donné* — représente la volonté libre du donateur qui a destiné l'objet *à nous*, et non pas à un autre, et que cette volonté du donateur doit être respectée. Il faut pouvoir se rendre compte, en même temps, que ce qui nous appartient — *parce que nous l'avons acquis* — représente une somme de travail, d'efforts, de difficultés vaincues qui est non moins respectable. Or les enfants, dont la raison n'est pas encore formée, ne peuvent s'élever à de telles spéculations; aussi presque tous ont — je ne dis pas « volé », parce que le mot est peut-être un peu fort, — mais « chipé », dans leurs premières années. Ces petits larcins ont été traités d'espiègleries, heureusement, et, à mesure que la conscience s'est

développée, ils sont devenus plus rares; enfin ils
ont cessé tout à fait : la probité s'est affirmée. Je
crois que tous, nous avons, plus ou moins, passé
par là.

Certes, la tendance de l'enfant, non encore développé, à s'emparer du bien d'autrui, appelle la
surveillance, une surveillance à la fois très active et
très discrète, mais cette tendance n'est pas toujours
inquiétante. Mais ce qu'il est essentiel d'observer,
c'est le degré de culture morale de l'enfant qui a
pris ce qui ne lui appartient pas. S'il est en âge de
raisonner, *il faut* que son raisonnement s'applique
à faire la distinction entre le tien et le mien, et, si
sa conscience dort, il faut chercher à l'éveiller —
dans la grande majorité des cas — par l'appel aux
nobles sentiments de l'âme; exceptionnellement
par des punitions sévères.

Il est non moins essentiel que ces punitions restent
un secret entre la maîtresse et l'élève, afin de
sauvegarder la réputation de la coupable. Je crois
cette dernière condition tellement nécessaire que,
s'il y a eu une enquête, et si l'enquête a abouti
à la découverte du voleur, le délinquant doit être
envoyé dans une autre école dont le directeur et le
maître de classe seuls seront informés du fait douloureux.

Et s'il ne s'amende pas? s'il est décidément
voleur? il doit être traité par des procédés spéciaux
et envoyé pour cela dans une école de réforme
(remarquez que je ne dis pas une école correc-
tionnelle).

Outre l'âge et le degré de développement, il y a

autre chose à envisager dans le cas de l'enfant qui s'approprie le bien d'autrui.

Il faut connaître la situation morale de sa famille, le milieu dans lequel il vit. Sauf exception, si la famille est honorable, si l'entourage à peu près immédiat est honnête, si les fréquentations de l'enfant, en dehors du foyer, sont scrupuleusement surveillées, le petit accapareur ne deviendra probablement jamais un vrai voleur.

La situation matérielle de la famille est non moins utile à mettre en ligne de compte, car, si cette dernière est indigente, habituée à vivre d'aumônes et d'expédients, l'enfant pourra voler, sans être pour cela irrémédiablement vicieux : il s'appropriera de la nourriture, s'il a faim; un vêtement, s'il a froid. Il y a des souffrances qui ne peuvent être endurées que par des héros; or l'héroïsme, si rare chez les hommes, ne peut être exigé de la moyenne des enfants. C'est à nous de rendre aux enfants indigents la probité moins douloureuse, de soulager leurs souffrances, pour n'avoir pas à chercher de circonstances atténuantes lorsqu'ils ont vraiment mal fait.

Mais ce n'est pas toujours la faim qui pousse les enfants au vol; un trop grand nombre y sont pour ainsi dire dressés, ce qui devient très grave; enfin quelques-uns « chassent de race », le vol est chez eux héréditaire, ce qui est plus grave encore.

Malheureusement ces éléments d'investigation (la situation morale et la situation matérielle, le milieu et les habitudes des familles) manquent presque totalement dans les écoles. Soit par manque de temps, soit par un sentiment de discrétion mal entendu, les instituteurs se tiennent à l'écart, ils ne cherchent pas à connaître les familles; ils ont peur d'encourir le reproche de se mêler de ce qui ne les regarde pas, et l'opinion encourage malheureusement leur excessive prudence.

Le milieu dans lequel l'enfant vit, ne regarderait pas l'éducateur! Quelle hérésie! On pourrait exiger de lui qu'il se privât bénévolement de cette lumière indispensable! Mais c'est comme si l'on taxait d'indiscrétion le médecin qui, pour la sûreté de son diagnostic, s'informe du tempérament des ascendants de son malade! Or, si le tempérament physique des parents influe sur la santé des enfants, à plus forte raison le tempérament moral des premiers influe-t-il sur la santé morale des seconds, et le milieu dans lequel ils vivent et les habitudes qu'ils y ont contractées ont aussi leur influence incontestable, et les éducateurs ont le droit et le devoir de rassembler tous ces éléments. Le jour où il me sera prouvé qu'ils ne peuvent le faire par eux-mêmes, je chercherai un moyen de leur faire transmettre indirectement ces indications indispensables.

En attendant, et grâce à ce principe ou à cette consigne d'abstention discrète, nous mesurons à la même aune tous les enfants de toutes nos écoles. C'est notre façon de nous montrer égalitaires, et nous faisons fausse route, en confondant le but — qui est de conduire tous les enfants à un même degré de développement moral — avec les procédés qui doivent être différents, vu les inégalités du point

de départ, vu les éléments dissolvants qui viennent
en maintes circonstances paralyser notre action.

Prenons pour exemples : 1° une école située dans
le centre de Paris, et fréquentée par des enfants
dont les familles sont, en majorité, « établies », qui
ont, par cela même, des habitudes régulières, un
intérieur suffisant et ordonné, des relations permanentes; 2° une école située dans un des quartiers
excentriques, fréquentée mi-partie par des enfants
d'indigents plus ou moins nomades, mi-partie,
comme la précédente; 3° enfin une école dans
laquelle l'élément travailleur et rangé sera repré-
senté par une infime minorité.

Dans la première, l'éducateur se trouvera en
présence d'une population enfantine facile à conduire par les procédés courants; ses élèves seront
ses pareils, vivant de la vie dont il a vécu lui-même
dans son enfance et qu'il se rappelle encore; leurs
parents ont ses propres habitudes; nul obstacle ne
l'empêchera d'aller tout droit à l'esprit et au cœur
de ses élèves; il n'y aura presque jamais d'imprévu;
le succès est assuré.

Dans la seconde école, la difficulté surgira parce
que les enfants — destinés à être égaux un jour —
ne le sont pas à cette heure, et que l'éducateur en
présence d'une moitié d'entre eux éprouvera la
gêne qui se manifeste toujours en face de l'inconnu :
il luttera contre leur malpropreté, et se désolera de
la trouver si récalcitrante; contre leur inexactitude presque aussi invétérée que leur malpropreté;
contre leur habitude de mensonge, contre leur penchant au vol, contre d'autres vices, et malgré lui,

malgré l'indulgence que développe l'habitude de vivre avec les enfants, il deviendra sceptique en ce qui les concerne. Comment, se demandera-t-il, mon action, féconde quand il s'agit d'une partie de mes élèves, reste-t-elle stérile quand il s'agit des autres?

Dans la troisième école, il faudra à l'éducateur une force de caractère prodigieuse et la vocation pour triompher du découragement et même du dégoût.

Et ce scepticisme, et ce découragement, et ce dégoût seront le fruit de l'ignorance dans laquelle vivent les instituteurs, du milieu d'où sortent soit la moitié, soit la majorité de leurs élèves. Ah! s'ils étaient l'un et l'autre au courant de la situation! S'ils savaient que les parents de ces élèves décevants vivent d'aumônes et d'expédients; qu'une seule chambre, meublée d'un seul lit, abrite la famille entière; que le placard — si le propriétaire a jugé à propos d'en ménager un dans la muraille — est vide de linge; que pères, mères et enfants ne possèdent que les loques qu'ils ont sur eux? S'ils savaient que, parmi ces familles indigentes, beaucoup exploitent leurs enfants, et que beaucoup d'autres enseignent le vice aux leurs comme nous enseignons aux nôtres la vertu,... leurs insuccès ne les étonneraient plus, leur route s'éclairerait, une passion naîtrait en eux : celle d'arracher ces êtres à leur détresse et de sauver leur âme, et ils trouveraient pour cette tâche nouvelle des procédés nouveaux.

Dans les écoles ainsi fréquentées, la surveillance est cent fois plus délicate que dans les autres; elle doit, par cela même, être cent fois plus pénétrante, car les ennemis de l'éducateur y sont nombreux; ils s'appellent, je l'ai déjà dit : la misère, le milieu, l'hérédité. Ces ennemis, il faut les connaître si l'on veut les vaincre.

Or, pour les vaincre, il est essentiel, je le répète à satiété, de connaître la situation des parents. Le registre d'inscription donnerait pour cela des indications précieuses à qui aurait étudié la topographie de la misère, de l'incurie et du vice dans les grandes villes. Telle rue, tel passage, telle cité, telle maison devraient faire naître l'inquiétude. Il est presque impossible que leurs habitants soient dans des conditions normales. L'éducation de leurs enfants est fatalement hérissée de difficultés.

Oui, lorsque l'éducateur connaîtra la situation des familles, il ne se dépensera plus en essais infructueux et, pour en revenir à notre début, il ne se trompera plus entre le penchant naturel de l'enfant — non développé — à s'approprier les choses qui lui plaisent, et le penchant au vol, devenu une quasi-habitude. Dans telle école, il surveillera très étroitement, dès le début, ses petits élèves, et sans prononcer jamais le mot déshonorant, sans appeler l'attention ni les interprétations des camarades, il fera respecter toujours le bien d'autrui, respecter la vérité, respecter aussi la dignité de l'être, la pudeur. Si un petit de l'école maternelle accapare le matériel et les jouets de ses voisins, la maîtresse lui dira gaîment d'abord : « Halte-là! ceci est à Pierre, cela est à Jeanne, contente-toi de ta part ». Si, plus rusé, le petit délinquant a fait des provisions dans une cachette, elle lui dira : « Tu ne sais donc pas ce que tu fais? Tu as mis avec tes jouets des choses qui ne t'appartiennent pas; rends-les bien vite à leur propriétaire : il faudra faire attention une autre fois. » Et, si l'enfant continuait, on le prendrait à part, et on lui dirait des choses qu'il pourrait comprendre; on userait enfin de tous les moyens, excepté de celui qui consisterait à le déshonorer aux yeux de ses camarades. Et, sauf les cas d'hérédité — qui sont des cas de maladies mentales, — le succès couronnerait les efforts de tous ceux qui auraient éclairé leur route par le procédé d'investigation que j'ai indiqué.

J'insiste, car je sais que l'action éducatrice est diminuée, entravée, paralysée même quelquefois par ces difficultés qui n'ont pas encore été abordées dans la préparation professionnelle, que les règlements n'ont point prévues, et qui paraissent, à quelques-uns, d'un ordre si délicat, qu'ils hésitent à vous accorder le droit de vous en rendre compte par vous-mêmes, afin d'essayer de les aplanir.

Ces difficultés, qui vous viennent du dehors, et qui sont presque toutes la conséquence du milieu dans lequel vivent les enfants, sont encore aggravées par une interprétation erronée de l'égalité : on se figure en effet qu'il faut pour tous un règlement unique, alors qu'il faudrait atténuer autant que possible les inégalités de la situation des enfants, pour qu'un règlement unique puisse, sans injustice, être applicable à tous.

Prenons des exemples, pour plus de clarté.

Le maître ou la maîtresse peut-il exiger de tous

— *pendant l'hiver* — un travail quelconque fait à la maison? (Il s'agit ici d'enfants de l'école primaire.)

Admettons que, dans une classe de trente élèves, il y en ait cinq ou six, deux ou trois, un seul même extrêmement pauvre. Les jours sont courts; la mère de famille allume la petite lampe, juste pour le moment du repas, et tous vont se coucher dès qu'il est terminé; car il s'agit d'économiser le luminaire.

L'enfant de cette mère-là, ou les enfants des mères qui se trouvent dans une situation analogue seront-ils mal notés ou punis si le travail n'est pas fait? Évidemment non, car ce serait une injustice odieuse, dont le moindre effet serait de produire le dégoût de l'école. Mais, pour ne pas punir dans ce cas et rester juste — si l'on punit ceux qui par paresse, négligence ou mauvaise volonté n'ont pas fait le travail, — encore faut-il connaître la situation personnelle de chacun. Cette connaissance acquise, on ne donnera rien à faire chez lui à l'enfant qui ne peut rien faire chez lui; cependant, si l'on tient absolument à ce qu'il fasse un devoir pour le lendemain, on le lui fera faire à l'école avant son départ; à moins que, mieux inspiré, et comprenant que les heures de classe doivent suffire aux écoliers, on ne donne rien à faire à personne. Si l'on prend ce dernier parti — le meilleur, — mon premier exemple ne vaudra plus rien, j'en conviens.

Mais l'exemple qui vaudra toujours, c'est celui de la propreté. Peut-on l'exiger des enfants indigents, *en hiver surtout?* Peut-on l'exiger des enfants dont les mères quittent le logis dès l'aube? Nous répondrons négativement dans les deux cas. En effet, s'il n'y a ni eau chaude, ni savon, le corps et les vêtements sont fatalement malpropres ; or les indigents n'ont ni eau chaude, ni savon. En effet encore, la mère revendeuse, qui doit être aux Halles centrales dès la pointe du jour, pour acheter à la criée ; la chiffonnière, qui doit avoir rempli sa hotte ou sa voiture à bras avant le passage des tombereaux de nettoyage, ne peuvent ni l'une ni l'autre mettre leurs enfants en état de se présenter décemment en classe. Pas davantage celles que la cloche de l'atelier appelle lorsque les petits dorment encore. C'est ce qui arrive dans la vallée du Rhône, par exemple, à la presque totalité des mères de famille.

Mais,... parce que l'on doit être d'une extrême indulgence pour les enfants indigents, et pour ceux que leurs mères ne peuvent notoirement pas soigner, parce que l'école devrait organiser la propreté pour ces enfants-là, et qu'elle est coupable de ne l'avoir pas tenté, faudrait-il, sous prétexte d'égalité, se rendre complice de la paresse, du désordre, de l'incurie ? Jamais ! L'éducateur doit faire la part des circonstances, et les écoliers doivent s'habituer à le voir juger par espèce ; ils doivent arriver à comprendre que la justice l'exige, tandis que sabrer tout en bloc serait une injustice et une cruauté.

Voici un exemple des plus probants : Une institutrice — qui mérite des éloges pour le soin qu'elle apporte à donner à ses élèves des habitudes de propreté, dans un quartier où l'incurie règne dans un grand nombre de familles — exige que ses élèves changent de chemise une fois par semaine. Elle a raison, mille fois raison. Tous les lundis, on fait, dans chaque classe, l'inspection du linge, et les résultats sont très satisfaisants. Les mères qui ont un peu d'amour-propre à défaut de sentiments plus élevés, celles qui ont peur qu'on ne renvoie leurs filles, celles qui craignent de perdre les secours de la mairie, font des efforts pour se mettre en règle, et le niveau moyen des habitudes s'élève.

Mais il y a parmi les fillettes qui fréquentent cette école des malheureuses qui ne possèdent qu'une seule chemise, deux au plus,... et en loques. Si la mère est vaillante, elle lave le dimanche pendant que l'enfant est au lit; ou bien l'enfant le fait elle-même, si elle est déjà un peu « débrouillée ». Mais que la mère soit paresseuse ou malade, que l'enfant soit trop jeune ou négligente, que le fourneau soit éteint faute de charbon, que le savon fasse défaut, un nom manque infailliblement le lundi sur le registre d'appel. Or l'enfant qui ne va pas en classe, pour une raison de ce genre, reste dans la chambre sordide et empestée ; ou bien il fait l'école buissonnière, et, dans nos grandes villes, il apprend des choses lamentables. Dans les grands centres, l'école buissonnière, c'est l'étiolement du corps, c'est la mort de l'âme! Ceux qui connaissent les périls de la rue et les désolantes promiscuités des logis où tout manque, pensent que les maîtres doivent avoir des trésors d'indulgence, de patience et de charité pour l'enfant indigent, pour celui de l'ouvrière surmenée, et de la malheureuse qui ignore ou méconnaît son devoir maternel. Pour la plupart de ces pauvres petits, l'oisiveté, l'abandon et le vagabondage ont de telles conséquences, — et ces conséquences, je les constate tous les jours, — que je suis tentée de m'écrier : « Hors de l'école, point de salut ! »

Il faut donc attirer à l'école, au lieu d'éloigner de l'école par la rigueur avec laquelle on exécute des prescriptions qui, excellentes et nécessaires en soi, sont, *selon les cas*, trop rigoureuses, et il faut retenir à l'école ceux que l'on y a une fois attirés. Le moyen, c'est de leur procurer ce qui leur manque.

Je sais bien ce que disent ceux qui ne connaissent qu'imparfaitement la question, parce qu'ils ne l'ont examinée que superficiellement : ils disent que les municipalités sont généreuses, qu'elles font le bien très judicieusement; que les indigents sont secourus et leurs enfants habillés et nourris. C'est vrai, les municipalités font beaucoup, beaucoup; mais les maires les mieux intentionnés, ceux qui dépensent le plus d'initiative et d'argent, sont obligés de s'avouer à eux-mêmes que leur « beaucoup, beaucoup » est absolument insuffisant.

Ainsi, sauf des exceptions que j'ignore, les mairies distribuent des galoches, mais point de bas; des tabliers, des pantalons et des vestes pour les garçons, mais pas de chemises ni de jupons pour les filles (au moins dans le courant de l'année). Quant aux secours mensuels, la famille n'y a droit, dans les arrondissements que je connais, que si le gain du père et de la mère ne dépasse pas 4 francs, *quel que soit le nombre des enfants* (c'est, bien entendu, une question de budget et non un caprice). Eh bien, supposez une famille de cinq personnes (et le nombre des enfants est considérable dans les quartiers pauvres), supposez une recette quotidienne de 4 francs. Supposez enfin qu'il n'y ait pas du tout de chômage, ce qui est un mythe, faites des comptes, n'oubliez pas le loyer qui s'élève *au moins* à trois francs par semaine (je parle de Paris et des grandes villes), et vous conclurez que la mère de famille ne peut pas, dans ce cas, assurer un vestiaire convenable à ses enfants.

En bonne justice, la mairie ne peut cependant pas tout faire : loger, nourrir, éclairer, blanchir, chauffer, vêtir n'est vraiment pas de sa compétence; il serait même tout à fait regrettable qu'elle accaparât ce rôle de providence universelle; l'institution de la famille en recevrait un coup mortel, et la charité active du public ne s'en porterait pas mieux. Le sauvetage des malheureux doit être accompli par une association dans laquelle entrent trois éléments : l'intéressé, la commune ou l'État et les particuliers : vous et moi. « Vous et moi » surtout, parce que nous sommes aux premières places pour voir la misère, et pour envisager ses douloureuses conséquences.

Je vous conjure donc de chercher à vous rendre compte par vous-mêmes de la situation de vos élèves, et de vous entourer pour cela de tous les éléments d'information; je vous conjure, en même temps, de vous mettre en rapport avec tous ceux qui peuvent et qui veulent travailler au soulagement de vos élèves malheureux, et qui croient faire l'œuvre sociale la plus féconde en assurant la fréquentation scolaire; car la misère et les journées passées hors de votre surveillance sont fatales pour le corps et pour l'âme !

Je me résume : l'éducation du peuple est l'œuvre de l'école; pour *élever* un enfant, il faut le connaître ; pour le connaître, il faut se rendre compte du milieu dans lequel il vit. La misère est une mauvaise conseillère, et le dénûment est un des plus grands ennemis de la fréquentation scolaire. S'il est du devoir de l'administration et de l'inspection de veiller à l'inscription de tous les enfants sur les registres de l'école, il est du devoir des éducateurs de connaître la situation morale des élèves pour y adapter leurs procédés d'éducation, et même pour savoir si cette situation n'offre aucun danger pour l'école tout entière; il est de leur rôle enfin de connaître la situation matérielle de ces mêmes enfants, pour la signaler à ceux qui peuvent l'améliorer.

C'est compliqué, c'est délicat, mais c'est passionnant!

La question du milieu où vivent nos élèves et celle de la mendicité et du vagabondage sont si intimement liées, qu'il est impossible de parler de l'une sans que l'autre s'impose aussitôt. Parlons-en donc, avec le ferme propos de nous en occuper ensuite. D'ailleurs la mendicité et le vagabondage que l'on a trop longtemps abandonnés à la police et aux tribunaux, au lieu d'en faire une question d'assistance et d'éducation, relèvent de l'école.

Elles relèvent en même temps de l'amour de l'humanité et du sentiment de la dignité humaine.

Il est entendu, dès le début, que nous parlons ici de la mendicité et du vagabondage chez les enfants.

Et le sujet est d'importance capitale, car l'enfant mendiant, fût-il d'une essence exceptionnelle, est fatalement perdu. D'abord, il prend, dans les rues, l'habitude des longues flâneries et devient, insensiblement, sans s'en douter, incapable de tout travail régulier. Le soleil qui le brûle, le vent qui le glace, la pluie ou le brouillard qui le pénètre jusqu'aux os, il finit par ne plus les sentir, ou du moins il les supporte comme une condition inséparable de la liberté dont il jouit; or il préfère la liberté à tout; la peur du sergent de ville, du poste, du Dépôt, de la maison de correction même, tout s'atténue et s'efface; le vagabondage, inséparable de la mendicité, devient une seconde nature, il se transmet même par hérédité. C'est une plaie sociale épouvantable. Il faut avoir eu auprès de soi des enfants vagabonds et avoir essayé de les fixer, pour se douter de la difficulté, de la quasi-impossibilité en présence de laquelle on se trouve.

En voulez-vous un exemple entre mille? J'avais un jour sur mes genoux un des pupilles du *Sauvetage de l'enfance*; c'était un ex-petit martyr : il mendiait tout le jour, parce que, systématiquement, on ne le nourrissait pas chez lui, et subissait, lorsqu'il rentrait au logis, des traitements odieux. Un jour enfin, l'homme qui vivait avec sa mère l'avait pendu par les cheveux au-dessus d'un puits, et, de terreur, l'enfant était devenu muet. Arraché à ses bourreaux, il avait été soigné et avait recouvré la parole; il était cajolé, dorloté; il avait un bon lit, des repas fortifiants, des jouets, des camarades.... « Je voudrais m'en aller! me dit-il tout bas. — T'en aller!

pour retrouver les gens qui t'ont pendu au-dessus du puits! t'en aller, et pourquoi? — Parce que je m'ennuie! » Il avait la nostalgie de la rue, de ses émotions, de ses distractions; le bien-être dont il jouissait lui paraissait bien pâle, comparé à la vie d'autrefois! Il s'ennuyait. Et cependant il avait à peine huit ans : jugez ce que doivent être les ravages causés par le vagabondage chez les adultes!

Du vagabondage et de la mendicité au vol, il n'y a qu'un pas : il y a tant de séductions dans la rue, surtout depuis que la coutume a consacré les étalages sur le trottoir. C'est le matin, la poche de l'enfant est encore vide, son estomac est plus vide encore, il « chipe » quelques fruits secs chez l'épicier, ou bien un morceau de pain d'épice. Le soir, ses souliers lui refusant le service, il se chausse aux frais du cordonnier qui a étalé sa marchandise en plein air. Puis l'on s'associe pour faire de « bons coups », et vous savez le reste. Le reste, c'est l'arrestation, la condamnation, la fin de tout! Les petites filles vagabondes tombent au vol comme les garçons, et de plus elles deviennent la proie d'êtres infâmes. Nous serions responsables de toutes ces misères si nous ne travaillions pas à les atténuer, à les guérir.

A l'enfant qui mendie dans la rue, presque tout le monde donne, par pitié mal entendue, car cette aumône encourage la récidive. Et tout le monde est coupable de donner. Quelques-uns, mieux intentionnés, croient faire œuvre sociale en refusant toute aumône et s'en tiennent là. Ils ne font que la moitié de leur devoir et la moitié la plus facile, car l'abstention ne coûte rien. D'autres, toujours mus par un bon sentiment, font appel à la police et ils aggravent le mal au lieu de l'atténuer. Il y a donc autre chose à faire.

D'abord, il faut se rendre compte des causes de la mendicité et du vagabondage. Or ceux qui ont approfondi la question savent que les enfants mendiants peuvent se diviser en trois catégories principales : 1° ceux qui mendient pendant que leurs parents, occupés à l'atelier, les croient à l'école ou à la maison ; 2° ceux qui mendient parce qu'ils ont faim ; 3° ceux qui mendient parce qu'ils sont exploités, soit par leurs parents, soit par des industriels qui les ont loués pour leur faire faire ce métier (cette dernière classe est nombreuse ; il y a six mille enfants, dans Paris, livrés par des parents indignes à des misérables non moins déchus).

Revenons à la première catégorie, aux enfants qui, à l'insu de leurs familles, font accidentellement ou habituellement l'école buissonnière. Ne rien leur donner, c'est excellent (leur donner serait une faute grave) ; mais cette abstention ne suffit pas : il faut les conduire à l'école, et, si la chose est absolument impossible ce jour-là, avertir l'instituteur ou l'institutrice, qui remplira son devoir auprès des familles.

« Mais, me dira-t-on, les instituteurs avertissent toujours les parents quand les enfants manquent la classe. » — D'accord,... en général ; pourtant, dans certains quartiers excentriques où la fréquentation est extrêmement irrégulière, ils finissent par se lasser, ou plutôt par se décourager. Le carnet de correspondance n'étant jamais signé, soit parce que les parents ne savent pas écrire, soit parce qu'ils ne comprennent pas l'importance de cette signature, les instituteurs ne le réclament plus; enfin il y a peut-être beaucoup de parents qui ignorent jusqu'à l'existence du carnet. Cela paraît invraisemblable à ceux qui ne fréquentent pas les milieux où la misère fait ses ravages; rien de plus vrai cependant. Beaucoup de parents qui, faute de pain, envoient mendier leurs enfants, ignorent même les avantages matériels que ceux-ci trouveraient à l'école; il y a dans mon arrondissement, par exemple, une quantité d'indigents qui n'envoient pas leurs enfants en classe « parce qu'ils sont nus, ou parce qu'ils n'ont pas de pain à leur donner », et qui, par une sorte de miracle au rebours, n'ont jamais entendu dire que la mairie est généreuse en vêtements et en nourriture.

Donc la première catégorie de mendiants et de vagabonds, composée d'enfants qui se livrent au vagabondage à l'insu de leurs parents, doit être réintégrée à l'école, soit directement, sur l'heure, par ceux qui les rencontrent, soit par l'intermédiaire des instituteurs avertis. Ce procédé — en admettant que l'on ne trouve pas mieux — fait seulement perdre un peu de temps, ou bien il fait dépenser les deux sous de la carte postale adressée à l'instituteur; ces deux sous, beaucoup trop en font l'abandon aux enfants mendiants.

La deuxième catégorie d'enfants mendiants, ceux qui mendient parce qu'ils ont faim, et parce que l'on a faim chez eux, doit nous intéresser à un double point de vue. Par hygiène morale, pour eux-mêmes, par hygiène sociale, nous devons les empêcher de mendier; par charité nous devons apaiser leur faim. Ceux-là doivent être, comme les premiers, et par le même procédé, rendus à l'école, et le sauvetage de la famille tout entière incombe alors, pour une part, à la mairie et au bureau de bienfaisance; pour une autre part, à l'assistance privée, qui cherchera du travail, si les chefs de la famille en manquent; qui fera une petite avance, en attendant que le travail ait été rémunéré, ou bien, en cas de maladie et de chômage, en attendant que le travail ait repris.

Un enfant qui mendie parce qu'il a faim, parce que ses parents sont malades ou sans ouvrage, c'est une honte pour ceux qui l'ont rencontré et ne lui ont pas prêté assistance.

Pour la troisième catégorie, ceux qui sont martyrs d'une exploitation criminelle, le procédé si simple employé dans les deux cas ne serait pas suffisant. Les parents exploiteurs doivent être déférés aux tribunaux, et, s'il y a récidive, — la récidive étant un cas de déchéance des droits paternels et maternels, — les enfants sont recueillis par une œuvre de bienfaisance, par le *Sauvetage* par exemple.

Ce qui précède est peut-être de la théorie? Voyons cela.

Figurez-vous une personne bien convaincue des dangers matériels et moraux que court l'enfant mendiant, et des dangers que plus tard il fera courir à la société; cette personne se fera un devoir d'adresser la parole, non seulement à tous les enfants qui lui demanderont l'aumône, mais même à ceux qui, en sa présence, s'adresseront à d'autres;

même à ceux qui, ne mendiant pas, seront suspectés par elle de vagabondage, étant dans la rue aux heures de classe. Elle demandera à ces enfants leur nom, leur adresse, s'informera des causes de la mendicité ou du vagabondage, donnera un bon conseil et passera. Ne fît-elle rien de plus, il est assez probable que le mendiant préférera mendier ailleurs, pour ne pas être dérangé dorénavant, et que le vagabond ira vagabonder ailleurs lui aussi. Figurez-vous ensuite qu'un groupe, restreint d'abord, puis de plus en plus nombreux, de personnes ayant mesuré les abîmes du vagabondage et de la mendicité, prennent la même habitude, et bientôt, toutes les rues étant inhabitables pour les mendiants et les vagabonds, ils seraient bien forcés de renoncer à la mendicité et au vagabondage, et ces philanthropes auraient déblayé la rue, au profit de quoi? Eh, mon Dieu! pour beaucoup, au profit de l'école, où il faudrait bien aller en désespoir de cause.

Figurez-vous maintenant que ces mêmes personnes, au lieu de travailler séparément contre la mendicité et le vagabondage, s'organisent, qu'elles se partagent la ville qu'elles habitent en un certain nombre d'îlots, que chacune surveillera tous les jours. Figurez-vous, enfin, chaque îlot ou chaque quartier placé sous la direction d'un membre de la Société ayant le titre de directeur d'îlot ou de quartier. Ce directeur étant averti, par carte postale, que tel enfant, habitant son îlot ou son quartier, a été rencontré tel jour et à telle heure dans telle rue, qu'il a donné tels renseignements sur ses parents, ce directeur fera une enquête, après laquelle l'enfant sera classé dans une des trois catégories de mendiants que j'ai indiquées au début, et la Société agira pour lui en conséquence.

C'est d'une simplicité incomparable. C'est si simple, que cela a séduit un certain nombre de personnes, et que la Société est fondée.

Les instituteurs et les institutrices, quoique sédentaires, sauf le jeudi et le dimanche, seront du plus précieux secours à la Société ; car ils aideront les directeurs de quartier à faire les enquêtes, et les tiendront au courant des besoins de leurs protégés, ainsi que de leur assiduité et de leurs absences.

Cette association des membres actifs et de l'école ne peut manquer d'être féconde. Je vois cela clair comme le jour, et pour que vous voyiez aussi clair que moi, je vous demande la permission de vous citer des faits : les deux premiers peuvent être classés sous la rubrique « vagabondage », les deux autres sous la rubrique « mendicité ».

J'ai rencontré un jour, vers cinq heures, c'est-à-dire après l'heure de la sortie de l'école, dans une rue très fréquentée, un agent de police qui emmenait une enfant de six à sept ans ; ils étaient escortés, comme c'est l'ordinaire, par un grand nombre de personnes et par des gamins surtout.

J'abordai l'agent de police : « Pourquoi emmenez-vous cette enfant ? — Elle est perdue. — Où l'emmenez-vous ? — Au poste ; il n'y a pas d'autre endroit. — Tu ne sais pas ton adresse ? demandai-je à l'enfant. — Non. — Demeures-tu près d'ici ? — Je ne sais pas. — Vas-tu à l'école ? — Oui. — Où ? — Rue

Jenner. (C'est invraisemblable pour les personnes qui ne connaissent pas les enfants, ce cas d'une fillette qui sait l'adresse de son école et pas la sienne propre; quant à moi, cela ne m'étonne pas du tout. Un enfant va à l'école de telle rue; le nom de la rue est pour ainsi dire inséparable de celui de l'établissement. Le même enfant demeure, rentre *chez lui*.) — Confiez-moi cette fillette, dis-je au sergent de ville, en lui montrant ma carte; je vais la conduire à l'école et la maîtresse me dira où elle demeure. » L'enfant vint avec moi sans manifester la moindre crainte. En route, nous rencontrâmes sa mère, une marchande des quatre saisons, qui roule tous les jours sa charrette dans le quartier.

Que conclure de cela? Sinon qu'il est de toute nécessité d'étiqueter chaque enfant des écoles, non seulement des écoles maternelles, mais ceux des écoles primaires; ces derniers peuvent tomber malades en route, être victimes d'un accident, il faut pouvoir les reconduire chez eux, surtout pour leur épargner le « poste » ou le « dépôt » de la Préfecture de Police. Inscrivez le nom et l'adresse de chacun sur un morceau de toile. Cousez-le à l'envers du tablier, de la blouse, de la robe, c'est aussi simple que nécessaire.

Une autre fois, c'était le matin; je longeais une rue très fréquentée de Paris, sur la rive gauche. Un rassemblement attira mon attention; je m'approchai; un sergent de ville tenait par la main une fillette de cinq à six ans; l'enfant pleurait; elle restait muette sous l'avalanche de questions que chacun lui posait. L'enfant était égarée. « Où la conduisez-vous?

demandai-je au sergent de ville. — Au poste, me répondit-il; où voulez-vous que je la conduise autrement? » Or c'est tout simplement monstrueux d'abriter des enfants dans cet antre, au milieu des ivrognes et de tous les malfaiteurs ramassés sur la voie publique. C'est monstrueux, mais les sergents de ville ne sont pas responsables de la monstruosité; les responsables, c'est nous tous qui nous endormons dans notre routine égoïste, c'est nous tous qui sommes coupables de n'avoir pas provoqué la création d'abris pour les enfants égarés ou vagabonds; c'est nous, surtout, les éducateurs qui n'avons même pas inscrit leur nom et leur adresse sur une pièce de leur costume. Les propriétaires de chiens sont plus soucieux de leurs bêtes!

« Ne conduisez pas cette fillette au poste, dis-je au sergent de ville en lui donnant ma carte; confiez-la-moi. » Il hésitait, je me fis plus pressante, et, finalement, la fillette passa de ses mains dans les miennes. « Où demeures-tu? » demandai-je à l'enfant qui pleurait toujours. — Pas de réponse. « Où vas-tu à l'école? — Rue X.... — Eh bien, allons ensemble rue X..., je te confierai à la maîtresse, ou bien j'aurai ton adresse et je te conduirai chez toi. »

A peine étions-nous parties, le sergent de ville nous suivant des yeux avec une certaine inquiétude — car il y a des voleuses d'enfants dans Paris, et ces voleuses d'enfants affectent en général un air très respectable, — une femme qui passait adressa la parole à la petite fille, et je sus par elle que ma protégée habitait tout près de là; je rebroussai chemin, et bientôt nous arrivions à l'adresse qui m'avait été indiquée.

C'était un bouge nauséabond. Une sorte de boue grasse s'écoulait lourdement le long d'un escalier tellement étroit que je touchais des deux côtés les murs suintants. Au bout d'une quinzaine de marches, je me trouvai dans une cour plantée d'arbustes grêles et entourée de murs si hauts que l'on se serait cru au fond d'un puits; il y faisait froid et gris; le terrain était glissant; il ressemblait à la boue qui descendait l'escalier. Des chambres sordides s'ouvraient sur le cloaque. Au milieu, neuf enfants de deux ans à six ans, déguenillés, souillés de boue, et quatre petites filles d'une douzaine d'années, les cheveux en tignasse, les robes dépenaillées, me regardèrent avec une sorte de curiosité passive; aucun ne bougea; aucun ne vint vers moi. Une ouvrière brocheuse travaillait dans une des chambres sombres; je lui présentai ma trouvaille. « Elle est bien d'ici, me dit-elle; l'enfant s'est sans doute échappée pour suivre sa mère qui est allée livrer une commande. » Puis, s'adressant à la fillette : « Une autre fois, ta mère te renfermera quand elle sortira ». Le moment ne me sembla pas favorable pour rappeler à cette femme les accidents quotidiens produits par cette malheureuse habitude d'enfermer les enfants : incendies, chutes par la fenêtre, etc., etc. Je me contentai d'adresser la parole aux grandes filles si tristement malpropres, qui étaient dans la cour. J'appris — ce que je n'avais que trop deviné — qu'elles étaient en vacances; je les engageai à ne pas oublier les notions de pro-

preté — je ne dis pas les habitudes, hélas! — qu'on
leur avait données à l'école, et à jouer à la poupée
vivante, c'est-à-dire à nettoyer les petits enfants, à
les intéresser....

J'ai bien peur d'avoir prêché au désert; dans ces
milieux, la terre est mal préparée, ou plutôt l'âme
est engourdie; on ne la réveille pas en un instant.

Que conclure de cette anecdote vécue?

Que nous devons prendre nos mesures pour que
les enfants égarés dans les rues puissent être con-
duits directement soit chez eux, soit à l'école qu'ils
fréquentent. (Remarquez que la petite fille dont il
est question ici savait très bien où elle demeurait.
Elle avait voulu suivre sa mère — ce qui était
naturel — et elle ne voulait pas rentrer tant que
sa mère resterait dehors; la rue d'ailleurs où elle
avait été trouvée pleurant, — soit parce que sa mère
lui avait ordonné de rentrer, soit parce qu'elle craignait les conséquences de son incartade, — est un
Eldorado comparée à l'affreux bouge que je vous ai
décrit tout à l'heure.) Nous prendrons ces mesures
parce que l'enfant ne doit pas rester dans la rue,
désolé de s'être perdu et ne sachant pas son adresse,
ou très heureux de s'être échappé, et considérant
comme une bonne fortune de ne pas être réintégré
dans son domicile; ou bien encore pris d'un malaise
subit et ne pouvant avancer, ou bien enfin ayant
été victime d'un accident. Mais nous ne nous occu-
perons pas exclusivement des enfants égarés ou des
vagabonds. Notre sollicitude s'étendra aux mendiants, aux affamés (les mendiants me fournissent
la note n° 3; les affamés la note n° 4).

N° 3. — Je rentrais chez moi, la nuit étant tout à fait tombée; je vis une fillette demander l'aumône à un passant, qui d'ailleurs lui reprocha de mendier et ne lui donna rien. Je m'approchai d'elle et je liai conversation. « Pourquoi mendies-tu? Quel âge as-tu? Où demeures-tu? Où vas-tu à l'école? » Elle mendiait, me dit-elle, parce qu'il n'y avait pas de pain à la maison; sa mère était infirme du bras droit; elle avait une sœur plus jeune; elle demeurait rue X..., et allait à l'école rue Z.... L'éloignement de l'école et de la maison paternelle me sembla louche. « Comment! tu vas à l'école si loin de chez toi? Ce n'est pas possible. — Ah! c'est qu'*on ne demeure plus rue Z..., on y a demeuré.* — Alors tu as menti; comment veux-tu que je trouve ta mère pour lui faire du bien, si tu me donnes une adresse fausse? » L'enfant me nomma une seconde rue qui concordait beaucoup mieux. Je la fis entrer chez un boulanger, puis chez un charcutier; puis, quand elle eut de quoi manger pour trois personnes, — puisqu'il y avait sa mère et sa sœur, — je lui annonçai mon intention de la conduire chez elle. « *Ah! on ne demeure plus dans cette rue*, s'écria-t-elle, *on demeure dans une autre!* « Et elle me donna une troisième adresse, la vraie cette fois. Le lendemain, je l'ai revue à l'école. J'ai vu aussi sa famille, plus nombreuse qu'elle ne l'avait dit, et habitant une seule chambre meublée d'un seul lit. L'institutrice a longuement causé de l'enfant avec moi. Cette fillette manque souvent la classe, pour des causes diverses, dont quelques-unes sont déplorables au point de vue moral, et dont quelques autres proviennent de la misère. Ainsi, elle vient rarement le lundi, parce que ce jour-là on fait l'inspection des chemises; or elle n'en possède que deux ; sa mère paralysée ne peut laver, la fillette néglige de le faire elle-même.... J'ai promis de récompenser, pendant quelque temps, par le don d'une chemise, chaque semaine de fréquentation.

La fillette a aujourd'hui six chemises que son institutrice lui a remises une à une de ma part. Elle et sa sœur m'apportent tous les dimanches leurs cahiers. Ces enfants ne sont pas sauvées, mais elles sont en meilleure voie.

N° 4. — Un groupe de trois enfants (douze ans, un an — ce bébé est à cheval sur le cou de l'aîné, — quatre ans) grelotte contre une maison près du Luxembourg. « Vous n'avez pas l'air bien gais, mes pauvres petits. — *C'est qu'on a froid* », me répond l'aîné. Après l'interrogatoire d'usage, après avoir fait déjeuner les enfants dans une crèmerie (grâce à mes amis, j'ai ma bourse des pauvres), je les renvoie chez eux ; et, le lendemain, je vais faire connaissance avec la mère. Là on est neuf dans une chambre et un cabinet. L'aîné du groupe de la veille mendiait, allait à la « décharge », c'est-à-dire à l'endroit où l'on déverse les voitures du balayage ; il cueillait dans le tas des restes de bois, de coke, des vieux chiffons ; il désirait apprendre un état : menuisier ou serrurier ; avec cela, il n'était guère instruit....

J'ai sous les yeux un cahier et deux lettres. Le cahier, terminé, sans une tache, renferme les devoirs faits à la classe du soir ; une des lettres est de l'instituteur, attestant que l'enfant est exact et travaille bien en classe, l'autre est d'un entrepreneur de menuiserie annonçant que mon protégé est chez lui en qualité d'apprenti.

J'avais bien raison de dire que c'est simple comme bonjour !

STATUTS

de la Société contre la mendicité des enfants,

Votés par l'Assemblée générale du 11 février 1894, à la Sorbonne.

I. — Une Société est constituée à Paris pour combattre, dans le département de la Seine, la mendicité des enfants, spécialement en s'occupant de leur faire fréquenter les écoles maternelles ou primaires s'ils sont à l'âge scolaire, ou de leur procurer du travail s'ils sont plus âgés.

II. — Sont *membres actifs* de la Société ceux qui s'engagent à s'employer personnellement au but de l'œuvre.

Les *membres actifs* se divisent en :

Membres adhérents;

Membres souscripteurs;

Membres bienfaiteurs.

Les *membres adhérents* versent une cotisation annuelle d'au moins **un franc.**

Les *membres souscripteurs* versent une cotisation annuelle d'au moins six francs.

Les *membres bienfaiteurs* versent une cotisation annuelle d'au moins vingt francs, ou une somme une fois versée d'au moins deux cents francs.

Sont *membres honoraires* ceux qui, sans prendre l'engagement spécifié dans le paragraphe premier, payent la cotisation des *membres bienfaiteurs*.

Le Conseil de la Société peut en outre conférer le titre de *bienfaiteur* aux personnes qui auront contribué par des services signalés au développement de l'œuvre.

Les mêmes titres peuvent être attribués aux Sociétés et Établissements (lycées, écoles, cercles, caisses des écoles, associations de tout ordre) qui verseront collectivement les cotisations correspondantes.

III. — Nul ne peut être membre de la Société s'il n'est présenté par deux membres et agréé par le Conseil.

IV. — Les membres de la Société se réunissent en assemblée générale au moins une fois par an, dans le premier trimestre de chaque année.

Cette assemblée nomme un conseil de quinze membres au moins et de trente membres au plus, chargé d'administrer la Société.

Les membres du Conseil sont annuellement renouvelés par tiers : ils sont rééligibles.

Outre ces membres élus, sont membres de droit, avec voix délibérative :

Le Directeur de l'Enseignement primaire au Ministère de l'Instruction publique ;

Le Directeur de l'Enseignement de la Seine ;

Le Directeur de l'Assistance et de l'Hygiène au Ministère de l'Intérieur ;

Le Directeur de l'Assistance publique à Paris.

V. — L'assemblée statue sur toutes questions qui lui sont soumises par le Conseil. Elle peut notamment, sur la proposition du Conseil, apporter aux présents statuts toutes les modifications et additions nécessaires : dans ce cas, la convocation doit mentionner l'objet de la réunion.

Les décisions sont prises à la majorité des voix des membres présents.

Toutes discussions politiques ou religieuses sont interdites.

VI. — Le Conseil élit pour l'année, parmi ses membres, un président, un secrétaire général, deux vice-présidents et un trésorier. Il nomme, pour suivre l'expédition des affaires, un Comité exécutif, composé de cinq membres au moins pris dans son sein.

VII. — Le départemeut de la Seine pourra être divisé en un certain nombre de sections, administrées chacune par un *directeur*.

Ces directeurs seront élus annuellement par le Conseil, soit parmi ses membres, soit en dehors. Ils sont rééligibles.

VIII. — Toutes fonctions attribuées aux membres de la Société sont gratuites.

IX. — Les membres actifs surveillent les enfants mendiants; ils les signalent au directeur de la section que ces enfants déclarent habiter, en lui transmettant tous les renseignements qu'ils peuvent recueillir sur les enfants et leur famille.

X. — Les directeurs centralisent tous les renseignements relatifs à leur section et en envoient un double au secrétaire général. Ils font une enquête sur les enfants signalés. Ils prennent, à l'égard des enfants et de leur famille, les mesures urgentes, et en réfèrent au Comité pour les mesures définitives.

XI. — Le Conseil a seul qualité pour prendre toutes les décisions engageant la Société, notamment dans ses relations soit avec les autorités, soit avec les établissements publics, soit avec les diverses œuvres de bienfaisance, d'assistance et de patronage.

Il rédige et renouvelle, quand il est nécessaire, les instructions adressées aux membres de la Société sur la marche à suivre à l'égard des enfants mendiants, et sur les moyens d'action dont la Société dispose pour leur venir en aide.

XII. — Un règlement intérieur, arrêté par le Conseil, détermine les mesures d'exécution des présents statuts.

N. B. — Le siège provisoire de la Société est au Musée pédagogique, 41, rue Gay-Lussac.

Le Conseil d'Administration élu par l'Assemblée générale du 11 février a constitué son Bureau comme suit pour l'année 1894 :

> *Président :* M. Bardoux, sénateur;
>
> *Vice-présidents :* MM. Léon Bourgeois et R. Poincaré, députés;
>
> *Secrétaire général :* M. Keller, ancien chef d'institution, 75, rue Denfert-Rochereau;
>
> *Trésorier :* M. Van Brock, 18, rue Bergère.

DEUXIÈME PARTIE

L'ÉCOLE MATERNELLE DOIT ÊTRE LE REFUGE CONFORTABLE ET ENSOLEILLÉ DE L'ENFANT PAUVRE

CHAPITRE I

Les préjugés contre les bains tendent à se dissiper.

Pour qui s'est rendu compte de la nécessité impérieuse à laquelle répondent les écoles maternelles dans les grandes villes, et dans tous les centres d'industrie ou de grande culture, il est incontestable qu'un local, fût-il irréprochablement construit, dans un endroit favorable, et fût-il — ce qui ne s'est encore jamais vu — pourvu d'un excellent mobilier et d'un matériel complet, le local ne constituerait pas encore une école modèle.

Tant qu'il y aura dans les mansardes, ou au fond des impasses sombres, de malheureux enfants que leur quasi-nudité ou leurs guenilles tiennent éloignés de l'école; tant qu'on ne pourra faire admettre d'urgence dans nos établissements de première éducation tous ceux dont les parents indignes se servent pour apitoyer les passants; tant que l'école maternelle, enfin, ne sera pas obligatoire pour tout enfant dont la mère ne pourra pas ou ne voudra pas s'occuper, ou dont elle s'occupera pour le dépraver — cela existe, hélas! — tant que l'école maternelle, dis-je, ne sera pas le refuge tiède et ensoleillé ouvert à l'enfance malheureuse, elle n'aura pas complètement rempli son rôle philanthropique et éducatif.

Or, pour que l'enfant nu puisse être admis à l'école, il faut que l'école l'habille après l'avoir baigné, après avoir fait disparaître la dernière trace de ses misères et des ignominies de ses parents, s'il a des parents dénaturés; il faut enfin qu'elle le mette en état de se mêler à des camarades.

La salle de bains, le vestiaire sont donc indispensables comme la cantine dans une école maternelle qui ne ment pas à son titre. Cependant le vestiaire a été jusqu'ici un luxe presque inconnu. Quant à la salle de bains, elle n'est plus tout à fait un mythe, grâce à la généreuse initiative de la Ville de Bordeaux, où fonctionne, depuis quelque temps, l'œuvre des *Bains à bon marché* (Bains-douches chauds à 15 centimes). Nous saluons l'œuvre nouvelle, et faisons des vœux pour qu'elle se généralise.

CHAPITRE II

Le vestiaire.

Nous ne nous doutons pas, nous qui sommes bien logés, bien vêtus, bien nourris, bien chauffés, que des milliers d'individus à moitié nus et mourants de faim habitent des taudis glacés; nous ignorons — le grand nombre ignore — que des milliers de misérables n'ont pas d'habitation du tout, qu'ils s'entassent chaque nuit chez des logeurs qui, pour dix centimes, les hospitalisent soit de huit heures du soir à deux heures du matin, soit de deux heures du matin à six heures. Tout près de chez moi, un de ces industriels, qui se figure peut-être faire de la philanthropie, reçoit chaque soir, et pour le même prix, huit cent cinquante femmes sans domicile. Tout ce peuple grelottant et affamé est logé, mais non couché; on a sa place sur un banc de bois, on s'appuie contre le mur, sur une table....

Dans les campagnes, les victimes de la misère sont moins nombreuses; on y meurt de faim et de froid cependant. Ceux qui ont entendu parler de

tant de maux, ou qui les ont côtoyés, et qui ne font
rien pour les soulager, ne sont dignes ni des vêtements qui les couvrent, ni du toit qui les abrite, ni
du feu qui brûle dans leur âtre, ni des repas qui les
réconfortent; ils ne méritent que le mépris. Les
ignorants n'ont même pas l'excuse de leur ignorance; car le devoir de tout individu est de chercher à s'instruire, non seulement des vérités de la
science, mais de toutes les vérités poignantes de la
vie sociale.

Ce qui rend notre devoir à tous d'autant plus
précis, c'est que les forçats de la misère ont des
enfants dont un grand nombre fréquentent nos
écoles maternelles et primaires. Nous les avons à
notre portée, il faut les aider, sans renoncer à attirer
ceux qui nous ont échappé jusqu'ici.

Leur douloureuse situation se trahit par des vêtements insuffisants et en loques, par la pénurie des
aliments renfermés dans leur petit panier, par leur
mine souffreteuse. L'enquête s'impose dès le premier coup d'œil. Dans les petites villes — et chaque
quartier d'une grande ville constitue une petite ville,
— rien de plus simple : les voisins sont, en ce cas
— qui n'entraîne aucune responsabilité, — trop
heureux de dire ce qu'ils savent, et de devenir ainsi
collaborateurs d'une bonne action. En cas d'insuffisance de renseignements bénévoles, les registres
de secours tenus à la mairie, les notes des visiteurs
des pauvres permettent de s'éclairer en peu de
temps. La lumière faite, il s'agit de soulager les
misères dévoilées.

« L'argent se recueille difficilement », nous dira-t-on. Mais aussi n'est-ce pas d'argent qu'il s'agit surtout ici : les dons en nature sont plutôt indiqués ; surtout les vêtements chauds et les bonnes chaussures. Or il est rare qu'une mère de famille dont les enfants sont pourvus ne s'empresse pas de fouiller dans leur vestiaire, devenu trop court ou trop étroit, au profit des malheureux qui grelottent. Agir autrement d'ailleurs, garder chez soi des choses devenues inutiles, est un acte d'égoïsme impardonnable.

En peu de jours, si la campagne est bien menée par les institutrices, les vêtements afflueront dans les écoles. Il s'agira dès lors de les approprier à la taille des enfants auxquels ils sont destinés ; car affubler de pauvres petiots de pantalons sur lesquels ils marchent, de manches qui descendant jusqu'au bout des doigts, gênent tous leurs mouvements et les rendent grotesques, c'est pécher à la fois contre la bonté, et contre le respect de la dignité humaine.

D'ailleurs un vêtement qui va bien réchauffe mieux et dure davantage.

La mise au point de ces vêtements, recueillis ici et là, devra être confiée aux élèves des écoles primaires, qui presque partout manquent de matériaux à l'heure de la leçon de couture. Ces fillettes trouveront double profit à la combinaison charitable, puisque le travail manuel, trop dédaigné dans nos écoles, sera ennobli par le sentiment de la bonne action. Et que l'on n'attende pas l'époque des grands froids pour se mettre à l'œuvre. C'est pendant toute l'année qu'il faut se préparer à défendre les indigents contre les rigueurs de l'hiver. Dans toute école primaire de filles bien organisée, une leçon de couture par semaine devrait être consacrée, depuis la rentrée jusqu'aux vacances, au vestiaire des enfants déguenillés [1].

Mais il ne suffit pas que le vestiaire soit suffisant et en bon état de conservation ou de réparation, encore faut-il qu'il n'ait pas été rendu temporairement malsain par un accident quelconque, par une averse par exemple.

En effet, lorsqu'il pleut, lorsqu'il neige, que de précautions à prendre, que de petits soins à prodiguer! Il faut d'abord, dès que l'enfant arrive à l'école, enlever son vêtement de dessus, parce qu'il a le plus souffert, et le suspendre, pour qu'il sèche le plus promptement possible (les maîtresses savent que l'entassement empêche l'humidité de s'évaporer; mais les femmes de service l'ignorent ou l'oublient). Le pardessus ou le châle enlevé, on visite le reste du costume, qui n'est en général atteint que superficiellement, à moins qu'il ne pleuve à torrents; puis on s'occupe de la chaussure qui a toujours subi les plus sérieuses avaries.

Il est un principe dont une maîtresse ne doit jamais se départir : c'est que l'enfant ne doit pas garder les pieds mouillés; et je n'aurai, pour ma part, aucune tranquillité d'esprit tant que nous n'aurons pas, à ce point de vue spécial, assuré son bien-être matériel. Il faut donc enlever les pauvres souliers réduits à l'état d'éponges, et les bas qui ont bu, eux

---

1. Ce conseil a été mis en pratique dans quelques écoles. A Bordeaux, l'œuvre des « vieux vêtements » fonctionne et rend des services inappréciables.

aussi, puis asseoir l'enfant près du poêle, après avoir
enveloppé ses petits pieds glacés, et le maintenir
ainsi jusqu'à ce que les bas soient secs, ce qui du
reste ne sera pas long. Pour les souliers, c'est plus
grave, et il faut y mettre le temps.

Mais que de peines pour un résultat encore fort
contestable, alors qu'il serait si simple de remédier
en bloc à cet inconvénient, en organisant, dans nos
écoles maternelles, un uniforme pour les pieds : chaussons de laine à semelles de cuir et sabots de bois !

« Mais c'est beaucoup exiger, me dira-t-on : les
familles sont pauvres.... »

Les familles sont d'autant plus pauvres qu'elles
sont moins industrieuses et moins prévoyantes;
une maladie de leur enfant leur coûtera plus cher
que beaucoup de paires de chaussons; et, ce qui est
bien plus grave, le pauvre petit, affaibli, débilité
par le manque de soins et par des maladies successives, traînera sa vie au lieu de la vivre gaillardement. Des chaussons! mais les mères de famille
pourraient en tricoter par douzaines! Une femme
tricote en marchant, elle tricote en voiture ou en
charrette; elle tricote sur un âne lorsqu'elle porte
ses légumes au marché. Il n'y a pas de jour où je ne
rencontre, en omnibus ou en tramway, des femmes
faisant de la dentelle à l'aiguille ou au crochet, de
la tapisserie, de la couture même. Quand les enfants
n'ont pas de chaussons, c'est que leurs mères ne
veulent pas leur en tricoter; il faudra établir une
règle qui les y contraindra. « Mais la laine? » On
la fournira aux indigents, la caisse du vestiaire
scolaire sera pour cela mise à contribution. Enfin

les fillettes de l'école primaire confectionneront
des chaussons pour leurs petits frères et leurs
petites sœurs, tant que l'on voudra. Il ne faudra
que vouloir.

Les chaussons et les sabots ont des avantages
incontestables. D'abord, ainsi que je le disais tout à
l'heure, grâce à ce genre de chaussure, l'enfant a les
pieds secs dès son arrivée à l'école. Ensuite, comme
il dépose ses sabots à l'entrée du préau, il peut
marcher, courir, sauter, faire ses évolutions sans
que le bruit assourdissant lui fasse contracter l'habitude désagréable de crier pour être entendu de ses
camarades; la bonne éducation a donc beaucoup à
gagner à mon système, et aussi la tête si souvent
endolorie des maîtresses. Enfin les récréations en
plein air seront moins souvent sacrifiées. En effet,
dès que la cour est humide, les maîtresses craignant les rhumes laissent les enfants au préau; il en
résulte que des journées entières se passent pour eux
dans l'air vicié des salles — vicié malgré toutes les
précautions que l'on peut prendre, — et que, pour
leur épargner un mal, on leur en impose un pire;
car si l'enfant a besoin de chaleur, il a aussi besoin
d'air et de mouvement. L'air, il l'a dans la cour, le
mouvement aussi, tandis qu'il est rare que celui
qui reste au préau, pendant que ses camarades
s'amusent dehors, ait l'énergie de s'amuser aussi. Il
faut une sorte d'excitation pour le jeu, et l'hiver,
dans les salles chauffées par le poêle, l'enfant se
laisse facilement aller à la torpeur. Oh! ce préau
fermé! il faut insister encore et rappeler aux maîtresses que l'enfant qui leur arrive chaque matin,

sort, non pas de la maison, mais de la *chambre*
paternelle — un logement composé de deux ou
trois pièces étant un luxe pour des ouvriers. —
Dans cette chambre, le plus souvent, on fait la cuisine, on mange, on dort; s'il s'agit d'ouvriers en
chambre, on travaille; aussi le mobilier a-t-il beau
être réduit à sa plus simple expression, la pièce est-
elle encombrée. Ce qui manque surtout, c'est l'air.
Il faut être entré le matin de bonne heure dans ces
réduits, alors qu'une partie de la famille est encore
au lit, pour se rendre compte de l'atmosphère que
respirent les pauvres; elle est, pour nous, irrespi-
rable.

On sort du lit, et l'on procède à une toilette som-
maire; c'est-à-dire que l'on reprend les vêtements
de la veille — quand on n'a pas couché avec, faute
de draps et de couvertures — et qu'on se lave som-
mairement aussi la figure et les mains. D'abord
parce que l'on est pressé; ensuite, parce que le
savon fait peut-être défaut; surtout, parce que le
milieu dans lequel on végète n'encourage pas à la
propreté.

Et ne me dites pas que j'exagère; je rends compte
de ce que j'ai vu; en même temps je me rappelle
beaucoup de détails qui me sont donnés par le
personnel, pendant mes inspections : « Celui-ci
arrive tard tous les matins, parce qu'il ne fait
pas jour dans sa chambre; celui-là est venu,
quoique malade, parce que sa mère, sans feu et
sans pain, préfère le savoir à l'école maternelle; un
autre pourrait être propre, car il a été compris dans
la dernière distribution de vêtements; mais la

maladie est dans la famille : le père est à l'hôpital, la mère fait des prodiges et n'arrive pas à entretenir la propreté dans le ménage ; un quatrième n'est jamais lavé le matin ; sa mère, éplucheuse aux halles, passe les nuits dans le sous-sol, rentre tombant de sommeil.... »

Le résultat, c'est que la population des écoles maternelles, *en général et surtout dans certains quartiers des grandes villes*, est, dans la famille, privée d'air et privée des soins qu'exige la propreté. Or, comme l'air est l'élément le plus nécessaire à la vie, le premier devoir de l'école maternelle est d'*aérer* les enfants ; en second lieu, comme l'air vicié est presque aussi redoutable que le manque d'air, et que la malpropreté le vicie, le second devoir de l'école maternelle est d'entretenir la propreté.

L'accomplissement du premier devoir est si facile, que je ne me console pas de le voir si dédaigné ; l'accomplissement du second demanderait plus d'efforts ; mais le résultat en serait si précieux, que je ne me console pas non plus de le voir si négligé !

Il faudrait « aérer » les enfants, ai-je dit. Ils arrivent d'autant plus emmaillotés que l'étoffe de chacun de leurs vêtements est moins douillette ; la plupart des garçons ont des collets à capuchon, sans préjudice des bérets de laine et des cache-nez ; les petites filles ont des échafaudages de châles croisés et attachés derrière, des cols de fourrure, des capelines.... Gênés aux entournures, ficelés comme des saucissons, ils sont tous gauches, peu disposés à bouger.

La première chose à faire, *la toute première*, serait
de leur faire enlever toutes ces enveloppes de propreté douteuse, qui apportent à l'école les émana-
tions de la chambre dont je parle plus haut, et de
les faire secouer au grand air, dans la cour (puisqu'on ne peut les faire passer à l'étuve, ce qui
vaudrait encore mieux); puis de procéder immédiatement à l'examen de propreté, un examen méticuleux, suivi, en cas de besoin, d'un lavage vraiment
approprié, après quoi l'enfant reprendrait sa coif-
fure, irait jouer dans la cour, toutes les fois qu'il
ne pleuvrait pas, toutes les fois qu'il ne neigerait
pas.

Il irait jouer, et non pas s'asseoir, ou se coller
contre le mur. Naguère encore, cette prescription
aurait paru très difficile à mettre en pratique, les
jeux en commun étant à peine organisés; mais
aujourd'hui que l'élan a été donné par la Ville de
Paris, aujourd'hui que les écoles maternelles ont
leurs « jeux scolaires » comme les grandes écoles
ont leur *lendit*, la difficulté n'existe plus : quelques
tours de la cour au pas gymnastique, quelques
tours à cloche-pied, quelques tours en jouant au
chemin de fer réchaufferaient les corps et les âmes,
et les maîtresses elles-mêmes, participant à ce
courant de vie joyeuse, seraient réconfortées au
moment — toujours un peu douloureux — de se
« remettre en train ».

Au lieu de cela, les enfants, couverts comme je
l'ai dit tout à l'heure, s'asseyent dans le préau dès
leur arrivée; peu à peu les bancs se remplissent,
les épaules se touchent, les pieds se cognent les

uns contre les autres. Comme il fait chaud, les
natures inertes s'engourdissent, les autres s'éner-
vent ; on se dispute, on se bouscule ; le bruit remplit
la grande salle, et, sans s'en rendre compte, les maîtresses se fatiguent dix fois plus que si elles faisaient jouer les enfants en plein air. Quant à l'atmosphère du préau, elle devient bientôt nauséabonde,
comme celle de la chambre paternelle.

Conclusion :

Les enfants, n'ayant pas chez eux la quantité d'air
nécessaire à leur santé, et le peu d'air qu'ils y respirent étant vicié, sont encore privés d'air à l'école
maternelle, et le peu d'air qu'ils y respirent n'est pas
suffisamment pur.

Ce qu'il y a de plus déplorable dans l'affaire, c'est
que le personnel n'est pas convaincu de la justesse
de notre observation ; il objecte le froid, l'humidité,
l'âge des enfants surtout.

Certes, le froid et l'humidité sont à craindre pour
des enfants immobiles ; mais s'ils jouent ! Regardez
donc nos jardins publics pendant l'hiver ! Les
enfants s'y ébattent comme en été. Les maîtresses
objectent encore la débilité de certains enfants ; mais
ce sont les délicats, les pâlots, les moroses qui ont
surtout besoin d'air pur. Elles objectent, enfin, les
parents.... Mais cette objection est inacceptable
comme les autres ; les parents sont ignorants ; le
progrès doit se faire malgré eux. Autrefois, les gens
du peuple croyaient que l'on arrêtait le développement intellectuel d'un enfant en lui coupant les
ongles ; que l'enfant dont on avait dit l'âge exact
mourait dans l'année ; que les poux sur la tête étaient

un signe de santé; que le bain était un médicament et non un élément d'hygiène. Il croit encore tant de billevesées, le peuple, parce qu'il est ignorant! Si les parents croient aujourd'hui que l'air pur est malsain, nous ne pouvons faire comme si nous étions de leur avis.

En ce qui les concerne, vous pouvez user de deux procédés, dont l'un n'exclut pas l'autre. Parlez-leur toutes les fois que l'occasion s'en présente; même faites naître l'occasion. Je suis sûre qu'ils ne savent pas qu'aujourd'hui la Faculté ordonne des cures d'air, comme elle ordonne des cures d'eau salée et des cures d'eaux thermales; qu'elle envoie des phtisiques demeurer sur les montagnes, où ils dorment les fenêtres ouvertes....

Le second procédé consiste à faire dans vos écoles ce que vous croyez bon de faire; ce que vos guides vous conseillent de faire, sans vous inquiéter de ce que l'on pense au dehors.

Tout dernièrement, j'engageais une petite écolière à enlever sa capeline — on était en classe, et le thermomètre indiquait 16 degrés.

« Sa mère ne veut pas, me répondit la maîtresse.

— Mon enfant, dis-je à la petite fille, si ta mère savait combien il fait chaud dans la classe, elle te dirait elle-même de ne pas rester la tête couverte. »

L'enfant obéit, sans que l'autorité maternelle eût rien perdu de son prestige.

Je me résume : le jour où l'école maternelle comprendra cette partie de son devoir qui consiste à donner à l'enfant le bien-être dont il a besoin, et à atténuer, en une certaine mesure, les effets désastreux de sa situation chez lui, les maîtresses voudront un vestiaire, et ce vestiaire recueilli, puis distribué, elles obligeront leurs petits élèves à se débarrasser de leurs pardessus (quelle que soit leur forme, leur étoffe, ou, si vous aimez mieux, de tous les vêtements destinés à atténuer l'insuffisance de ceux qu'a pu donner la famille); elles les feront vivement secouer dans la cour; puis, l'examen de propreté étant fait, et méticuleusement fait, et la propreté étant acquise, les enfants reprendront leurs coiffures et iront jouer dehors jusqu'à ce que l'heure de rentrer en classe ait sonné. Dans la cour, ils s'exerceront aux « jeux scolaires », aux jeux organisés. Tout le monde s'en trouvera mieux, maîtresses et enfants.

CHAPITRE III

La cantine.

Pour que nos enfants ne souffrent pas du froid, il
faut non seulement les bien vêtir, mais aussi les
bien nourrir. En effet, ou bien leur mère est dehors
toute la journée, ou bien le temps dont elle dispose
à midi est si limité qu'elle ne peut aller prendre son
enfant à l'école, préparer dans de bonnes conditions
le repas de la famille, et surtout donner au petit le
temps de manger dans de bonnes conditions ; car il
ne s'agit pas pour lui de « tordre et d'avaler », il
s'agit de manger de manière que la nourriture profite. Or pour cela il y faut mettre le temps.

A Paris et dans les grandes villes, il est donc indispensable que les enfants mangent à l'école ; c'est ce
qui arrive, en effet. Naguère, ils apportaient dans
leur petit panier la nourriture de la journée, nourriture rarement appropriée à leur âge et à leur tempérament — la femme et l'enfant sont presque toujours sacrifiés dans la classe ouvrière, et puis l'ignorance empêche les mères de faire un choix judicieux
parmi les aliments ; — cette nourriture, déjà mal

choisie, avait, en outre, le défaut d'être froide ou
mal réchauffée, parce que, avec la meilleure volonté
du monde, il est impossible de faire arriver *au point*
une grande quantité de mets contenus dans des
récipients de toute sorte et de toute forme. Bref,
l'enfant était aussi mal nourri que possible à la *salle
d'asile*.

Je viens d'employer le passé, parce qu'aujour-
d'hui, dans la plupart des grandes villes, les municipalités ont créé des cantines scolaires, et qu'à
l'heure des repas chaque enfant reçoit une portion
fumante en échange d'un jeton que les parents ont
payé d'avance, ou qu'ils ont reçu gratuitement si la
mairie juge qu'ils ont droit à cette libéralité.

Cette façon de comprendre la cantine scolaire est,
je crois, toute spéciale à notre pays, et je le note en
passant avec une fierté patriotique. En tout cas, je
sais que nos voisins d'outre-Manche la condamnent.
A Londres, l'enfant paye, ou... ne mange pas. « Que
voulez-vous que nous enseignions à de pauvres
petits qui ont l'estomac vide? » nous disait, il y a
quelques années, à Londres, une directrice compa-
tissante. Ce que nous considérons, nous, comme
un devoir à remplir envers des petits et des faibles,
victimes de la malchance ou de la paresse de leurs
parents, les Anglais le considèrent comme une faiblesse coupable. Ils craignent sincèrement que ce
ne soit une espèce de narcotique moral pour des
parents jusque-là bien intentionnés, un encourage-
ment à l'incurie, une prime donnée au vice.

Mais nous sommes en France, où, grâce à la générosité des patronages, grâce à la subvention de la

caisse des écoles, grâce aussi à la rémunération
payée par les enfants en état de payer, *tous* parti-
cipent à la distribution. Rien de réjouissant comme
de voir ce cher petit monde à l'heure de la soupe !

La cantine est créée ; elle fonctionne ; l'idée est
acceptée ; personne n'est froissé. Est-ce à dire que
nous soyons arrivés de prime-saut à la perfection ?
Nous scandaliserions sûrement ceux mêmes qui
s'en occupent avec le plus de sollicitude, si nous leur
déclarions qu'ils ne peuvent pas faire mieux. Leur
bonné volonté s'accuse d'ailleurs par leurs tâtonnements. Ici, c'est la municipalité tout entière qui
fait des expériences ; ailleurs, c'est un patronage ;
ailleurs encore, c'est la directrice. Il est par exemple
tout à fait intéressant de comparer les différents
menus mensuels ou hebdomadaires des écoles de la
Ville de Paris ; il est tout à fait intéressant aussi de
savoir que tels mets, dont on se régale dans tel
quartier, est mangé du bout des dents dans tel autre ;
mais cette diversité même engage à faire des études
qui donneront, sans nul doute, de bons résultats.

Voici quelques menus pris presque au hasard
dans différents quartiers :

PREMIER MENU (mois d'octobre 1886).

Lundi. Pot-au-feu et lentilles.
Mardi. Soupe maigre et ragoût de mouton.
Mercredi. Soupe aux choux et saucisson.
Vendredi. Pot-au-feu et pommes de terre.
Samedi. Soupe maigre et haricots.
Lundi. Soupe maigre et haricots au lard.

Mardi. Soupe maigre et ragoût de mouton.

Mercredi. Soupe maigre et macaroni.

Vendredi. Pot-au-feu et lentilles.

Samedi. Soupe maigre, chipolata et pommes de terre.

Lundi. Soupe aux choux et saucisson.

Mardi. Soupe et purée de pois au lard.

Mercredi. Soupe maigre et ragoût de mouton.

Vendredi. Pot-au-feu et lentilles.

Samedi. Soupe maigre et ragoût de mouton.

Lundi. Soupe maigre et macaroni.

Mardi. Soupe maigre et haricots au lard.

Mercredi. Pot-au-feu et lentilles.

Vendredi. Soupe maigre et riz au lait.

Samedi. Pot-au-feu et lentilles.

Dans cet arrondissement, le maire exige que le menu soit absolument respecté. Cependant, *quelquefois*, une directrice, qui m'a donné les renseignements ci-dessus, remplace un des menus par une soupe maigre et une tartine de pain et de pâté de foie (fromage d'Italie).

Ce que les enfants préfèrent, c'est : 1° la soupe aux choux et le saucisson; 2° la purée de pommes de terre avec chipolata (petites saucisses); 3° le macaroni; 4° les haricots et les lentilles.

Ils n'avalent que difficilement le riz au lait et la purée de pois cassés.

2e MENU (hebdomadaire, celui-là).

1er jour. Soupe grasse et bœuf.

2e jour. Haricots, soupe à l'oseille ou aux poireaux (cette soupe, assaisonnée au beurre, ainsi que les haricots, est faite avec l'eau qui a servi à la cuisson des haricots).

3e jour. Ragoût de mouton (hauts de côtelettes) avec des pommes de terre.

4e jour. Purée de pois ou de lentilles avec des saucisses fraîches.

5e jour. Soupe; pommes de terre et choux avec du filet de porc ou du jambon frais. A défaut de choux, haricots et porc frais.

L'été, on remplace, autant que possible, les légumes secs par les légumes frais. Petits pois, pommes de terre nouvelles, haricots verts. Petits pois et pommes de terre sont accommodés au lard.

3e MENU.

Lundi. Macaroni au fromage.
Mardi. Pot-au-feu.
Mercredi. Lentilles au lard.
Jeudi. Pot-au-feu.
Vendredi. Pommes de terre en purée au lait.
Samedi. Pot-au-feu.

4e MENU.

Lundi. Purée de haricots, de lentilles ou de pommes de terre au lait.
Mardi. Pot-au-feu.
Mercredi. Riz au lait.
Vendredi. Purée de haricots, de lentilles ou de pommes de terre au lait.
Samedi. Ragoût de mouton.

Dans ces quatre écoles, la portion ou plutôt le repas tout entier coûte 10 centimes. Ce prix doit donner à réfléchir à certaines municipalités de province qui ont fixé leur prix à 15 centimes.

5e Menu.

Lundi. Bifteck et pommes de terre frites.

Mardi. Veau à la casserole et carottes.

Mercredi. Pot-au-feu, haricots verts ou choux-fleurs (en été).

Jeudi. Ragoût avec le reste du bœuf et addition de chipolata, sauce aux tomates ou autre et macaroni.

Vendredi. Gigot ou épaule de mouton ; purée de pommes de terre ou haricots frais.

Samedi. Ragoût de mouton avec les restes de la veille et addition de hauts de côtelettes. En hiver, lentilles, purées de pommes de terre et de pois cassés, haricots secs une fois ou deux par mois et quelquefois, le *lundi*, pruneaux ou pommes cuites, la directrice ayant remarqué que, vu les *extras* du dimanche, les enfants ont presque tous l'estomac fatigué ce jour-là.

Ces deux derniers menus diffèrent beaucoup des quatre précédents ; ils ont été composés pour des écoles d'un quartier commerçant ; chaque portion se paye 20 centimes.

6e Menu.

Lundi. Ragoût, mouton et pommes de terre.

Mardi. Pot-au-feu ; pommes de terre frites.

Mercredi. Veau et macaroni.

Jeudi. Pain de pommes et saucisses.
Vendredi. Mouton et haricots secs.
Samedi. Rosbif et lentilles.

Quoique en petit nombre, les renseignements qui précèdent nous permettent de nous faire une idée de ce que mangent les enfants des écoles maternelles dans les vingt arrondissements de Paris.

Or, en considérant leur âge, je suis, je l'avoue, un peu inquiète de la quantité de viande distribuée, eu égard surtout à sa nature, eu égard aussi aux conditions défectueuses dans lesquelles les enfants mangent, malgré le zèle des directrices et de leurs adjointes.

L'enfant, jusqu'à cinq ans, mâche difficilement la viande, même quand on lui donne des morceaux de choix. Aux prises avec des tendons, avec du gras, surtout avec les longues fibres du bœuf bouilli, il s'épuise sans pouvoir fournir assez de salive pour humecter le bol alimentaire, et, finalement, il doit rejeter ce qu'il a dans la bouche, ou, par un effort de volonté dont bien peu sont capables, avaler des morceaux insuffisamment préparés. Le bœuf bouilli (toujours un peu sec quand il a fait de bon bouillon), les hauts de côtelettes, le collet, la poitrine me paraissent donc d'une mastication et par conséquent d'une assimilation trop difficiles pour la plupart des enfants de l'école maternelle. Quant à la viande de porc sous toutes ses formes : lard, saucisses, chipolata, saucisson, fromage d'Italie, tranche de porc à la casserole ou au four, je la proscrirais absolument. D'excellente qualité, c'est déjà la plus lourde

des viandes, et il entre tant de choses dans les saucisses, dans le saucisson, dans le fromage d'Italie!

« C'est cependant ce qu'ils mangent de préférence! » dira-t-on. — Eh oui! parce que le porc
entre en quantité considérable dans l'alimentation
des classes pauvres, et que l'enfant reconnaît, à la
cantine, les mets que l'on mange chez lui. Mais
à plus forte raison faudrait-il lui donner autre
chose.

Dans le menu que nous proposerions pour les
écoles maternelles et surtout pour les petits, le lait
entrerait en proportion considérable. Riz au lait;
fécule de pommes de terre au lait; purée de pommes
de terre au lait; semoule au lait; tapioca au lait,
farine de maïs, d'avoine, de sarrasin au lait, tous
aliments excellents pour des enfants dont la denti-
tion est à peine terminée, et que l'ignorance de leurs
parents soumet toujours trop tôt à une alimentation
trop forte. Dans les grands jours, s'il y avait du
boni, nous donnerions des œufs, sous la forme la
plus facile à faire manger proprement par ce petit
monde. Les légumes secs, très sains, en général,
pourvu qu'ils soient bien cuits, seraient toujours
réduits en purée; le macaroni aurait sa place une
fois par semaine, si les enfants l'aimaient. Quant à
la viande, nous ne l'emploierions que pour ajouter
ses principes nutritifs spéciaux aux principes nutritifs des légumes, à moins qu'elle ne soit grillée ou
rôtie. Avec le bœuf nous ferions d'excellent bouillon, mais les plus grands seuls mangeraient le
bouilli (dans les grandes villes on trouverait certainement à céder le reste à bon compte); le lard ser-

virait à préparer des lentilles, des pommes de terre, des haricots plus nourrissants et d'un goût plus agréable; mais les enfants ne mangeraient pas le lard. Quant aux soupes, nous les donnerions avec conviction; nous ne nous contenterions même pas de la soupe de midi, nous voudrions qu'il y eût aussi la soupe du matin et celle de quatre heures, en hiver surtout; quel bien-être cela procurerait à tous ces petits estomacs!

Ce menu, je le proposerais avec d'autant plus d'assurance, qu'après y avoir pensé avec mon expérience et mes souvenirs de maman, je suis allée le communiquer à un médecin très compétent en la matière, qui est en outre inspecteur des écoles de son arrondissement. Il partage mes craintes : il est entièrement de mon avis, ou plutôt je suis complètement du sien; cette coïncidence peut donner à réfléchir.

Le menu préparé, servi, il faudrait veiller à ce que les enfants apprissent à manger proprement. Le règlement est par trop discret sur ce point; il est vrai que lorsqu'il a été fait, très peu d'enfants mangeaient à l'école maternelle; ceux qui y mangeaient apportaient surtout des tartines de beurre, de confiture ou de fromage, des noix, des marrons; le chapitre « Éducation à table » n'existait donc pour ainsi dire pas. Aujourd'hui, ils y font, grâce à la cantine, des repas complets : soupe, viande, légumes, et ces conditions nouvelles appellent des dispositions nouvelles aussi, en même temps qu'une surveillance plus délicate. L'enfant qui sait manger une tartine ne sait pas toujours manger sa soupe;

en tout cas, il ne sait pas couper sa viande; une serviette n'était pas absolument indispensable pour manger la tartine, elle l'est pour manger la soupe; enfin la surveillance du repas était loin d'avoir autrefois l'importance qu'elle a aujourd'hui.

Malheureusement, je le répète, le règlement est muet, et les instructions ne sont pas aussi précises en ce qui concerne cette partie de la journée qu'en ce qui concerne les autres. Si, dans un grand nombre de villes, les maîtresses ont reçu des conseils, même des ordres, quant à l'enseignement de la lecture ou à l'enseignement du dessin, elles ont été laissées tout à fait libres pour les bonnes habitudes à donner pendant les repas, et nous voyons parfois, à ce sujet, des choses étonnantes! Ainsi, sous prétexte de prudence, on ne donne pas de fourchettes aux enfants. Ceux de six ans mangent leur viande à la cuillère comme ceux de deux ans; qui donc leur enseignera à se servir des fourchettes? Leur mère, qui n'attache aucune importance à l'éducation? L'école primaire? En ce cas, je comprendrais que les instituteurs se crussent le droit de réclamer.

Que les enfants de deux à quatre ans ne se servent que de cuillères, c'est acceptable; mais ceux de quatre ans et demi, à qui l'on fait manier le crayon, les aiguilles à piquage, les crochets, sont parfaitement en état de se servir d'une fourchette, sans se faire mal, sans faire mal à leurs voisins; il s'agit seulement de les surveiller.

Mais... la cuillère est même un progrès; et j'ai vu des enfants mangeant leur viande avec les doigts, l'arrachant de l'os avec les doigts....

Ces questions de cantine, de vestiaire, de bien-être, de santé relèvent à la fois de la philanthropie qui a sa source dans le cœur, et de l'hygiène, une science trop peu familière à la plus grande quantité des individus, trop négligée aussi de ceux qui la connaissent.

Très compliquée, cette science a du moins des règles fondamentales dont il ne faudrait jamais se départir dans nos écoles, dans nos écoles maternelles surtout, puisque l'enfant y est plus délicat, et puisque l'éducation physique, aussi bien que l'éducation morale, doit commencer le plus tôt possible.

CHAPITRE IV

L'école maternelle doit organiser la santé.

Pour se bien porter, l'enfant a besoin d'air — un besoin absolument impérieux; — il a besoin de lumière, de chaleur, de mouvement; il a besoin en outre d'être mis autant que possible à l'abri des épidémies, et ce soin incombe surtout aux municipalités, à l'administration et au personnel des écoles, car il ne faut pas compter pour cela sur les parents, dont les préjugés centuplent l'ignorance.

Ces réflexions je les ai faites bien souvent; mais elles sont devenues de l'obsession quand je me suis trouvée dans des départements où l'état sanitaire laissait à désirer, par exemple dans la dernière épidémie... cholériforme — pour employer l'euphémisme à la mode, — épidémie bénigne d'ailleurs, qui a fait naguère des victimes dans le Midi.

C'est dans les écoles maternelles surtout qu'il faudrait en pareil cas être vigilant : d'abord à cause de la fragilité des enfants, ensuite, ou plutôt en même temps, parce qu'ils n'ont pas chez eux les soins indispensables. Il ne faut pas oublier que l'école maternelle n'est pas une école obligatoire et que si les enfants la fréquentent, c'est parce que la famille est pauvre, donc mal logée et mal nourrie; c'est parce que la mère travaille au dehors. Sauf exception, cette mère pauvre est ignorante et, fût-elle très bien intentionnée, très dévouée, l'enfant serait avec elle exposé à des imprudences dangereuses. (J'ai vu en temps d'épidémie cholérique, dans une des villes les plus contaminées, une mère qui refusait à son enfant quelques cerises très mûres et d'excellente qualité, et lui faisait manger des fraises autant qu'il en voulait manger; or tout le monde sait que les fraises sont d'une digestion difficile.)

Même dans les régions réputées très saines, les écoles maternelles ne seront dignes de leur titre que lorsque le service d'hygiène y sera régulièrement et parfaitement organisé; lorsque l'hiver, on préviendra, dans la mesure du possible, par des mesures appropriées, les maladies inhérentes à l'hiver; lorsqu'on préviendra, en été, les maladies de l'été. Or, comme en été ce qui est à craindre surtout, ce sont les maladies d'entrailles, il est de toute nécessité de surveiller ce que mangent les enfants, ce qu'ils boivent, et aussi la façon dont ils digèrent.

Si l'école maternelle est pourvue d'une cantine, les aliments devront être bien choisis et bien préparés; on renoncera, pour un temps, aux légumes secs, on dégraissera soigneusement les soupes et les ragoûts.

S'il n'y a pas de cantine, ce qui est très fréquent

pendant l'été, l'inspection des paniers sera minutieusement faite à l'arrivée de l'enfant, en présence de la personne qui l'accompagne; la charcuterie et les fruits non mûrs seront éliminés.

La surveillance sera, si possible, plus rigoureuse encore quant à la boisson; et l'on ne donnera sous aucun prétexte l'eau de la fontaine — même filtrée — toute pure, ni pendant les repas, ni, à plus forte raison, en dehors des repas. *L'eau bouillie avec des grains d'orge pour l'aérer* sera distribuée pendant les repas à ceux qui n'ont pas apporté d'eau rougie.

Si les enfants ont contracté la mauvaise habitude de boire en dehors des repas, on leur donnera soit du coco, soit (de préférence) du café très léger additionné d'une goutte de cognac.

Car il faut bien se persuader que l'eau, « le cristal des fontaines », tant chanté par les poètes, est le véhicule des maladies les plus meurtrières. Le crime étant bien démontré, la coupable doit être traitée selon ses mérites. *L'eau est une ennemie*, sauf dans la cuvette ou le lavabo.

Il arrive fréquemment que des enfants soient pris de diarrhée à une heure de la journée où l'on ne peut les faire reconduire chez eux, parce que leurs parents sont au travail. Négligée, l'indisposition dégénère en maladie grave; soignée à temps, elle guérit tout de suite. Souvent une seule cuillerée de potion suffit. Je ne saurais donc trop recommander aux directrices d'avoir chez elles un litre au moins d'une potion préparée d'après la formule d'un médecin. En voici une qui a été prescrite en temps d'épidémie pour toutes les écoles de l'académie de Montpellier; elle est signée du docteur Tardieu :

Laudanum................	6 grammes.
Menthe anglaise	6 gouttes.
Eau-de-vie..............	60 grammes.
Sucre................	100 —
Eau................	500 —

Personne n'ignore que les maladies cholériformes atteignent le plus souvent les individus mal soignés, mal nourris et malpropres (quoi qu'on en dise, il est difficile, sinon impossible, aux pauvres d'être propres réellement). L'examen de propreté, si légèrement fait le plus souvent, doit en temps d'épidémie devenir méticuleux. *Le corps doit être propre et le linge aussi.* Le moment est donc venu de faire campagne pour le vestiaire des écoles maternelles. Quelle directrice ne sera fière de se faire quêteuse pour un tel motif?

Certes je ne suis pas alarmiste : par une disposition d'esprit qui m'a sauvée du découragement, je ne prévois pas les malheurs, jugeant sans doute que chaque jour est suffisamment chargé, sans qu'on l'accable encore par le fardeau du lendemain; mais personne ne me contestera que les épidémies sont nombreuses et fréquentes, et que c'est notre devoir de les prévenir, ou tout au moins de les enrayer. Je n'ai de renseignements précis (au moment où j'écris ces lignes) que sur une région inspectée naguère, et ils sont loin d'être réconfortants. La rougeole a converti en déserts, pendant des mois, une quan-

tité d'écoles maternelles; un certain nombre d'enfants sont morts; un grand nombre, mal guéris, traînent des maladies des bronches, et surtout des maladies des yeux; la fièvre scarlatine a sévi, elle aussi; enfin ie croup a, *dans une seule école, tué dix-sept enfants....*

Notre devoir est donc d'organiser la santé dans nos écoles; elles devraient être comme le *lieu d'asile* dans lequel on viendrait se réfugier en cas de danger. Or elles sont loin de réaliser cet idéal, et nous en avons si bien conscience que, dès les premiers symptômes de maladie en ville, elles sont licenciées, c'est-à-dire que les enfants sont répandus dans les foyers d'infection.

Il faudrait une inspection médicale très fréquente, très méticuleuse : or l'inspection médicale est un mythe; si nous faisions un tableau d'honneur pour y inscrire le nom des villes où elle fonctionne régulièrement, nous serions effrayés et humiliés de la brièveté de la liste.

Il faudrait dans chaque école une petite pharmacie, munie d'instructions très précises sur les médicaments élémentaires qu'elle contiendrait : or la liste des écoles possédant une pharmacie est peut-être encore plus courte que celle des écoles régulièrement visitées par le docteur.

Il faudrait, nous en sommes convenus, un vestiaire pourvu surtout de linge de dessous et de chaussures : or le vestiaire est à peu près inconnu.

Il faudrait que la nourriture fût l'objet d'un examen éclairé et consciencieux : or c'est seulement à l'heure du repas — alors qu'il est trop tard pour y suppléer — que les aliments contenus dans les paniers sont mis sous les yeux de la directrice.

Il faudrait que le menu de la cantine fût modifié d'après l'état sanitaire de la ville, et surtout d'après l'état de l'école : or je n'ai pas constaté une seule fois que l'on se fût préoccupé de cette question.

Il faudrait que le passage au lavabo complétât les soins de propreté donnés trop vite dans la famille, ou qu'il suppléât à l'absence de ces soins : or, au lavabo, on lave exclusivement les mains et la figure des enfants.

Il faudrait... que l'école maternelle fût une famille exemplaire, où les soins du corps et ceux de l'âme seraient combinés de telle sorte, qu'elle devînt pour le pays une pépinière d'enfants solides, intelligents, honnêtes et généreux....

Mais... on a bien le temps de penser à ces choses-là ! Ce qu'il importe, c'est de savoir ce que pèse (ah ! oui, c'est une question de poids !) le bagage mnémotechnique dont on charge les enfants dans l'école d'en face, et de charger les nôtres d'un poids égal ; il faut, pour soutenir la concurrence, frelater sa marchandise comme on la frelate vis-à-vis... avec une légère aggravation même, puisqu'il s'agit de l'emporter... aux yeux des familles ignorantes.

L' « école » gagne, paraît-il, à ce steeple-chase ; les « enfants » y perdent sûrement ; mais qui donc vient nous parler d' « enfants » à nous autres, puisque, je le répète, il ne s'agit que de concurrence....

Et pendant ce temps, des philosophes, plongés dans les statistiques, — des philosophes et des patriotes — gémissent sur la dépopulation de la France !

Il y a de quoi se couvrir de vêtements de deuil !

Le but que se propose l'école maternelle est cependant indiqué de la manière la plus précise, dans la définition qu'en donne la loi : « L'école maternelle est un établissement de première éducation, dans lequel les enfants des deux sexes reçoivent les soins que réclame leur développement physique, moral et intellectuel ».

Ce qui prime tout — dans la pensée du législateur, — c'est donc la santé de l'enfant, car il faut qu'il vive *d'abord*; à cette seule condition l'école pourra en faire un être moral et instruit.

L'argument est irréfutable; malheureusement il semble être considéré en général comme de peu de valeur, et après douze ans d'efforts nous n'avons pas encore réussi à le faire prévaloir. Dans l'école même, le temps consacré aux soins du corps est souvent considéré comme du temps perdu, et les municipalités, ainsi que l'administration préfectorale, auxquelles incombe le devoir strict de veiller aux conditions hygiéniques des locaux. d'organiser l'inspection médicale et d'en contrôler la régularité, se désintéressent par trop de la question.

Je n'exagère pas; d'une part, les soins du corps, en dehors de la figure et des mains, font défaut; ce n'est qu'exceptionnellement que les maîtresses sont pourvues des médicaments les plus élémentaires : d'eau boriquée pour les bobos; d'arnica, pour les chutes et les contusions; d'alcali, pour les piqûres d'insectes (et l'on sait qu'il y a des années

où les guêpes s'en donnent sur les peaux déli-
cates!); elles n'ont à leur disposition ni compresses
ni bandes, et elles sont tellement habituées à cette
pénurie qu'elles ne s'en préoccupent pas!

D'autre part, les maladies peuvent sévir, les épidémies se succéder, sans qu'aucune impulsion soit
donnée à l'inspection médicale; il arrive même
que le maire néglige de faire désinfecter le local
lorsque les enfants ont été renvoyés chez eux.

Oh! le licenciement! Il est passé dans les mœurs;
avec ou sans raison, les enfants sont dispersés; c'est
plus expéditif que d'assainir.

Cependant, d'après le *Comité consultatif d'hygiène*,
« le père et la mère sont à l'atelier, pendant les
heures de classe; que faire de l'enfant pendant toute
la journée? Il faudra bien le confier aux soins et à
la surveillance d'une voisine qui reste chez elle, *et
il se trouvera que cette voisine sera souvent la mère
d'un enfant malade, que cette circonstance seule oblige
à garder le logis. Si bien que le licenciement d'une
école, loin de remédier au danger de la contagion,
tendra plutôt à la favoriser* ».

Or, ajoute M. le Dr Napias, rapporteur, « avec les
ressources dont on dispose aujourd'hui pour la
désinfection, le licenciement d'une école, *et surtout
d'une école maternelle ou d'une école primaire*, est la
plupart du temps un contresens hygiénique.

« L'assainissement du local d'une école peut être
réalisé en quelques heures; sa durée doit être
réduite au minimum; la désinfection du sol, du
mobilier, des parois, doit pouvoir être faite dans
l'entre-classe. Ce n'est qu'une question d'outillage. »

Je suis d'autant plus charmée de lire ces lignes d'un homme dont la compétence est indiscutée, que mon simple bon sens m'a suggéré les mêmes réflexions, et les mêmes conclusions, je les ai soumises au directeur de l'enseignement primaire au cours d'une de mes tournées d'inspection.

Je visitais alors des départements où le choléra faisait des victimes depuis une quinzaine de jours, et l'on n'avait encore rien tenté à l'intérieur des écoles pour le combattre; ici et là, on s'était contenté de licencier, ce qui était, d'après le Dᵣ Napias lui-même, le meilleur moyen de laisser les enfants au danger. Au cours de ce voyage surtout, j'ai appris des faits lamentables : ici, la rougeole avait ravagé pendant l'hiver la population enfantine; là, c'était la scarlatine ou la méningite; ailleurs, c'était le croup (une seule école avait perdu dix-neuf enfants en un mois), sans que la sollicitude municipale et départementale eût été éveillée, sans qu'aucune amélioration matérielle eût été apportée au local! Le service médical ne fonctionnait pas mieux après qu'avant!

En ce qui concerne l'état sanitaire des écoles, des responsabilités multiples sont engagées, et celle des maîtresses a bien son poids.

Le ministre de l'instruction publique a dégagé la sienne, en signant un *arrêté* et en faisant préparer un *règlement modèle*, relatifs aux prescriptions hygiéniques à prendre pour prévenir et combattre les épidémies. On les a lues plus haut, mais j'insiste pour préciser le devoir des maîtresses, pour éclairer leur bonne volonté; car, en attendant que l'inspection médicale fonctionne régulièrement, en attendant que les municipalités fassent les réparations que nécessite l'hygiène du local, elles peuvent exercer une sérieuse influence sur la santé des enfants qui leur sont confiés. Je consulte le *règlement modèle*, article par article. Le chapitre I traite des mesures générales à prendre pour *éviter l'éclosion* des maladies contagieuses :

Art. 1. — *Les écoles doivent être pourvues d'eau pure (eau de source, eau filtrée ou bouillie). L'eau pure seule sera mise à la disposition des écoles.*

Cet article prévoit deux éventualités en présence desquelles la directrice est parfois impuissante. Si l'école est privée d'eau de source, elle ne peut la doter de cet avantage ; si la municipalité n'a pas acheté de filtre, il lui est impossible d'en prélever sur son maigre budget le prix relativement considérable ; mais *rien ne l'empêche de faire bouillir l'eau*, et il faut qu'elle la fasse bouillir, ou du moins qu'elle donne des ordres à la femme de service pour que chaque soir la provision d'eau du lendemain ait été portée jusqu'à l'ébullition. Et les ordres ne suffiront pas — car il faut compter avec l'ignorance, les préjugés, la routine et souvent aussi avec la paresse, — il faudra assister à l'opération, y assister tous les jours.

Mais on aura beau faire bouillir l'eau, le danger ne sera pas conjuré si les maîtresses laissent — comme je le vois presque partout — la fontaine à la disposition des enfants. La fontaine doit être rigoureusement interdite ; cette interdiction, n'eût-elle pour conséquence que de faire perdre aux enfants l'habitude de boire à tout propos et hors de propos, aurait de sérieux avantages. Quand on a bu à son repas, on n'a pas besoin de boire entre ses repas. Quoiqu'il ne s'agisse ici que d'eau claire, peut-être éloignerions-nous — par cette interdiction — quelques-uns de nos petits élèves de l'ivrognerie.

La propreté rigoureuse des gobelets de métal a, elle aussi, une importance considérable, et, dans le cas où une affection contagieuse vient à se produire, particulièrement dans le cas de diphtérie, il convient de les flamber à l'alcool.

Art. 2. — *Les cabinets d'aisances des écoles ne doivent pas communiquer directement avec les classes. Les fosses doivent être étanches et le plus possible éloignées des puits.*

Ces prescriptions sont du domaine de l'inspection, qui doit faire agir la municipalité; mais ce qui regarde la directrice, c'est la propreté des cabinets d'aisances; propreté qui sera obtenue :

1° Par une surveillance active des enfants, une surveillance *préventive* et *individuelle*;

2° Par des lavages à grande eau après chaque passage de tous les enfants (passages prévus au règlement scolaire);

3° Par l'emploi incessant de désinfectants.

Art. 3. — *Pendant la* DURÉE *des récréations et le soir, après le départ des élèves, les classes doivent être aérées* PAR L'OUVERTURE DE TOUTES LES FENÊTRES.

Oh! cette prescription, combien de fois est-elle revenue sous ma plume depuis douze ans, et combien il est utile qu'elle y revienne encore!

J'ai souligné le mot « durée », qui a son importance ; j'ai souligné les mots « *ouverture de toutes les fenêtres* », qui n'en ont pas moins; on a une si grande peur de l'air dans nos écoles! on a une telle terreur des courants d'air,... même pour les tableaux, les bancs et le pupitre de la maîtresse !

Art. 4. — *Le nettoyage du sol ne doit pas être fait à sec par le balayage, mais au moyen d'une éponge mouillée promenée sur le sol.*

Ici, je cite textuellement le Dr Napias : « La question du nettoyage du sol a une importance considérable. Le balayage, qui est le plus communément employé, a un grave inconvénient au point de vue de l'hygiène; il soulève des poussières qui mêlent à l'air avec les crachats desséchés les bacilles de la phtisie. Un seul enfant phtisique devient ainsi un danger pour toute une classe. *Le nettoyage ne doit donc pas se faire à sec.* Un lavage à l'eau aditionnée ou non d'une substance antiseptique lui est toujours préférable, et, si les conditions du climat ou de la saison s'opposent au lavage à grande eau, *on peut toujours pratiquer avec un linge ou une éponge légèrement mouillée*, une sorte d'essuyage du sol.

« Indépendamment des avantages que ce mode de procéder présente au point de vue de la prophylaxie d'autres affections contagieuses, *c'est peut-être le seul moyen que nous ayons de diminuer les chances de la propagation, la plus meurtrière de toutes, de la phtisie dans les agglomérations scolaires, et c'est pourquoi nous pensons qu'il convient d'en faire une prescription* STRICTEMENT *réglementaire.* Cette prescription serait d'ailleurs utilement complétée par un lavage hebdomadaire à grande eau et avec une sub-

stance désinfectante, et par un lavage complet des
parois au moins deux fois par an. »

Si le Dr Napias et le Comité consultatif d'hygiène
savaient que, dans beaucoup d'écoles maternelles,
les enfants dorment par terre, la bouche sur le
plancher où tout le monde a passé, où les souliers
ont laissé la boue des rues! S'ils savaient que dans
quelques écoles maternelles, munies de lits, les
enfants dorment sur la même paillasse, rarement
renouvelée, quoique souvent souillée; sur le même
coussin!...

Certes, nous avons beaucoup à faire pour que nos
écoles soient une sorte de lieu d'asile où les enfants
du peuple se réfugieront contre les dangers de leurs
habitations sordides!

Je reviens à cette prescription du balayage à sec
et de l'époussetage à sec, et je répète ce que j'ai dit
au sujet de l'eau bouillie; il faudra que la directrice en surveille l'exécution jusqu'à ce que la
femme de ménage en ait pris l'habitude, jusqu'à ce
que ce soit devenu pour elle une routine, comme le
procédé aujourd'hui rejeté était, pour elle, une
routine. Essayer de persuader la femme ignorante
serait, je le crains, du temps perdu (toute maîtresse
de maison sait quelles difficultés se dressent devant
elle quand il s'agit de faire accepter une nouveauté;
celles d'entre nous qui ont essayé de proscrire
l'époussetage me comprendront; le coup de plu-
meau qui déplace momentanément la poussière, le
grand coup de torchon qui la fait voler en l'air
pour la laisser ensuite retomber, sont si faciles à
donner). Il ne s'agira donc pas de chercher à con-

vaincre : il faudra exiger et, je le répète, assister à l'opération.

Quant au nettoyage des parois, qui est aujourd'hui une affaire d'État, il sera singulièremeut simplifié le jour où l'on aura renoncé à l'excès d'ornementation des classes; car lorsque les murs sont couverts du haut en bas d'une quantité de tableaux, on regarde à deux fois avant de tout décrocher, pour procéder ensuite à un nouvel accrochage.

Art. 5. — *Hebdomadairement, il est fait un lavage à grande eau avec un liquide antiseptique. Un lavage analogue des parois doit être fait au moins deux fois par an, notamment à Pâques et aux grandes vacances.*

(Le commentaire de cet article est quelques lignes plus haut.)

Art. 6. — *La propreté de l'enfant est surveillée* A SON ARRIVÉE.

Chaque enfant doit se laver les mains au lavabo avant la rentrée en classe, après chaque récréation.

J'appelle l'intention de nos lectrices sur le premier paragraphe de l'article 6. Ce n'est pas au moment de l'entrée en classe que doit être fait l'examen de propreté; c'est *à l'arrivée* de l'enfant; on ne saurait mieux dire que l'examen doit être individuel, minutieux, et non collectif et superficiel.

« Enfin, dit le Dr Napias, en même temps qu'on assurera la propreté et le nettoyage rationnel des locaux scolaires, il convient de veiller à la propreté de l'écolier *à son arrivée à l'école*, et avant qu'il entre en classe au sortir de la récréation. Ce sont des prescriptions déjà faites et qu'il conviendrait de rappeler aux instituteurs, en leur montrant quelle utilité elles ont comme complément d'un ensemble de mesures d'hygiène et de salubrité dont doit profiter la santé des élèves.

« Sans doute cette propreté corporelle serait singulièrement facilitée si toutes les écoles avaient à leur disposition des bains-douches (vous voyez qu'il ne s'agit pas ici de la propreté de la figure et des mains); mais, si cela est souhaitable, il faut convenir que la réalisation de ce souhait n'est guère possible *que dans les communes d'une certaiue importance....* En attendant, partout où il y a des cours d'eau, il y aurait lieu de favoriser en été les bains de rivière, et peut-être de réserver dans l'horaire des écoles une heure ou deux pour qu'on puisse y conduire les élèves. »

Ce dernier vœu n'est pas pratique pour les écoles maternelles; contentons-nous de désirer des baignoires et des appareils très élémentaires pour les douches. En tout cas il est de nature à faire comprendre aux maîtresses la nécessité pour la santé de leurs élèves de la propreté *du corps.*

Voici d'ailleurs ce règlement tout entier.

ARRÊTÉ

ET RÈGLEMENT MODÈLE

relalifs aux prescriptions hygiéniques à prendre dans les écoles primaires pour prévenir et combattre les épidémies (18 août).

Le ministre de l'instruction publique, des beaux-arts et des cultes,

Vu la loi du 27 février 1880, art. 4 et 5;

Vu la loi municipale du 5 avril 1884, art. 94 et 97;

Vu la loi du 30 octobre 1886, art. 9, qui porte :

« L'inspection des établissements d'instruction primaire publics ou privés est exercée :... 7° au point de vue médical, par les médecins inspecteurs communaux ou départementaux....

« L'inspection des écoles publiques s'exerce conformément aux règlements délibérés par le Conseil supérieur....

« Celle des écoles privées porte sur l'hygiène... » ;

Le Conseil supérieur de l'instruction publique entendu,

Arrête :

Art. 1. — Les prescriptions hygiéniques à prendre dans les écoles primaires publiques pour prévenir et combattre les épidémies sont fixées dans tous les départements par arrêté du préfet.

Art. 2. — Elles sont rédigées d'après les indications contenues dans le règlement modèle ci-annexé.

R. POINCARÉ.

RÈGLEMENT MODÈLE

relatif aux prescriptions hygiéniques à prendre dans les écoles primaires pour prévenir et combattre les épidémies.

CHAPITRE I

MESURES GÉNÉRALES A PRENDRE POUR ÉVITER L'ÉCLOSION DES MALADIES CONTAGIEUSES

Art. 1. — Les écoles doivent être pourvues d'eau pure (eau de source, eau filtrée ou bouillie). L'eau pure seule sera mise à la disposition des écoles.

Art. 2. — Les cabinets d'aisances des écoles ne doivent pas communiquer directement avec les classes.

Les fosses doivent être étanches et le plus possible éloignées des puits.

Art. 3. — Pendant la durée des récréations et le soir après le départ des élèves les classes doivent être aérées par l'ouverture de toutes les fenêtres.

Art. 4. — Le nettoyage du sol ne doit pas être fait à

sec par le balayage, mais au moyen d'un linge ou d'une éponge mouillée promenée sur le sol.

Art. 5. — Hebdomadairement il est fait un lavage du sol à grande eau et avec un liquide antiseptique. Un lavage analogue des parois doit être fait au moins deux fois par an, notamment aux vacances de Pâques et aux grandes vacances.

Art. 6. — La propreté de l'enfant est surveillée à son arrivée. Chaque enfant doit se laver les mains au lavabo avant la rentrée en classe après chaque récréation.

CHAPITRE II

MESURES GÉNÉRALES A PRENDRE EN PRÉSENCE D'UNE MALADIE CONTAGIEUSE

Art. 7. — Le licenciement de l'école ne doit être prononcé que dans les cas spécifiés à l'article 14. Auparavant l'on doit recourir aux évictions successives et employer les mesures de désinfection prescrites ci-après.

Art. 8. — Tout enfant atteint de fièvre doit être immédiatement éloigné de l'école ou envoyé à l'infirmerie dans le cas d'un internat.

Art. 9. — Tout enfant atteint d'une maladie contagieuse bien confirmée doit être éloigné de l'école, et, sur l'avis du médecin chargé de l'inspection, cette éviction peut s'étendre aux frères dudit enfant ou même à tous les enfants habitant la même maison.

Art. 10. — La désinfection de la classe est faite soit dans l'entre-classe, soit le soir après le départ des élèves.

Elle comprend :

Le lavage de la classe (sol et parois) avec une solution antiseptique ;

La désinfection par pulvérisation des cartes et objets scolaires appendus au mur ;

La désinfection par lavage des tables, bancs, meubles, etc. ;

La désinfection complète du pupitre de l'élève malade ;

La destruction par le feu des livres, cahiers, etc., de

l'élève malade et des jouets ou objets qui auraient pu être contaminés dans les écoles maternelles.

Art. 11. — Il est adressé à la famille de chaque enfant atteint d'une affection contagieuse une instruction sur les précautions à prendre contre les contagions possibles, et sur la nécessité de ne renvoyer l'enfant qu'après qu'il aura été baigné ou lavé plusieurs fois au savon et que tous ses habits auront subi soit la désinfection, soit un lavage complet à l'eau bouillante.

Art. 12. — Les enfants qui ont été malades ne pourront rentrer à l'école qu'avec un certificat médical et après qu'il se sera écoulé, depuis le début de la maladie, une période de temps égale à celle prescrite par les instructions de l'Académie de médecine.

Art. 13. — Dans le cas où le licenciement est reconnu nécessaire, il est envoyé à chaque famille au moment du licenciement un exemplaire de l'instruction relative à la maladie épidémique qui l'aura nécessité.

CHAPITRE III

MESURES A PRENDRE POUR CHAQUE MALADIE CONTAGIEUSE

Art. 14. — Sur l'avis du médecin inspecteur les mesures suivantes doivent être prises conformément aux indications contenues dans le rapport adopté par le Comité consultatif d'hygiène annexé, lorsque les maladies ci-dessous désignées sévissent dans une école :

Variole. — Éviction des enfants malades (durée : quarante jours). — Désinfection générale. — Revaccination de tous les maîtres et élèves.

Scarlatine. — Éviction des enfants (durée : quarante jours). — Destruction de leurs livres et cahiers. — Désinfection générale. — Licenciement si plusieurs cas se reproduisent en quelques jours malgré toutes les précautions.

Rougeole. — Éviction des enfants malades (durée : dix jours). — Destruction de leurs livres et cahiers. — Au besoin licenciement des enfants au-dessous de six ans.

Varicelle. — Évictions sucessives des malades.

Oreillons. — Évictions successives de chacun des malades (durée : dix jours).

Diphtérie. — Éviction des malades (durée : quarante jours). — Destruction des livres, des cahiers, des jouets et des objets qui ont pu être contaminés. — Désinfections successives.

Coqueluche. — Évictions successives (durée : trois semaines).

Teigne et pelade. — Évictions successives. — Retour après traitement et avec pansement méthodique.

Le premier chapitre du règlement modèle s'applique « aux mesures à prendre pour éviter l'éclosion des maladies contagieuses ». Ses prescriptions sont donc permanentes, et, dans aucun cas, à aucune époque, il n'est permis de les négliger.

Le chapitre II prescrit les mesures générales à prendre en présence d'une maladie contagieuse. Ici il ne s'agit plus d'empêcher le mal de se produire : on se trouve en présence du mal; les mesures ne sont plus qu'accidentelles, temporaires.

Mais ce mal, encore faut-il savoir le reconnaître en l'absence du médecin. Il me semble donc logique non seulement de réunir le chapitre III, qui énumère les maladies contagieuses, au chapitre II, qui indique les moyens de les combattre, de faire passer, selon le besoin de la cause, le chapitre III avant le chapitre II, et aussi d'indiquer aux maîtresses les symptômes auxquels elles reconnaîtront le genre de maladie dont l'enfant est atteint.

Les maladies contagieuses auxquelles sont sujets les enfants de nos écoles sont :

La varicelle, la variole, la scarlatine, la rougeole,

les oreillons, la diphtérie, la coqueluche, la teigne.

Le premier symptôme des maladies étant la fièvre, il est très important que les maîtresses aient les moyens d'en constater la présence et d'en déterminer le degré d'intensité. Le nombre de pulsations n'étant rien moins que probant, toute école doit être munie d'un thermomètre *ad hoc*. Si ce thermomètre, placé pendant dix minutes sous l'aisselle, dépasse 37 degrés, si en même temps l'enfant a les yeux brillants, le visage rouge, la fièvre existe; il faut le renvoyer à sa famille ou du moins l'isoler rigoureusement jusqu'à ce qu'il puisse être reconduit chez lui ; le règlement est formel à ce sujet :

Art. 8. — *Tout enfant atteint de fièvre doit être immédiatement éloigné de l'école ou envoyé à l'infirmerie dans le cas d'internat.*

L'achat du thermomètre s'impose donc; les directrices devront faire une démarche auprès de l'inspecteur de l'arrondissement pour qu'il l'obtienne de la municipalité.

L'enfant qui a la fièvre est très probablement atteint d'une des maladies énumérées au chapitre III; peut-être de la *varicelle*.

La *varicelle*, quoique éminemment contagieuse, est une affection bénigne et qui n'a aucun rapport avec la variole, quoiqu'on lui donne souvent, bien à tort, le nom de « petite vérole volante ». Elle paraît souvent brusquement, en pleine santé, et dans ce cas la surveillance de la maîtresse se trouve nécessairement en défaut. D'autres fois l'éruption est précédée, pendant quelques heures, et tout au plus pendant un ou deux jours, d'une fièvre modérée qui s'annonce par un léger frisson et de la courbature (une fièvre intense est tout à fait exceptionnelle dans la varicelle). L'éruption, qui se présente sous la forme de toutes petites vessies, ressemblant à des perles transparentes, se fait généralement en plusieurs fois, par poussées successives, et dure de cinq à dix jours.

« Pour la varicelle, les évictions successives devront toujours suffire, dit le docteur Napias; la maladie est trop bénigne pour que le licenciement s'impose. »

Mais, la varicelle étant contagieuse, l'article 9 du chapitre II lui est applicable :

Art. 9. — *Tout enfant atteint d'une maladie contagieuse bien confirmée doit être éloigné de l'école et, sur l'avis du médecin chargé de l'inspection, cette éviction peut s'étendre aux frères et sœurs dudit enfant ou même à tous les enfants habitant la même maison.*

L'article 10, lui aussi, s'applique à la varicelle comme à toutes les autres maladies contagieuses; nous le reproduisons et le commentons ici, une fois pour toutes; il traite de la désinfection du local, du mobilier, du matériel scolaire, des vêtements et des enfants eux-mêmes.

La désinfection de la classe est faite soit dans l'entre-classe, soit le soir après le départ des élèves.

Elle comprend :

Le lavage de la classe (sol et parois) avec une solution antiseptique;

La désinfection, par pulvérisation, des cartes et objets scolaires appendus au mur;

La désinfection, par lavage, des tables, bancs, meubles, etc.;

La désinfection complète du pupitre de l'élève malade;

La destruction par le feu des livres, des cahiers et des jouets ou des objets qui auraient pu être contaminés dans les écoles maternelles.

Art. 11. — *Il est adressé à la famille de chaque enfant atteint d'une maladie contagieuse une instruction sur les précautions à prendre contre les contagions possibles, et sur la nécessité de ne renvoyer l'enfant qu'après qu'il aura été baigné ou lavé plusieurs fois au savon, et que tous ses vêtements auront subi soit la désinfection, soit un lavage complet à l'eau bouillante.*

Quelques explications au sujet des désinfections sont peut-être nécessaires.

La désinfection des enfants consiste : 1° en lotions du nez, de la bouche, de la gorge avec des solutions d'acide phénique, d'acide borique, de thymol, etc.; 2° en bains savonneux et en frictions générales.

Celle des vêtements consiste dans le passage des vêtements à l'étuve à vapeur, quand il y en aura une dans la ville, sinon dans leur immersion dans l'eau bouillante.

La désinfection du local, *qui peut être faite entre deux classes ou bien après le départ des élèves*, comprend : 1° le lavage du sol, des parois et des tables avec une solution de sublimé (un gramme pour un litre d'eau); 2° l'assainissement par lavage ou pulvérisation de tous les objets appendus au mur (le lavage peut se faire au moyen d'une éponge légèrement imbibée, ou d'un pulvérisateur à parfum, si l'on n'en a pas d'autre; la solution au sublimé étant un poison violent, on pourrait la remplacer par de l'eau phéniquée; 20 à 30 grammes d'acide phénique dans un litre d'eau). Enfin les objets scolaires appartenant à l'enfant atteint seront brûlés et remplacés par des objets neufs.

Si les prescriptions qui précèdent paraissent exagérées pour la varicelle, elles ne sont qu'un minimum pour la variole, la scarlatine, la rougeole et la diphtérie.

La variole. — Cette maladie tend heureusement à disparaître : il ne tiendrait même qu'à nous de la faire passer à l'état de mauvais souvenir; il suffirait pour cela de nous conformer à la loi concernant les vaccinations périodiques. Elle fait cependant encore des ravages parmi les tout jeunes enfants qui n'ont pas encore été vaccinés. Les directrices devront donc exiger impitoyablement le certificat de vaccine avant l'admission à l'école.

Les principaux symptômes de la période d'invasion, qui dure trois jours, sont : de violents frissons; une fièvre intense; des vomissements répétés; de grandes douleurs de reins.

Lorsque la variole s'est montrée à l'école, il faut immédiatement renvoyer l'enfant malade, puis désinfecter les autres, les faire revacciner, et enfin désinfecter le local à l'aide des moyens indiqués ci-dessus. La durée de l'éviction des malades est de quarante jours.

La *rougeole* donne lieu aux épidémies les plus fréquentes; sa période d'invasion est relativement longue : quatre à cinq jours. Elle offre des symptômes caractéristiques, aisés à constater et qui ne manquent pour ainsi dire jamais; de plus, c'est pendant les derniers jours de cette période, *alors que l'éruption ne s'est pas encore montrée, que la maladie paraît prendre la plus grande puissance de contagion;* enfin ce sont les écoles qui en sont les foyers les plus dangereux et les plus propres à la diffusion rapide du mal; il est donc de toute nécessité que les maîtresses connaissent les premiers symptômes de la période d'invasion. Ces symptômes sont : le rhume de cerveau, les yeux rouges et larmoyants, la toux.

Dès qu'un cas de rougeole est signalé dans une commune, tous les instituteurs et institutrices devraient en être avertis. A partir de ce moment, tous les matins, à leur arrivée, les élèves devraient être examinés individuellement; tout enfant qui tousse, qui éternue, dont le nez coule et les yeux pleurent, doit être renvoyé à la maison; si la rougeole se confirme, ses frères et ses sœurs, même ses camarades qui habitent la même maison, doivent rester chez eux, car la rougeole — s'ils en sont atteints — n'apparaîtra que le quatorzième jour qui suivra le moment où ils l'ont prise, tandis qu'ils seront, dès le neuvième ou le dixième jour, un danger pour leurs camarades.

Il est du devoir des maîtresses de combattre, dans l'esprit des parents, le préjugé qui veut que la rougeole soit constamment bénigne; une grave complication, la *broncho-pneumonie*, la rend redoutable et mortelle.

La désinfection des enfants, celle du local, du mobilier et du matériel scolaire, est, je le répète, identique pour toutes les maladies contagieuses; dans le cas de rougeole, les gargarismes désinfectants, les lotions désinfectantes de la gorge, de la bouche, du nez, fréquemment répétées, peuvent avoir une efficacité préventive réelle, surtout contre la broncho-pneumonie.

Si les évictions des enfants malades, de leurs frères et sœurs, de leurs camarades habitant la même maison ne suffisent pas pour arrêter l'épidémie, l'école doit être licenciée; le cas se présente rarement.

La scarlatine. — La période d'invasion de la scarlatine n'a qu'une durée de vingt-quatre ou de quarante-huit heures. Les symptômes sont : la fièvre, le mal de tête, les vomissements et *surtout* le *mal de gorge.*

En temps d'épidémie, dès qu'un enfant paraîtra indisposé, l'institutrice devra donc regarder la gorge (disons en passant qu'il serait nécessaire d'habituer de bonne heure les enfants à ce petit exercice, pour faciliter la tâche des médecins). Si l'enfant est atteint de scarlatine, le fond de la gorge et le voile du palais sont d'un rouge vif; *assez souvent* les amygdales présentent des points blancs ou des taches blanches; mais parfois ces signes manquent complètement, et la maladie ne peut alors être reconnue qu'au moment de l'éruption. Celle-ci commence presque toujours sous le menton, à la partie antérieure du cou et à la partie supérieure de la poitrine. Elle se compose, en général, de plaques dont le fond est d'un rouge vif, semé d'une quantité de points plus foncés qui lui donnent un aspect granité très caractéristique.

L'élément contagieux de la scarlatine est extrêmement tenace, et conserve sa puissance beaucoup plus longtemps que celui de la rougeole ; de là la nécessité d'une désinfection énergique du malade, du local, des vêtements et des objets qu'il a touchés ; enfin, une complication très grave : l'albuminurie (la présence d'albumine dans les urines) impose une surveillance très active et très délicate, et un séjour de six semaines dans la chambre.

Les oreillons. — Il peut arriver que les oreillons ne soient précédés d'aucun symptôme. Mais, le plus souvent, avant leur apparition on observe du malaise, de la fièvre, de la courbature ; puis il se produit une gêne dans les mouvements de la mâchoire, une douleur et un gonflement qui siègent d'abord en avant de la partie inférieure de l'oreille, et qui s'étendent progressivement en arrière et au-dessus de la mâchoire. Un seul côté se prend d'abord ; mais neuf fois sur dix, l'autre côté se prend à son tour quelques jours après.

Comme les oreillons ne donnent jamais lieu à des accidents graves, on se contentera d'éloigner les enfants atteints.

La diphtérie [1]. — La diphtérie comprend l'angine couenneuse et le croup. Le croup survient rarement d'emblée ; cependant le cas se produit quelquefois, et alors la voix et la toux rauques ou éteintes, les

----

1. Grâce à la méthode du Dr Roux, un enfant atteint du croup n'est plus un enfant condamné à mort.

accès de suffocation, l'état général grave le font reconnaître. Le plus souvent il est le résultat de la propagation de l'angine couenneuse au larynx.

En temps d'épidémie, il faut examiner la gorge de tout enfant qui paraît indisposé, et, s'il existe sur les amygdales des points blancs ou des taches blanches, le cas est suspect et l'enfant doit être renvoyé.

« Pour la diphtérie, dit le docteur Napias, les évictions successives, les désinfections soigneuses, les lavages *journaliers* antiseptiques du sol; la propreté des enfants donne sans doute des résultats utiles, mais il n'est pas de circonstance qui fasse plus regretter qu'il n'y ait pas dans les petites communes de moyens de désinfection par l'étuve.

« Quand on sait la ténacité de l'agent contagieux, sa reviviscence parfois après plusieurs mois dans le même local, on comprend qu'il ne suffit pas d'assainir l'école, qu'il faudrait pouvoir désinfecter aussi le logement de l'élève atteint par le mal et faire passer à l'étuve les hardes et matelas. Sans quoi un commencement d'épidémie, d'abord éteint, pourra se rallumer après quelques mois, et faire soudain un grand nombre de victimes.

« En tout cas, pour la diphtérie, autant et plus que pour la variole et la scarlatine, la destruction par le feu des livres de l'écolier malade (et de ses jouets) s'impose absolument. »

La coqueluche. — Le début de la maladie n'est pas caractéristique. Pendant les huit ou dix premiers jours, elle ressemble à une bronchite ordinaire; peu à peu, la toux devient plus éclatante, plus fréquente la nuit; enfin arrivent les quintes, accompagnées de ce sifflement que l'on n'oublie jamais quand on l'a une fois entendu. La durée de la contagion est très difficile à déterminer; le plus sûr est d'isoler l'enfant jusqu'à la disparition complète, non seulement des quintes, mais de la toux.

« *Quant à la désinfection, on peut*, dit le docteur Napias, *en dire tout ce que l'on a dit pour la variole, la diphtérie et la scarlatine.* »

Teignes. — Le mot *teigne* est un mot générique. Les teignes comprennent la *pelade* et d'autres affections du cuir chevelu, causées par des parasites végétaux. La pelade se reconnaît facilement à ses plaques arrondies, blanches et luisantes comme de l'ivoire, complètement dénudées ou recouvertes d'un léger duvet cotonneux. Il est moins aisé de distinguer les autres teignes des *croûtes de lait* que l'on observe si souvent chez les enfants. Dans les teignes, les éruptions et les lésions sont circulaires, elles sont circonscrites, c'est-à-dire que l'on peut toujours apercevoir la limite précise entre la partie malade et la partie saine; elles sont moins humides, moins suintantes que les *croûtes de lait*; les cheveux y sont *toujours* altérés.

« Pour la teigne (c'est le docteur Napias qui parle), la question est particulièrement délicate et doit être envisagée différemment, suivant qu'il s'agit des écoles des villes ou de celles des campagnes. Il est évident que l'éviction s'impose dans tous les cas; mais, tandis que le teigneux pourra être hospitalisé pendant quelque temps dans les grandes villes, suivre au besoin les cours d'écoles spéciales, comme celle de l'hôpital Saint-Louis à Paris, cette hospitalisation n'est pas possible dans les écoles rurales; or renvoyer le petit malade dans sa famille, ce n'est l'éloigner de ses camarades qu'aux heures de classe, c'est-à-dire aux heures où le danger de la contagion est le moindre; il continuera dans les intervalles à se mêler aux jeux des autres, et c'est alors que la contagion sera possible. *La Commission d'hygiène pense que, dans de tels cas, en même temps que l'éviction serait prononcée, le médecin scolaire devrait être averti et qu'*APRÈS LES PREMIERS JOURS DE TRAITEMENT ET UNE ÉPILATION SOIGNEUSE, LE PETIT MALADE, CONVENABLEMENT PANSÉ, LA TÊTE ENDUITE D'UN CORPS GRAS ET RECOUVERTE D'UNE COIFFE DE TOILE, *pourrait être de nouveau admis à l'école.* Il est certain que la régularité du pansement serait assurée par ce fait que l'instituteur renverrait immédiatement à sa famille l'enfant qui se présenterait avec un pansement insuffisant. »

Avant de terminer ce triste aperçu des misères qui guettent les enfants des écoles, rappelons que la *fièvre typhoïde* débute par des saignements de nez, un état d'abattement et un mal de tête persistant. Elle n'exigera jamais le licenciement de l'école, mais seulement la surveillance de l'eau de boisson et la désinfection des cabinets d'aisances.

Rappelons enfin que la *méningite* est précédée chez les enfants d'une période de malaise qui peut durer plusieurs semaines. L'enfant change de caractère, devient triste, sombre, indifférent; le jeu ne l'amuse plus; il se cache dans un coin, fuit la lumière, est irritable, de mauvaise humeur, n'a plus de goût pour rien; la moindre occupation intellectuelle le fatigue et l'ennuie; il se plaint de mal de tête; il a des vomissements, de la constipation; il pâlit et rougit alternativement. Cet état de malaise vague, de souffrance indéterminée, de tristesse et de changement d'humeur sans motif, qui se prolonge, devrait éveiller la sollicitude des instituteurs; souvent les parents ne s'en inquiètent pas assez. Mais les parents!... ils ne savent pas.

CHAPITRE V

Le patronage.

L'organisation du bien-être dans les écoles ne peut guère être résolue que par le patronage; malheureusement celui-ci est loin d'exister partout, et dans les villes où il fonctionne, il ne donne pas tout ce que l'on est en droit d'en espérer. Dans beaucoup de villes, il se fourvoie, prétend remplacer l'inspection et devient par cela même une gêne. Les droits et les devoirs respectifs de chacun n'ont pas été nettement établis. J'en ai fait la preuve très fréquemment; en voici un exemple :

Une jeune femme, avec laquelle j'ai des relations très agréables, ayant été nommée patronnesse des écoles maternelles de son quartier, m'avait priée de l'accompagner dans une de ses visites : ce que j'avais accepté avec grand plaisir. Comme nous quittions l'école, après deux heures passées au milieu des enfants, elle me dit : « Je suis toute disposée à remplir mon devoir, et je sens même qu'il va me passionner; mais il faut bien avouer que j'ignore en quoi il consiste, et je n'ai reçu aucune instruction....

— Vous avez, chère madame, le droit et le devoir d'être perspicace et généreuse.

— C'est évident ; mais... ensuite ?

— C'est tout. » Et comme elle manifestait un étonnement mêlé d'une pointe de scandale : « Votre part est encore belle, lui dis-je. Vous allez y dépenser non seulement de l'argent, mais du cœur et de la sagacité. Faire du bien aux petits est une science qui ne s'acquiert qu'au prix de beaucoup d'études et d'expériences. Le but de l'école maternelle est de donner à l'enfant le bien-être qui lui manque chez lui et les bonnes habitudes que ses parents ignorent ; or ce bien-être et ces bonnes habitudes dépendent, en grande partie, d'une organisation matérielle que les municipalités ne sont pas toujours en état de procurer, et que nous attendons de vous ; non des comités d'autrefois, dont les attributions n'étaient pas suffisamment définies, mais de comités investis de droits précis, ne se préoccupant ni de l'emploi du temps, ni des méthodes, ni des procédés, ni des programmes, ni des livres, toutes choses qui sont du ressort exclusif de l'administration, représentée par les inspecteurs et les inspectrices, mais se montrant dévoués et généreux, sans que leurs libéralités présentent le caractère de l'aumône, antipathique à nos mœurs républicaines.

« Ainsi, pour nous borner à ce que nous avons vu aujourd'hui, les enfants sont, pour la plupart, mal chaussés, mal vêtus : il faudrait des chaussures et des vêtements au vestiaire (ces chaussures et ces

vêtements resteraient à l'école); la plupart aussi
sont pâles, ils ont les membres grêles, des bobos à
la figure ou à la tête; il faudrait aux uns des dépu-
ratifs, à d'autres des réconfortants, à d'autres encore
des médicaments au phosphate de chaux. Mais ce
n'est pas tout : quelques-uns auraient besoin de
lunettes, quelques autres d'appareils orthopédi-
ques.... Le patronage devrait donc donner des
médicaments et des appareils, en même temps que
des vêtements et des chaussures.

« Avez-vous remarqué le petit nombre d'enfants
ayant un mouchoir de poche? Or le mouchoir est
indispensable si l'on veut faire acquérir des habitudes de propreté. Et les serviettes au lavabo? et les
serviettes pour le repas?

« Autre chose encore : au moment du dessin,
tous les enfants ont craché sur leur ardoise et ils
l'ont essuyée, celui-ci avec son mouchoir, celui-là
avec son tablier, un troisième avec sa manche. Il
faudrait de petits tampons de laine que l'on suspen-
drait à des clous fixés à chaque place.... Et des
jouets! Vous qui êtes maman, vous savez bien qu'ils
sont un élément essentiel de l'éducation; leur
absence fait de l'école un séjour mélancolique, et
elle centuple les difficultés des maîtresses : donnez
des jouets en quantité!

« Mais je n'ai pas fini. Les directrices connaissent
peut-être les misères et les douleurs des familles qui
leur confient des enfants; elles connaissent même
pis que cela : les vices, les cruautés de quelques
parents.... Le devoir de la dame patronnesse est de
s'informer et d'aller apporter dans ces tristes

milieux soulagement, consolations, lumières morales....

« Tenez, une de vos collègues, patronnesse de l'un des quartiers les plus populeux de Paris, m'a écrit, il y a quelques jours, pour me demander un moment d'entretien, que je me suis hâtée de lui accorder. Il s'agissait d'un enfant malheureux. Le pauvre petit (il a cinq ans et demi à peu près) a été abandonné par sa mère. Son père s'est créé immédiatement un nouvel intérieur. La femme qu'il a choisie n'aime pas les enfants; elle en a à elle dont elle s'est débarrassée en les plaçant on ne sait où. Il est facile alors de se figurer que le pauvre petit est le paria de la maison. Il n'est peut-être pas brutalisé d'une manière aussi scandaleuse que quelques autres dont les journaux racontent le supplice, mais il est mal couvert (des vêtements chauds donnés par la directrice ont été vendus ou distribués ailleurs); son panier ne contient jamais autre chose que du pain sec. L'enfant étant malade il y a quelques jours, et grelottant de fièvre, ayant été reconduit chez son père, par les soins de la directrice, a été brutalement apostrophé et renvoyé dans la rue.... Bref, une de ces nombreuses victimes, dont nous devrions avoir la pensée obsédée, et dont le supplice est une honte pour l'humanité; un de ces petits martyrs qui, plus tard, punissent la société de son indifférence et de son égoïsme impardonnables : car c'est surtout parmi eux que se rencontrent d'abord les vagabonds et les voleurs, puis les assassins.

« Nous sommes allées ensemble voir le pauvre petit à l'école maternelle; il a le front proéminent, les jambes comme des fils, et puis « il devient méchant », me dit la directrice : il faut l'arracher à son détestable milieu. Son père, qui ne l'aime pas assez pour le protéger et lui faire au misérable foyer sa toute petite place, veut bien le confier à une société qui le fera soigner et élever....

« Huit jours après, l'enfant était recueilli par *le Sauvetage de l'Enfance*; il se fortifiera, je l'espère, et, en tout cas, il sera heureux. »

Ma jeune amie a compris.

Mais la question mérite que l'on s'y arrête un instant.

D'abord, pourquoi le patronage est-il nécessaire? pourquoi son absence constitue-elle une lacune si regrettable?

Les familles dont les enfants fréquentent nos écoles publiques peuvent se diviser en deux catégories, qui comporteraient, il est vrai, de nombreuses subdivisions : celles qui, ayant le souci de l'éducation morale de leurs enfants, ne peuvent à la fois gagner leur vie et les surveiller; et celles qui ne s'en préoccupent absolument pas, se trouvant satisfaites pourvu que leurs fils et leurs filles ne leur causent aucun embarras, pourvu surtout qu'ils n'attirent pas sur eux l'attention toujours inquiétante de la justice. Dans l'un et l'autre cas, les enfants ne sont pas surveillés en dehors de l'école. Les bons ouvriers sortent de la maison le matin et n'y rentrent que le soir; les autres sont chez eux à des heures irrégulières et il est même désirable que leurs enfants n'y soient pas à ces heures-là.

Quant au dimanche, c'est, en général, dans les

grandes villes, le jour où la mère de famille soucieuse de ses devoirs passe la plus grande partie de la journée à la maison, pour mettre en ordre le ménage, pour réparer les vêtements de travail. Le père, même très honnête, n'a que rarement la vocation de bonne d'enfants; conduire à la promenade n'est pas son fort. D'ailleurs, « à dix ans, à douze ans, on n'a plus besoin, dit-il, d'être attaché à la robe de sa mère ni à la redingote de son père; c'est le moment d'apprendre à voler de ses propres ailes, de se grouper entre camarades.... » Et l'enfant, non surveillé, prend de mauvaises habitudes; le petit garçon fume; au lieu d'acheter des friandises, il goûte chez le marchand de vin à la liqueur des grands, la petite fille s'oublie déjà à des rêves de luxe malsain, à des conversations désolantes, entretenues par l'imagerie des kiosques, par les infamies que beaucoup de journaux à un sou font distribuer gratis.... Nous avons reçu maintes visites de parents angoissés, qui nous suppliaient de les remplacer auprès de leurs enfants, que, malgré leur bonne volonté, ils ne pouvaient surveiller d'assez près. Et nous nous devons à leurs enfants autant qu'à ceux dont les familles sont insouciantes ou inconscientes; nous nous devons de sauvegarder la moralité des enfants du peuple, et c'est aux comités de patronage que nous demanderons de nous venir en aide.

L'école, à tous ses degrés, fait, en sa qualité d'école, tout ce qu'elle peut faire; et à moins de doubler son personnel, qui finirait par succomber aux fatigues accumulées de l'enseignement propre-

ment dit et de la direction morale, il faudra bien
organiser une ligue agissante contre la rue, c'est-à-
dire contre le soleil de la canicule, qui occasionne
des maladies du cerveau; contre le froid et l'humidité, avec leur cortège de maladies des bronches et
de la poitrine; contre les voitures, qui écrasent ou
mutilent; contre les chevaux échappés, contre les
pierres qui tombent des corniches, et en même
temps contre les spectacles immoraux donnés quotidiennement et gratis par la rue aux pauvres
enfants qui ne peuvent s'en défendre. Qu'est-ce, en
effet, que les blessures du corps comparées à la
souillure indélébile de l'âme? Ne préférerions-nous
pas, les unes et les autres, voir notre enfant couché
dans le cercueil que de le savoir à jamais perdu
pour le bien?

Ces dangers étant connus — ils ne sont hélas! que
trop précis, — il faut guérir ceux qu'ils ont atteints,
et faut surtout en préserver ceux qu'ils n'ont encore
qu'effleurés.

Les enfants le plus cruellement entamés par la
maladie morale, on les trouve souvent, dans les
postes de police, au Dépôt, au tribunal correc-
tionnel, en prison. Ceux qui sont à peine effleurés,
ce sont ceux que le *Sauvetage de l'Enfance* et d'autres sociétés philanthropiques essayent de soustraire
à la mendicité, au vagabondage et à leurs détestables conséquences. En deux mots, les enfants démo-
ralisés relèvent plutôt, à l'heure actuelle, de l'administration pénitentiaire, et les enfants en danger
moral dûment constaté, des associations de bienfaisance. Il est superflu d'ajouter que nous rêvons de

voir diminuer graduellement, jusqu'à extinction complète, le nombre de ceux qui sont soumis au régime pénitentiaire, et que nous appelons de tous nos vœux le jour où, grâce à la moralisation de la famille, les sociétés de bienfaisance n'auront plus à s'occuper que du bien-être matériel des enfants pauvres. Mais, pour hâter l'avènement de cette époque bénie où un enfant en danger moral sera une exception, il est de toute nécessité de créer dans tout le pays des sociétés locales de patronage, qui seront pour la santé morale de sa population ce que les sociétés d'hygiène sont pour sa santé physique.

Faisant abstraction des centaines de petits qui encombrent nos écoles maternelles et qui devraient être auprès de leurs mères, occupons-nous des milliers d'enfants qui y sont si bien à leur place, qu'il faudrait les réquisitionner s'ils n'y venaient pas. Ce sont des enfants d'ouvrières ou de femmes malades, ou bien ce sont des enfants orphelins de mère. Ceux-là n'ont presque jamais chez eux le bien-être nécessaire à leur développement physique, ils n'y ont pas davantage la joie indispensable à leur développement moral. Il leur faudrait, pour le repas du soir, une nourriture aussi réconfortante que celle que fournit à midi la cantine de l'école ; il leur faudrait à l'heure du lever, à l'heure du coucher, des soins que leur mère n'a presque jamais le temps de leur donner ; il leur faudrait quelquefois de ces bonnes fêtes qui épanouissent l'âme, et dont le souvenir fait passer des éclairs dans les yeux ; il faudrait, enfin, à quelques-uns un séjour annuel de plusieurs semaines à la campagne.

Le comité local leur doit tout cela, et ne me dites pas qu'il pourra jamais le leur donner, et que mon rêve restera toujours à l'état de rêve, car j'en connais un qui réalise ces miracles [1].

Mais s'il y a trop d'enfants de deux à six ans qui vont à l'école maternelle — je fais de nouveau allusion ici à ceux que leurs mères pourraient garder, — il y en a trop aussi qui n'y vont pas, et ce sont justement ceux pour qui elle serait une délivrancce, un paradis. Ce sont, d'une part, les pauvrets qui restent dans leurs taudis parce qu'ils ne sont pas vêtus; ce sont, d'autre part, ceux qui errent et mendient. Les uns et les autres relèvent du comité de patronage. Il ira chercher les premiers à domicile, il les fera propres et beaux, puis il les enverra à l'école; quant aux autres, se faisant l'auxiliaire de la Société contre la mendicité des enfants, dont nous avons parlé dans un chapitre précédent, il les prendra par la main, dans les rues, et il les conduira à l'école aussi, s'il en est temps encore, c'est-à-dire s'ils ne constituent pas un danger pour les autres écoliers. Il fera ainsi œuvre de préservation sociale, et désormais nous ne recevrons plus de confidences douloureuses comme celle que me faisait, il y a quelques jours, un de mes amis, inspecteur dans un département de l'Est : « On me signale chaque mois, m'écrivait-il, par l'extrait du registre d'appel, plus d'enfants que je ne l'aurais jamais cru qui ne fréquentent pas l'école, mendiant, vagabondant. J'ai

---

1. *Œuvre de Vaugirard*, dont la présidente est Mme de Pressensé.

essayé dès le premier mois de les faire rentrer à l'école, mais la plupart sont si *vermineux*, si déguenillés et parfois si corrompus, que l'on ne peut les admettre avec les autres élèves. »

A mesure que l'enfant grandit, la nécessité du patronage s'affirme davantage. Ses besoins matériels sont plus considérables, et le budget de sa famille n'augmente cependant pas en proportion de son appétit. Quant à la surveillance morale, elle doit se faire à la fois plus active et plus délicate; le patronage, qui a d'abord suivi l'enfant de la maison à l'école, le suivra de l'école à la maison, et plus tard de la maison à l'atelier, et ne se croira quitte de ses devoirs que lorsque l'ouvrier, devenu homme à son tour, sera capable de faire pour d'autres ce que, pendant tant d'années, les autres auront fait pour lui.

Car si l'école est déjà un bienfait incontestable, pour qu'elle soit le bienfait suprême, il faut que l'écolier soit, pour ainsi dire, enveloppé par une sollicitude éclairée et incessante. Pendant les heures de classe, pendant les récréations, cette sollicitude incombe au personnel enseignant, dont elle ennoblit singulièrement la tâche; mais en dehors de l'école l'enfant doit trouver le patronage.

En dehors de l'école il y a, je le répète, la rue odieuse qui guette l'écolier et à laquelle nous nous promettons de l'arracher.

Pour atteindre notre but, il suffirait, me semble-t-il, de créer, à côté de l'école, des abris hospitaliers qui recevraient les écoliers pendant tout le temps que leurs parents sont hors de chez eux. Dans ces abris, les enfants seraient occupés, surveillés et joyeux.

L'idée est pratiquée dans quelques pays étrangers; j'ai reçu tout récemment de Suède une très intéressante brochure qui répond absolument à nos préoccupations à ce sujet :

« Les ouvroirs de Stockholm sont des écoles gratuites pour les enfants pauvres de sept à quatorze ans. Ils ont pour but de leur inspirer de bonne heure l'amour du travail, *de les sauver ainsi du danger d'aller mendier dans les rues pendant leurs heures de loisir*, et de leur donner l'habitude de gagner eux-mêmes, par des ouvrages manuels, leur dîner ou leur souper et aussi de l'argent pour s'habiller....

« Les enfants y apprennent à faire des ouvrages manuels qui plus tard leur seront utiles : à coudre, à tricoter, à raccommoder leurs habits, leurs bas, leurs souliers; les grands garçons, même ceux de douze ans, raccommodent leurs bas et quelquefois ceux de leurs sœurs.

« *Tous* ces enfants fréquentent l'école primaire, et l'œuvre, dirigée *gratuitement* par des femmes de la classe aisée, est en excellentes relations avec les maîtres et les maîtresses, *qui choisissent pour les envoyer à l'ouvroir les enfants orphelins et ceux qui, par telle ou telle circonstance accidentelle ou habituelle, ne sont pas surveillés par leurs parents.*

« On tâche surtout d'avoir une influence morale sur les enfants; la discipline est moins rigoureuse que dans les écoles (où ils vont tous, je le répète), et l'on ne néglige aucune occasion de mettre un peu de joie et de soleil dans ces petites vies qui en ont si peu. *C'est parce qu'il faut faire concurrence à la rue, qui a pour eux tant d'attraits*, que l'on offre à ces enfants des occupations qui leur plaisent : la confection de corbeilles et de paniers en copeaux, de jolies choses pour l'arbre de Noël, de meubles pour la maison, de jouets, etc., etc. »

Et les enfants s'attachent à l'ouvroir et à ses bienfaisantes directrices. Une jeune dame de la meilleure société de Stockholm m'a raconté que, le jour de son départ pour Paris au moment de l'Exposition universelle, elle a vu arriver les garçons de sa classe, qui lui ont demandé la permission de faire sa malle, et lui ont apporté un bouquet d'anémones qu'ils étaient allés cueillir à cinq heures du matin dans les bois des environs.

L'idée est donc pratique ; peut-être en ferons-nous *autre chose* que les Suédois, mais ce qui est important, c'est que nous en fassions quelque chose de bon.

Le jeudi et le dimanche, notre ouvroir, notre abri, appelez-le comme vous voudrez, ou, si vous aimez mieux, le préau de nos écoles, devrait être transformé en une salle d'occupations attrayantes et en salle de récréation pour les jours de pluie ; la cour ou le jardin serait, au contraire, le lieu de réunion les jours de beau temps. On installerait des jeux comme dans les fêtes publiques : raquettes, grâces, croquet, tonneau, lanternes magiques ; les grands se grouperaient aussi pour des délassements intellectuels : lecture, charades ; on apprendrait des chœurs, on organiserait des fêtes de famille ;

plusieurs fois par an, les diverses sections d'un même quartier fusionneraient. Tout cela sans porter préjudice aux excursions du printemps et de l'été; car il est nécessaire de conduire les enfants à la campagne. Beaucoup d'enfants des grandes villes ne connaissent que les arbres des boulevards, tous taillés sur un même modèle, tous rangés en longues files monotones. Il faut les initier à la poésie exquise de la rivière moirée, que le soleil crible d'aiguilles d'or, et pour cela organiser des « parties » de campagne, des repas champêtres, — un des bonheurs de ceux qui sont jeunes et même de ceux qui ne le sont plus. — Nos élèves rapporteraient, de ces journées au grand air, des provisions de force et des souvenirs joyeux.

Je me résume.

Ce qui a manqué jusqu'ici aux enfants du peuple, c'est d'être groupés, sous une surveillance vigilante et aimable; si beaucoup ont succombé moralement, s'il en succombe tous les jours, c'est que nous n'avons pas su nous associer pour leur tendre la main. Le moment est venu de combler cette lacune; mettons-nous à l'œuvre; nos écoles les accueillent; mais ce n'est pas assez de les accueillir, il faut les soigner, les distraire, les aimer et les préserver. Notre rôle ne doit cesser que lorsque les écoliers, que nous avons connus bébés à l'école maternelle, sont devenus des hommes et des femmes de bien.

TROISIÈME PARTIE

BONNES HABITUDES MATÉRIELLES

CHAPITRE I

I. Propreté du corps et des vêtements. — II. L'école maternelle doit remplacer la mère malade, trop occupée, trop pauvre, ou incorrigible. — III. Les waters-closets. — IV. Les repas.

Un Anglais qui aime sa mère et son chien dit : « *I love my mother, I like my dog* ». C'est-à-dire qu'il emploie deux mots différents pour exprimer deux sentiments de nature différente. La langue anglaise est, en ce cas, plus logique que la nôtre; mais rien qu'un peu, car il faudrait une longue série de mots pour exprimer, d'une façon tant soit peu précise, les mille et une nuances de l'amour, de même qu'il y a mille et une manières pour un être raisonnable de prouver qu'il l'aime à un autre être raisonnable. Mais dès qu'il s'agit du petit enfant, incapable d'apprécier les mobiles de notre conduite envers lui, il n'y a qu'un seul moyen de lui prouver que nous l'aimons; il consiste à le choyer, à le

caresser, à le consoler, avec des paroles émues, à
sécher ses pleurs avec des baisers....

Cette preuve, l'école maternelle ne la donne pas
encore; elle enseigne, au lieu de cultiver, au lieu
d'entourer de soins.

J'étais un jour dans une école maternelle où, au
milieu d'une population relativement propre, car de
grands progrès ont été réalisés en ce sens dans
toute la France, se trouvaient une douzaine d'enfants
non peignés, non lavés, et un petit garçon d'une malpropreté tout à fait répulsive.

J'interrogeai la directrice. Les mères de la plupart de ces enfants étaient, me répondit-elle, d'une
négligence invincible; quant à celle du plus malpropre, elle était forcée de sortir tous les matins au
petit jour pour aller à son travail, et ne pouvait lui
donner aucun soin !

Tous les enfants non soignés qui fréquentent nos
écoles appartiennent à l'une ou à l'autre de ces deux
catégories : ou la mère ne veut pas, ou la mère ne
peut pas. Dans les deux cas, il y a une victime, toujours la même : l'enfant. Or l'école maternelle dans
laquelle il y a une victime est une école déshonorée....

Mais qu'est donc l'école maternelle, je vous le
demande, si elle ne supplée pas la mère? Si l'enfant
non soigné chez lui n'est pas davantage soigné à
l'école?... Examinons les conséquences de cet oubli
de son devoir par notre établissement de « première
éducation ».

D'abord l'enfant ne se développe pas d'une façon
normale; il est gêné par des bobos qui s'éterni-
sent : premier dommage, essentiellement physique.

Ensuite, ses camarades propres ne frayent pas avec lui ; il est quasiment solitaire ; il ne prend pas sa part des jeux en commun — à moins qu'une maîtresse n'intervienne, — il se donne donc moins de mouvement : encore un dommage physique. Mais ce deuxième dommage, physique, se complique d'un dommage intellectuel, car l'enfant qui ne joue pas avec les autres se développe plus lentement ; il se complique enfin d'un dommage moral, car ce petit, délaissé par ses camarades, délaissé par les maîtresses qui ne peuvent le caresser — il est vraiment répulsif, — ce petit délaissé souffre dans son âme, et cette souffrance n'est pas de celles qui font éclore les bons sentiments.

« Est-il vraiment aussi délaissé que cela, l'enfant malpropre ? me demandera-t-on.

— Suivez-moi dans une autre école maternelle :
« Le préau est sombre et bas de plafond ; dans la partie la moins mal éclairée se trouvent quelques petits, une quinzaine, assis sur des bancs sans dossier — le dossier est un luxe que l'on ne rencontre pas tous les jours ; — dans le coin le plus triste est un enfant tout seul, un enfant de cinq à six ans.

« Que fais-tu là, mon petit ?

— Nous ne pouvons pas le mettre avec les autres, répond la *femme de service* ; tout ce que nous pouvons faire, c'est de le garder là.

— Tout seul ! assis ! dans le coin noir !

— Regardez-le : il est à peine habillé ; et puis il est trop sale. »

« Il était, en effet, couvert de haillons, le pauvre enfant, et malpropre !...

« Va te laver, mon petit, lui dis-je; lave ta figure et tes mains : tu es assez grand pour le faire tout seul; et puis, quand tu seras bien propre, tu viendras me rejoindre dans la salle d'exercices pour que je t'embrasse; j'aime beaucoup à embrasser les figures et les mains fraîchement lavées. »

« L'enfant quitta le préau, et j'allai voir la directrice, qui, occupée avec les plus grands, ne savait pas que j'étais dans son école.

« Mon inspection terminée (et l'enfant n'ayant pas encore paru), je questionnai à son sujet la directrice; je lui fis part du douloureux étonnement que j'avais éprouvé, d'abord en voyant cet enfant tout seul, ensuite en entendant les explications de la femme de service.

« C'est que... les parents des autres enfants me défendent de le mettre avec les leurs; il est couvert de vermine.

— Je comprends certes leur répulsion; mais ce que je n'admets pas, c'est que cette répulsion ait sa raison d'être. L'enfant doit venir propre à l'école; un établissement d'*éducation* ne peut pas être le dernier refuge de la malpropreté.

— Il n'y a rien à faire avec cette mère, et je suis fort tourmentée; les parents des autres enfants m'en veulent de le garder; sa mère m'injurie si je parle de le lui rendre....

— Qu'elle le nettoie, alors !

— Elle ne le peut guère : elle part de chez elle tous les matins avant quatre heures....

— Si elle le lavait tous les soirs avant de le coucher, il serait plus acceptable, et vous auriez dû lui suggérer cette idée. Cependant, comme ce ne serait encore qu'une atténuation et non une solution, il faut que l'école se charge de donner à ce pauvre petit ce qui lui est dû.

— Mais il est plein de vermine !

— Il faut le laver, le brosser, le peigner.

— Mais... ses vêtements sont en loques !...

— Si vous le voulez bien, et vous le voudrez, il aura des vêtements ce soir, car je ne puis admettre qu'il n'y ait pas en ville une femme pouvant faire le bien qui reste insensible à cette situation désolante....

— Les vêtements que nous lui procurerons seront dans deux jours aussi sales que ceux qu'il a sur le corps, et peut-êre même que la mère les vendra.

— Gardez-les à l'école alors ; chaque matin, le petit fera sa toilette en arrivant ; chaque soir, il vous laissera son costume. Ce procédé excitera peut-être un peu d'émulation chez la mère ; peut-être pourrez-vous bientôt lui confier les vêtements en lui disant que vous les lui prêtez ; peut-être même pourrez-vous finir par les lui donner. »

L'affaire est arrangée. Notre sauvetage a-t-il réussi complètement ? Aurait-il échoué, cette déception ne changerait en rien notre devoir. Nous ne pouvons pas laisser un enfant dans des conditions où le sentiment de la dignité ne peut se développer, où la souffrance fait naître la haine ; nous ne devons pas instituer dans l'école une classe de parias ; nous ne devons pas y élever des ennemis de la société. On ne se doute pas des douleurs que peut contenir un petit cœur d'enfant !

Puisque nous avons créé des écoles maternelles, il faut que nos pupilles soient heureux chez nous, et pour cela il faut les soigner comme s'ils étaient nos propres enfants.

Cela nous ne le faisons pas ; non par manque de cœur, mais parce que nous sommes habitués à nous figurer qu'une école est une maison où l'on apprend exclusivement ce qu'il y a dans les livres, au lieu d'être un *home* où l'on apprend à se bien porter physiquement et moralement ; un home où, sous l'égide de celle qui remplace la mère, on apprend à être heureux en faisant son devoir.

Mais, m'objectera-t-on, vous allez encourager la paresse des mères de famille.

Pas du tout ; je stimulerai au contraire de tout mon pouvoir celles qui ont besoin d'être excitées ; je leur enseignerai peu à peu à remplir leur devoir maternel, j'instituerai des primes pour récompenser les progrès ; je créerai une émulation au foyer comme à l'école. Mais il faut bien nous rendre compte de cette douloureuse vérité, c'est qu'il y a des mères de famille qui, malgré leur bonne volonté, ne peuvent pas soigner leurs enfants. J'en ai eu pour ma part sous les yeux des exemples vivants ; entre autres, vis-à-vis de chez moi, dans une maison exclusivement habitée par des ouvriers, et qui par conséquent reste à peu près vide pendant toute la journée. Dans une des chambres, cependant, trois enfants, dont un très jeune encore, restaient tout seuls et les heures traînaient en une dispute perpétuelle. Lasse d'entendre les cris du plus petit, j'allai chez la concierge : elle m'apprit que ces enfants étaient seuls, parce que la mère était à son travail; qu'elle partait de très bonne heure et ne rentrait que très tard. Bref, je guettai son retour, et le soir même j'allai lui faire une visite. Elle me dit que le père était phtisique à l'hôpital; qu'elle travaillait dans un atelier situé de l'autre côté de Paris; qu'elle partait à cinq heures et demie chaque matin, c'est-à-dire qu'elle passait quatorze heures hors de chez elle. A peine arrivée, elle faisait le souper; — elle couchait les enfants, et elle raccommodait leurs vêtements. Cela durait jusqu'à onze heures!

Cette femme n'a pas été jetée là pour les besoins de ma cause; à Paris, elle se nomme « légion » et « légion » aussi dans les grandes villes manufacturières. Exigerez-vous que, pendant la semaine, sa plus petite fille arrive propre à l'école? Refuserez-vous de la recevoir parce qu'elle ne le sera pas? Eh non! Mais puisque vous avez le cœur bien placé, vous ferez la seule chose humaine qu'il y ait à faire, vous nettoierez la pauvre enfant; vous la soignerez et la dorloterez, avec d'autant plus de tendresse qu'elle est plus abandonnée, et comme elle est frêle, comme il faut réagir, et contre la faiblesse de tempérament que lui a léguée son père, et contre les douloureux effets de la misère, vous lui ferez prendre les médicaments ordonnés par le médecin.

« L'école maternelle est donc un dispensaire?

— Elle devrait l'être jusqu'à un certain point, comme la famille qu'elle remplace. Remplacer la famille est sa seule raison d'être.

— Mais... les deux sœurs aînées ne sont donc

bonnes à rien? Ne pourrait-on exiger qu'elles remplissent leurs devoirs envers la pauvre petite?

— N'oublions pas que le devoir est proportionné à la notion que nous en avons reçue; or les deux aînées, abandonnées comme leur jeune sœur, n'ont pas eu l'occasion d'acquérir de bonnes habitudes. Peut-être ont-elles fréquenté l'école primaire à bâtons rompus. Là elles ont entendu le précepte; mais où ont-elles vu l'exemple? »

Certes, au petit enfant malpropre, ou bien à celui qui refuse de se laisser laver, il y a quelque chose à dire. Est-il tout petit :

« Si tu étais plus propre, tu serais plus joli et je pourrais t'embrasser. »

Un peu plus tard :

« Si tu étais plus propre, tes bobos guériraient plus tôt; tu te porterais mieux. »

Plus tard encore :

« Il y a en toi quelque chose qui aime ton papa, ta maman, tes frères, quelque chose qui aime le soleil et les fleurs : c'est ton âme, je la vois dans tes yeux, quand ils me regardent tout droit; je la vois sur tes lèvres quand tu souris; je la vois aussi dans tes larmes quand tu as du chagrin. Ton âme habite dans ton corps; ton corps, c'est la maison de ton âme. Il faut que la maison de ton âme soit propre. Ton âme, c'est comme un bouquet de fleurs; est-ce que tu mettrais un bouquet de roses dans un vase souillé? »

Oui, il y a quelque chose à dire; mais il importe de joindre l'action à la parole; il faut que l'enfant malpropre soit nettoyé. *Tous* doivent être propres, car tous ont besoin de caresses, surtout ceux qui en sont privés dans leur famille; *tous* doivent être propres, car *tous* ont une âme à honorer.

D'ailleurs, je le répète, l'école maternelle est un établissement d'éducation, et l'éducation est un ensemble de bonnes habitudes : de bonnes habitudes matérielles, de bonnes habitudes morales.

Il est évident que c'est par les bonnes habitudes matérielles qu'il faut commencer.

Comment s'y prendre à l'école?

De même que la mère digne de ce nom, et à qui sa situation matérielle permet de se rendre digne de ce nom, donne au début de la journée des soins de propreté minutieux à ses enfants, les maîtresses employées dans les écoles maternelles doivent consacrer aux soins matériels les premières heures de la matinée.

N'attendez donc pas, comme cela a lieu trop fréquemment, que tous les enfants soient arrivés pour faire l'examen de propreté. Tenez-vous à l'entrée du vestibule, et, autant que possible, devant la mère ou devant les sœurs aînées, inspectez les corps et puis les vêtements,... des cheveux à la chaussure. La tête est-elle vraiment propre? les cheveux sont-ils soignés? (Donnez aux mamans le conseil de renoncer à la pommade, aux huiles parfumées qui encrassent sans aucun profit.) La chemise et le corps sont-ils criblés de piqûres d'insectes, engagez à saupoudrer le lit, le matin, avec de la poudre insecticide, et à consacrer une chemise sur trois au service de la nuit.

Les bas tombent-ils sur les talons, faute de jarre-

10

tières, ou parce que les jarretières sont mal attachées ou trop distendues, indiquez un moyen très pratique de maintenir le bas : un lacet ou un caoutchouc s'accrochant à la petite brassière.

Les bottines manquent-elles de boutons, les souliers de lacets, faites comprendre que dans ces conditions la marche est pénible, que les foulures et les entorses sont à craindre, et — ce qui touchera malheureusement davantage — que la chaussure s'usera beaucoup plus vite.

Un des vêtements est-il décousu, déchiré, dites que le dommage ira en s'aggravant jusqu'à midi, jusqu'au soir.... Et ce que la mère ne peut pas ou ne veut pas faire, faites-le vous-mêmes autant que possible.

Les enfants mangent-ils à l'école, exigez une serviette; ne les laissez pas commencer leur repas avant qu'ils se soient lavés; lavez-les encore ou faites-les laver quand ils ont fini; ne remettez pas dans leur panier la serviette humide; étendez-la pour qu'elle sèche. Enfin que l'heure du repas soit ce qu'elle devrait toujours être dans la famille : un des éléments les plus précieux pour apprendre à bien vivre en commun.

Malheureusement l'école maternelle n'est pas encore entrée dans cet ordre d'idées, et il est bien rare que j'aie été satisfaite d'un repas auquel j'ai assisté dans mes inspections. Voici à ce sujet un de mes souvenirs les plus récents.

Les enfants étaient littéralement collés les uns aux autres des deux côtés d'une table trop courte. On aurait pu remédier sans peine à cet inconvénient, car il y avait, dans une autre partie du préau, deux tables inoccupées.

Ces tables, trop courtes, étaient aussi trop étroites, et l'on avait aggravé ce second inconvénient en plaçant tous les paniers en une rangée au milieu. Vous voyez cela d'ici : une rangée d'assiettes ou de gamelles de chaque côté de la table et, entre les deux, une rangée de paniers; de telle sorte que l'enfant, déjà gêné à droite et à gauche par ses voisins, était, de plus, gêné devant lui.

Pourquoi n'avoir pas placé chaque panier par terre derrière l'enfant à qui il appartenait?

Les maîtresses se tromperaient si elles pensaient que le bien-être ou la gêne n'a aucune influence sur la digestion; la question est au contraire de fort grande importance.

Il y a ici deux choses à envisager : l'hygiène et l'éducation. Pour que la mastication et par conséquent la digestion se fassent convenablement, il faut que l'enfant soit à l'aise. Pour qu'il apprenne à manger proprement, délicatement, il faut que les maîtresses puissent s'approcher de lui. Quant à l'usage des serviettes, si difficile à enraciner, il est de toute nécessité.

« Mais, m'objecte-t-on, pour des enfants si jeunes qui mangent de la nourriture demi-liquide, soupe, haricots, lentilles, il faudrait une serviette par jour. »

Adoptez la serviette de toile cirée sur laquelle on passera une éponge humide après chaque repas. Elle est plus chère, mais n'exige aucun frais de blanchissage.

En tout cas, ce qui est inacceptable c'est la souillure fatale de la robe ou du tablier.

Que dirai-je encore à l'égard des habitudes matérielles ?... Surveillez attentivement ceux qui se rongent les ongles : l'habitude est physiquement et moralement détestable; surveillez plus attentivement encore, avec toute la sollicitude que vous devez à la santé et à la moralité de l'enfant, les habitudes contractées dans le berceau même, et que l'oisiveté des petits à l'école maternelle, les longues stations aux gradins et sur les bancs augmentent d'une façon si désolante.... Rappelez-vous que l'activité seule en guérit les enfants. Donnez toujours un aliment à ce besoin d'activité : faites sauter, courir, faites dépenser l'exubérance enfantine de façon à procurer des sommeils profonds et paisibles. Les maîtresses des écoles maternelles, quel que soit leur âge, ont le devoir strict, absolu, de se préoccuper de ces choses-là.

Je me reprocherais de passer sous silence les soins à donner aux petits, et la surveillance à exercer sur les grands avant leur sortie des cabinets.

Une provision de carrés de papier doit être suspendue par une ficelle à un clou à crochet dans chaque logette, et renouvelée chaque jour; l'ordre très précis doit en être donné à la femme de service, et la maîtresse veillera quotidiennement à ce qu'il soit exécuté.

Faire contracter une bonne habitude est relativement facile pour l'éducateur persévérant; faire perdre une mauvaise habitude est au contraire si difficile, que j'engage les maîtresses à s'ingénier pour la prévenir.

Voyez, par exemple, l'habitude de cracher, si invétérée chez les hommes, habitude contre laquelle, au nom de la santé publique, l'Académie de médecine a demandé des règlements prohibitifs. A-t-on naturellement *besoin* de cracher à chaque instant? Évidemment non; les hommes bien élevés ne le font pas, les femmes encore moins. Alors?... Eh, mon Dieu! on fait naître des besoins factices; le tabac à chiquer, puis le tabac à fumer ont été les agents les plus actifs de la mauvaise habitude, et, comme l'idéal est d'être « grand », de faire comme son père, le petit garçon s'exerce à cracher. Il y réussit si bien, que l'on parle, en ce moment, de placer des crachoirs dans les écoles. (Cette concession, je ne la ferais que l'hiver pour les enrhumés, car je suis féroce à l'égard des cracheurs qui me gâtent mes voyages en omnibus, en chemin de fer, et même mes courses dans la rue.)

Empêchez donc les enfants de cracher. Ils n'en ont pas besoin, ils se fatiguent à essayer, et puis c'est malpropre, c'est grossier, c'est dégoûtant!

Ce souci des bonnes habitudes, cette sollicitude en vue de procurer le bien-être et de fortifier la santé, je voudrais les rencontrer partout et je les rencontre très rarement. Ma mémoire est pleine à ce sujet de souvenirs mélancoliques; en voici plusieurs choisis au hasard entre mille :

Il est près de deux heures; dans la cour, tous les enfants sont assis au soleil, sans chapeaux.

« Pourquoi sont-ils assis? — C'est parce qu'on va

leur donner à boire. — Pourquoi n'ont-ils pas de chapeaux? — C'est qu'ils vont rentrer en classe. » La première raison est bonne. La maîtresse fait bien de ne pas donner à boire à des enfants pendant qu'ils sont en sueur. La seconde raison est mauvaise : le soleil peut les rendre malades; il est, à certains moments, *très dangereux*; la tête doit donc être couverte.

La femme de service et l'adjointe commencent alors à distribuer des gobelets pleins d'eau, de l'eau prise sous mes yeux à la pompe.

« Vous n'avez donc pas de filtre?

— Si, madame, me répond la directrice, mais il a besoin de réparations.

— En avez-vous averti votre inspecteur?

— Non, j'ai écrit à la mairie.

— Combien y a-t-il de cela?

— Environ cinq semaines.

— Il est probable que si vous vous étiez adressée à l'inspecteur, comme c'était votre devoir, la chose serait arrangée aujourd'hui, et vous n'auriez pas assumé une très grave responsabilité.

— Oh! cette eau n'est pas mauvaise; lorsque je n'avais pas de filtre, j'en ai bu souvent.

— Vous avez un filtre et vous n'avez pas l'idée de vous en servir pour vos petits élèves?

— Il ne contient que trois litres.

— Mais combien peut-il filtrer de fois trois litres dans un jour?... »

Bref, on n'y avait pas pensé : non pas par manque de cœur, mais parce que l'hygiène est malheureusement regardée comme la question négligeable;

elle n'existe pour ainsi dire pas ; et j'ai cent preuves à l'appui de mon assertion.

Il y a, par exemple, dans nos écoles maternelles un grand nombre d'enfants dont les yeux sont malades. L'affection dont ils souffrent n'est peut-être pas contagieuse — et il y aurait presque de l'inhumanité à les tenir éloignés de l'école, surtout si leurs mères sont occupées au dehors. Mais ne pourrait-on du moins atténuer leurs souffrances ? L'un supporte difficilement la lumière : pourquoi ne pas le placer dans l'ombre ? Un petit abat-jour vert lui procurerait peut-être du bien-être : pourquoi ne pas lui confectionner un petit abat-jour vert ? Un autre enfant guérirait plus vite si on lui lavait les yeux plusieurs fois par jour avec un collyre indiqué par le médecin : ce collyre devrait être apporté chaque jour à l'école, et la maîtresse devrait s'en servir comme une mère intelligente et soucieuse de son devoir. Peut-être que de simples lotions à l'eau fraîche ou à l'eau chaude — l'eau chaude est fortement recommandée aujourd'hui — suffiraient à un troisième enfant.... En tout cas, la plus grande propreté s'impose. L'enfant est presque invinciblement entraîné à se frotter les yeux, et il est très difficile de l'en empêcher absolument. Au moins faut-il qu'il ait les mains propres, un mouchoir propre, un tablier propre. Certes c'est difficile à obtenir ; mais encore faut-il essayer. Une petite réserve de linge, mouchoirs, tabliers, morceaux de toile fine, est indispensable dans toute école maternelle digne de ce nom.

Il y a quelque temps, je remarquai, au milieu

d'enfants très vivants, une fillette absolument blême.

« Est-elle malade? demandai-je à la maîtresse.

— *Je ne crois pas*, elle était ainsi la première fois qu'on me l'a présentée.

— Il y a longtemps?

— Huit jours environ. »

Je m'approche de l'enfant, je lui prends les mains : elles étaient glacées.

« Est-elle toujours froide comme maintenant?

— Je l'ignore, je ne m'en suis pas aperçue. »

Il est cependant tout naturel de palper un enfant qui vous paraît dans des conditions anormales; d'appuyer votre main sur sa tête, de la passer entre ses épaules et sa chemise, de constater si son pouls est normal, et aussi d'interroger ses parents. Un enfant doit être chaud comme une petite caille; glacé, il est malade; brûlant, il doit vous préoccuper. Il faut donc prendre sa température, observer ses yeux, le son de sa voix, son humeur; je vous assure une fois de plus que c'est autrement utile, autrement humain, autrement noble que de lui enseigner trop tôt à lire, à écrire!

Autre manque de sollicitude :

« Savez-vous pourquoi tel enfant que vous dites inexact ne vient pas tous les jours à l'école?

— Comment le saurais-je?

— En le demandant. »

Quoique l'assiduité à l'école maternelle ne soit pas nécessaire au point de vue des notions intellectuelles à acquérir, la maîtresse a besoin de savoir ce qui en éloigne l'enfant. Peut-être est-ce l'état précaire de sa santé. En ce cas il a droit, lorsqu'on le lui confie, à une attention toute particulière, à des soins spéciaux, pour lesquels elle doit toujours demander les conseils d'un médecin. Dans cet ordre d'idées nous avons presque tout à faire.

Tenez! une anecdote encore! En me rendant dans une école d'un des quartiers excentriques d'une grande ville, je vis une fillette, de huit ans peut-être à moitié étendue sur le trottoir; malpropre, mal peignée, un air de petite vagabonde, pour tout dire. Fidèle à mon principe de m'occuper toujours des enfants que je trouve dans la rue pendant les heures de classe, je lui adresse la parole.

« Pourquoi n'es-tu pas à l'école?

— Parce... que....

— La raison est loin d'être suffisante. Où est ton école?

— Au bout de la rue (c'était juste l'école primaire attenante à l'école maternelle que j'allais inspecter).

— Je vais t'y conduire, viens avec moi. »

L'enfant se met à pleurer.

« Maman m'a dit de garder mon petit frère....

— Mais tu ne le gardes pas, puisque tu es sans lui dans la rue. Où est-il?

— A la maison; il dort.

— Où est ta maison?

— Dans telle rue (une rue perpendiculaire à celle dans laquelle nous nous trouvions).

— Viens toujours avec moi. »

Je la conduis à l'école primaire, je la présente à l'institutrice en lui disant :

« Connaissez-vous cette fillette?

— Il me semble....

— Comment...?

— Je vais demander à la maîtresse du cours élémentaire si elle la connaît.... »

Renseignements pris, l'enfant était en effet inscrite, elle avait fréquenté l'école pendant quelques jours, puis elle n'était pas revenue et... on l'avait oubliée, ce qui est absolument inacceptable; et elle vagabondait, ce qui est scandaleux et inhumain, parce qu'un enfant vagabond — une petite fille surtout — est un enfant perdu.

Mais j'avais des scrupules à l'interner en ce moment; car enfin le petit frère était peut-être seul dans la chambre, et vous savez toutes les conséquences de la solitude pour un bébé. Je priai donc l'institutrice de faire reconduire l'enfant chez elle. On y trouva le bébé dormant sous la surveillance d'une voisine : la petite fille avait donc menti. Mais pourquoi n'allait-elle pas à l'école? Elle n'allait pas à l'école parce qu'elle n'y allait pas,... parce que sa mère ne veillait pas sur elle; et cela durait... parce que l'institutrice ne cherchait pas à savoir pourquoi elle manquait à l'appel.

On est convaincu, d'après ce qui précède, que si l'école primaire fait avec soin son examen de conscience, elle s'adressera de graves reproches; mais elle cherchera, comme c'est son droit, ses propres circonstances atténuantes, et elle se demandera tout d'abord si l'école maternelle a vraiment créé les habitudes que l'école primaire doit développer.

En août ou septembre dernier, j'ai assisté au

départ d'une colonie de vacances. Les enfants avaient été habillés de neuf, les unes par leurs parents, les autres par les soins de la municipalité, et toutes paraissaient si propres, si élégantes même dans leur simplicité, qu'il était difficile de se figurer que l'on était en présence de la population enfantine de l'un des arrondissements les plus pauvres de Paris. Cette propreté, cette élégance relative, m'avaient tellement frappée que j'avais écrit en rentrant à un de mes amis, promoteur des colonies de vacances :

« C'est excellent, votre œuvre; mais elle ne s'adresse qu'aux enfants déjà privilégiés ; c'est presque un luxe. » (Eh oui, c'est un luxe, si l'on pense aux nombreux enfants qui sont restés dans le même arrondissement, se roulant en tas dans les rues, se vautrant et continuant à se pervertir.)

Eh bien! parmi les fillettes habillées de neuf, un certain nombre, m'a dit l'institutrice à qui elles avaient été confiées, n'avaient aucune habitude de propreté, et il a été extrêmement difficile à la maîtresse de leur en faire comprendre l'importance. C'est qu'une habitude à prendre, cela demande du temps! L'entretien de la chevelure a donné toutes les peines du monde. On était bien *coiffée* le jour du départ; mais bien *peignée*, non; il y avait parmi les cheveux des... habitants, des germes d'habitants! » A qui la faute? Aux mères d'abord; aux enfants ensuite — si elles sont déjà grandettes, — mais *surtout* à l'école maternelle.

Si les mères désordonnées et malpropres s'étaient vu refuser leurs enfants lorsque à deux ans elles les ont présentés la tête toute recouverte de l'affreuse croûte (on obtient à la crèche que les bébés en soient débarrassés, pourquoi ne l'obtenons-nous pas?); s'il avait été bien entendu, une fois pour toutes, que l'école est faite pour être respectée, et que tout enfant qui y entre doit s'y présenter bien lavé et bien peigné ; si pendant les quatre ans que dure la fréquentation à l'école maternelle on n'avait pas permis de défaillances; si l'on avait toujours suppléé la mère morte, ou la mère malade, ou la mère incorrigible, *les habitudes se seraient créées*, et l'école primaire, fidèle à son rôle, n'aurait eu qu'à les développer, tandis que nous la forçons à remplir notre tâche.

« Ces fillettes, dit aussi l'institutrice — au moins un certain nombre, — ne semblaient pas se douter qu'il y a une façon de manger qui dénote la délicatesse intime. Il fallait leur enseigner à se bien tenir, à couper convenablement leur viande, à manger proprement enfin! »

Oh! les repas de nos écoles maternelles! J'ai un petit neveu de trois ans; il sait très bien pousser avec son pain son morceau de viande jusque dans sa petite cuillère; il sait très bien essuyer son petit bec d'oiseau avant de boire; il montre ses menottes à sa maman dès qu'il a commis une petite maladresse et demande par monosyllabes, puisqu'il dédaigne de se lancer à parler, qu'on les lui nettoie. Et soyez bien sûres qu'il n'est pas d'une essence supérieure; on l'y a habitué, voilà tout, comme vous-mêmes vous y habituez vos propres enfants.

Certes, la difficulté est considérable dans nos écoles, à cause du grand nombre; mais est-ce donc une raison pour ne pas s'en préoccuper? Est-ce une raison pour laisser à la femme de service et à une seule adjointe la surveillance des repas? Est-ce une raison par exemple pour ne pas enseigner, par une sorte d'entraînement collectif, à essuyer ses mains et ses lèvres, à porter adroitement son verre à sa bouche, à se servir de sa cuillère ou de sa fourchette, à pousser avec une bouchée de pain, au lieu de fourrer ses doigts dans la sauce et de barbouiller son tablier ou sa serviette et sa figure?

Beaucoup d'enfants sont admis avec la tête malpropre; aux repas ils mangent comme ils peuvent et comme ils veulent : — or l'enfance ne tient pas par elle-même naturellement à être propre; — dans la classe, ils crachent sur leurs ardoises et les essuient avec leurs mains; beaucoup encore se mouchent avec leur robe ou leur tablier....

Tant que nous aurons de tels faits à signaler, l'école primaire pourra nous reprocher de n'avoir pas rempli nos devoirs envers elle; les enfants, de n'avoir pas rempli nos devoirs envers eux.

Mais la propreté, si difficile à obtenir dans la belle saison, est presque impossible à exiger des parents indigents pendant un hiver rigoureux. Les gens superficiels, ceux qui répètent sans y réfléchir les lieux communs qui traînent partout, ceux qui vivent dans leur carapace d'égoïsme, disent : « On n'a pas besoin d'être riche pour se laver, l'eau ne coûte rien ». Ont-ils jamais mesuré la distance qui existe entre la richesse et l'indigence? entre l'abondance et le dénuement?

Lorsque le thermomètre descend à plusieurs

degrés au-dessous de zéro, lorsque l'on casse la
glace dans les rues, lorsque les rivières sont prises,
si l'on n'a pas chez soi du feu pour faire chauffer
de l'eau, si l'on manque de savon, si le malheureux
placard est vide de linge, il est impossible de nettoyer son enfant. Faire des reproches à la mère en
proie à cette impossibilité, c'est manquer d'intelligence autant que de cœur.

Le nettoyage d'hiver doit donc être organisé en
grand dans nos écoles maternelles. Figurez-vous le
bien-être, je dirais presque la volupté qu'éprouve-
raient nos pauvres enfants si, dès leur arrivée, on
trempait leurs pieds transis dans un bain d'eau de
son suffisamment chauffée; si on les chaussait
ensuite de bas bien secs, de moelleux chaussons. La
perspective de cette jouissance leur donnerait la
force de venir en gambadant jusqu'à l'école, au lieu
de s'y faire traîner en pleurant.

La toilette achevée, il faudrait servir une soupe
bien chaude à ces petits dont beaucoup sont venus
l'estomac à peu près vide. Ce dernier devoir rempli,
les enfants auraient la force de jouer.

Deux objections se présentent : 1° la question
d'argent; 2° la question de temps. La première,
déjà en partie résolue, grâce aux municipalités,
le sera complètement par les patronages. C'est sur
les trois ou quatre mois les plus rigoureux qu'il
faudra répartir la plus grande partie des fonds
alloués aux écoles. Plus tard, lorsque le soleil
réchauffera la terre, les enfants s'épanouiront en
même temps que les fleurs, et leur santé réclamera
beaucoup moins de soins,... s'ils n'ont pas trop pâti

pendant l'hiver; car les forces que l'on dépense à souffrir, on ne les retrouve plus pour se développer ensuite. Pendant la belle saison, le lieu commun que je critiquais il n'y a qu'un instant a sa raison d'être; on n'a pas besoin d'être riche pour se tenir propre; l'eau ne coûte rien, et la nécessité des aliments chauds à l'école maternelle n'est plus impérieuse.

Reste la question de temps, qui ne peut être tranchée que par le sacrifice du programme pendant toute la matinée. Ce sacrifice nécessaire, je serais trop heureuse qu'on le fît; nos écoles maternelles deviendraient alors ce que je les rêve; elles n'auraient qu'un but : procurer la santé, la force et la joie....

Or, même pour l'application du programme, il faut que les enfants soient dans de bonnes conditions matérielles; auriez-vous par exemple la prétention d'exiger de ces petites mains gonflées, rougies, glacées un dessin acceptable, une ligne d'écriture lisible, un piquage ou un tissage réguliers?... Certainement non. Que vous reste-t-il alors? Que restera-t-il à ces pauvres petits pour se réchauffer le corps et l'âme? Il leur reste les leçons : la lecture, l'histoire, la géographie. Rien que d'y penser j'en ai froid jusqu'à la moelle.

QUATRIÈME PARTIE

LE PROGRAMME DE L'ÉCOLE MATERNELLE
PORTE EN PREMIÈRE LIGNE : DES JEUX

CHAPITRE I

I. Nécessité des jeux, surtout pour permettre à l'éducateur de faire des observations psychologiques. — II. Le jeu individuel pour les tout petits. — III. Le jeu à combinaisons. — IV. Notes prises sur le vif. — V. Fêtes scolaires.

L'école maternelle organisée d'après les règles de la pédagogie rationnelle doit mettre les jeux en tête de son programme.

Oh! je sais bien qu'au premier abord ces deux mots — la pédagogie et les jeux, — rapprochés l'un de l'autre, font l'effet de certaines unions malheureuses, caractérisées surtout par l'incompatibilité d'humeur des conjoints; mais cette impression cesse dès que l'on réfléchit, car on comprend alors que la pédagogie, au lieu d'être restreinte à l'instruction, embrasse la culture de l'être tout entier.

11

La pédagogie — il faut absolument s'en rendre compte — n'est pas exclusivement la science du professeur; c'est essentiellement celle de l'éducateur. Elle comprend la culture du corps, comme la culture de l'esprit; et la culture de la conscience, comme celle de l'esprit et du corps. Elle comprend TOUT cela, et c'est parce que nous restreignons constamment l'étendue de son domaine que nous faisons fausse route, et que les enfants ne trouvent pas à l'école maternelle les trésors que cette institution doit recéler.

Je suis si douloureusement frappée des conséquences produites par l'interprétation erronée du mot, qui cependant résume nos devoirs (à nous, instituteurs de tout ordre), que j'ai sérieusement cherché dans ces derniers temps à le remplacer, pour nos écoles maternelles, par un autre tellement explicite, que l'erreur n'eût plus été possible. Mais trouver un mot à la fois juste et transparent (j'entends qui laisse *voir* l'idée) est une bonne fortune très rare; j'en ai fait l'expérience, car j'ai cherché sans succès. Alors je me suis adressée à des amis; j'ai positivement mendié ce mot qui ne pouvait jaillir de ma cervelle.... Mes amis n'ont pas été plus heureux que moi.

« Comment ne dites-vous pas tout simplement l'éducation enfantine? m'écrivait l'un d'entre eux. L'éducation, cela dit tout. » — La *pédagogie* aussi devrait dire *tout*, et cependant beaucoup s'y trompent, comme beaucoup se trompent sur l'idée que représente le mot *éducation*. Beaucoup de parents confondent l'éducation avec la tenue que l'on doit avoir en société, avec une certaine convenance de ton et de langage. Ils la détachent, pour ainsi dire, de l'instruction, et s'ils acceptent, par grâce, que, tout en enseignant à lire et à écrire à leurs enfants, l'école leur enseigne aussi à bien saluer et à ne pas déchirer des vêtements qui coûtent cher, ils ne veulent pas comprendre qu'elle puisse s'occuper surtout de leur santé, de la façon dont ils respirent, dont ils marchent, dont ils mangent, puis de la façon dont ils pensent, dont ils jouissent, dont ils souffrent, dont ils aiment.

Aussi n'ai-je pas été beaucoup plus satisfaite du mot « éducation » que du mot « pédagogie », et j'ai porté envie aux Anglais, qui ont trouvé l'expression *baby-culture*, c'est-à-dire la culture du bébé !

Si nous parvenions à faire accepter pour nos écoles maternelles cette expression : *la culture enfantine*, nous indiquerions, il me semble, sans méprise possible, que, l'enfant étant *d'abord* une plante, nous avons *d'abord* à cœur sa vie végétative, dont dépendent *absolument* sa vie intellectuelle et sa vie morale. Les parents seraient dès lors avertis. Ils sauraient qu'ils n'ont plus à intervenir, et que leurs instances seraient vaines en ce qui concerne les leçons prématurées et le surmenage intellectuel. Quant aux directrices, qui ont besoin, hélas! d'être converties, elles aussi, elles finiraient par se convaincre que s'ADRESSER AUX BÉBÉS est *une chose*, et que s'adresser à des enfants relativement développés EST UNE AUTRE CHOSE, et nous en aurions définitivement fini avec cette école préparatoire, qui est un crime de lèse-enfance.

Malheureusement, cette expression « culture enfantine » a le défaut d'être formée de deux mots
distincts, alors que j'aurais voulu un seul mot, ou
tout au plus un nom composé; mais il m'a été
impossible de trouver mieux, à moins de tomber
dans le pédantisme. Or Dieu nous garde de ce
fléau!

C'est bien entendu! Dans nos établissements de
culture enfantine (est-ce que cette expression
n'évoque pas des joues roses, des minois éveillés,
des cheveux tout en soie, et des notes claires d'oiseaux voletant dans les branches?), dans nos établissements de culture enfantine, nous placerons, pour
être logiques, les exercices physiques en tête de
notre programme; nous commencerons par les jeux.

Or comment joue-t-on *maintenant* à l'école maternelle?

Je ne serais pas démentie si j'affirmais que, sauf
exceptions, « les chevaux » pour les garçons et la
« ronde » pour tout le monde sont *presque* la base,
le milieu et le couronnement de l'édifice [1]. Or les
petits de deux ans ne peuvent pas jouer aux chevaux, et il n'y a qu'à les voir à la ronde (où ils entra-
vent d'ailleurs leurs camarades plus âgés) pour être
convaincu qu'ils n'y prennent qu'un plaisir médiocre.

Il faut donc une *méthode* pour les jeux, comme il
faut une méthode pour l'enseignement, et de la
méthode résultera le programme. Parlons des petits

---

1. Les « jeux scolaires » sont organisés depuis peu dans
les écoles maternelles de Paris.

d'abord; je ne cesserai de le répéter : LES PETITS D'ABORD.

Les petits de deux ans et de trois ans ne prennent pas de plaisir aux jeux qui dépassent leurs forces physiques ou leur développement intellectuel; tout ce qui est course les fatigue, et la moindre combinaison les déroute; ils ne comprennent pas l'*association*, encore moins la *discipline*, sans laquelle l'association ne peut exister.

Pourvu que je me fasse bien comprendre! Prenons un jeu qui n'exige que deux joueurs, quoiqu'il puisse en admettre un grand nombre : « cache-tampon » ou plus vulgairement : « cache-mouchoir ». Deux enfants de deux à trois ans ne peuvent y jouer : 1° parce qu'ils ne savent pas cacher; 2° parce qu'ils ne savent pas chercher et que, ne sachant ni cacher ni chercher, ils sont insensibles, l'un au plaisir d'intriguer et de faire chercher son camarade, l'autre à la satisfaction d'amour-propre qui résulte de la découverte de l'objet caché; 3° enfin parce que leur conscience n'est pas assez développée pour que celui qui cache comprenne qu'il y a des endroits où l'on ne cache pas, et pour que celui qui cherche comprenne qu'il ne doit pas regarder quand un camarade cache. Cache-tampon est donc prématuré.

Je pourrais multiplier les exemples, mais celui-là suffit pour éveiller l'attention, inviter à observer, et pour amener à cette conclusion que *le jeu est d'abord individuel*.

Regardez un enfant dans son berceau : s'il ne dort pas, il joue avec un objet quelconque accroché au rideau, ou avec un hochet suspendu à son cou, ou avec un objet mis entre ses mains par sa mère pour le faire rester tranquille.

A peine sur ses jambes, plus tôt encore, dès qu'il peut marcher sur ses genoux, il saisit les objets qui sont à sa portée et il les utilise selon sa fantaisie; ses combinaisons, d'abord très élémentaires et en bien petit nombre, se compliquent et se multiplient chaque jour, à mesure que l'esprit d'imitation se développe en lui; mais ce n'est que plus tard qu'il deviendra apte à comprendre les finesses du jeu en commun, et à faire les concessions que le jeu en commun nécessite. Au début, je tiens à poser ce principe : l'enfant joue *seul*, avec un objet quelconque, avec un *jouet*.

Ces jeux individuels des petits devraient avoir lieu soit au préau, soit au jardin; de là des *jouets de préau* et des *jouets de jardin.* Les *jouets de préau* sont plus spécialement : les animaux en bois ou en caoutchouc, les pantins, les poupées, les cubes, les arcs et les colonnettes pour les constructions, les collections de soldats, les albums d'images, etc., etc.

Les jouets de jardin sont *d'abord* le sable, les pelles et les seaux, puis les balles, les brouettes, les chariots, etc., etc.

Les jouets que nous venons d'énumérer, absolument indispensables aux petits, amusent tous les enfants de l'école maternelle, et servent peu à peu à des jeux collectifs à mesure que le petit monde se développe. On se groupe dans le préau pour construire, pour jouer au ménage, pour ranger en bataille les soldats, pour regarder les images; on se groupe aussi dans le jardin pour remplir les brouettes et les chariots, pour « travailler » dans le sable, pour faire des parties de balle, des parties de quilles; et puis on fait courir les cerceaux, on saute à la corde. Il y a une gradation évidente : 1° jeu individuel à l'aide de jouets; 2° jeu collectif avec ces mêmes jouets; 3° jeu collectif à l'aide de jouets plus difficiles à manier.

Un jour arrive où l'enfant peut aborder certains jeux collectifs qui sont des combinaisons d'actes propres à développer ses forces, sa souplesse, sa grâce, son adresse et aussi certaines qualités intellectuelles : sa sagacité, son esprit d'observation, de discipline, sa prudence, sa complaisance, sa générosité, son support, sa bonne camaraderie en un mot; par exemple le jeu du *marché*. Apportez quelques tables dans la cour, à l'ombre, et sur ces tables étalez de vraies marchandises : de vraies pommes de terre, de vrais haricots, quelques fruits de la saison, quelques fleurs aussi, autant de fleurs même que vous pourrez. Divisez les enfants en plusieurs catégories : vendeurs, acheteurs, porteurs. Soyez vous-même aide-marchande, tantôt à un étalage, tantôt à un autre. Engagez la conversation avec vos clients.

« Comment ferez-vous cuire vos pommes de terre, monsieur ou madame? Savez-vous écosser vos haricots en grains? Savez-vous enlever le fil aux haricots verts? — Essayez devant moi; voyez comme ils sont frais et tendres. Ces pommes de terre feront d'excellentes soupes, d'excellents ragoûts, ou d'excellentes purées si vous vous y prenez ainsi. Quant aux haricots, si vous voulez vous régaler, il faudra les apprêter comme je le fais moi-même. Ces fruits sont mûrs à point; mangez-les aujourd'hui; demain il serait trop tard; ceux-là au contraire ne seront mangeables que dans deux ou trois jours. Quelles fleurs voulez-vous? des roses? des reines-marguerites? du réséda? des capucines? des mauves? des fuchsias? Voyez comme elles ont de longues tiges; elles se conserveront longtemps dans les vases, si vous renouvelez l'eau tous les matins, et si vous coupez chaque jour un petit bout de leur tige. Celles-là ont encore leurs racines. Il faut les planter dans des caisses ou dans votre jardin. » Et puis indiquez le prix en francs et en centimes et faites-vous payer en francs et en centimes, aussi. On a peine à croire que, dans le pays du système métrique, les enfants soient encore forcés de faire un calcul,... qui est loin d'aller tout seul, pour réduire les sous en centimes. Il faut s'y mettre enfin! et nous relever de cette infériorité; allez en Angleterre, où le système monétaire est extrêmement compliqué : les enfants y sont habitués à résoudre mentalement des calculs qui épouvanteraient nos enfants à nous. Il semble que nous ayons été gâtés par la simplicité du système décimal. Oh oui, gâtés! il fallait peu d'efforts, on n'en a pas fait du tout.

Pourquoi le *jeu de l'oie* est-il inconnu dans nos écoles maternelles? Le trouve-t-on antipédagogique? Cependant il constitue un procédé amusant, varié et peu subversif d'enseigner aux enfants à compter jusqu'à soixante-trois, non pas d'une façon routinière, d'un bout à l'autre sans s'arrêter, mais, au contraire, à grand renfort d'incidents heureux qui

vous font brûler les étapes, ou d'accidents qui vous
font rétrograder ou bien attendre en un point donné
qu'un camarade atteint par la déveine vienne vous
remplacer.

Non seulement le *jeu de l'oie* est un bon exercice
de calcul, mais il permet le groupement. Six enfants
peuvent sans difficulté s'asseoir autour d'un même
carton. Faites présider chaque groupe par un enfant
relativement développé et qui comprend le jeu, allez
d'un groupe à l'autre pour éclaircir un point obscur,
pour empêcher la discussion de dégénérer en dispute, pour aider un petit retardataire à faire son
calcul et à poser sa « marque » dans la case qui
l'attend; soyez là pour être là surtout, et la joie des
joueurs vous sera une fête.

Mais,... comment se procurer les huit ou dix
feuilles enluminées qui permettent de suivre ce
conseil?

Une feuille de *jeu de l'oie* coûte cinq centimes;
collez-la sur une feuille de carton, sur un vieux
calendrier, sur un vieux fond ou sur un vieux cou-
vercle de boîte, sur une planche, ou bien épinglez-
la sur la table même; les deux dés vous coûteront
aussi cinq centimes; c'est-à-dire que pour un franc
peut-être vous aurez de quoi faire jouer tous les
enfants.

Quel sera l'enjeu?

Il vaudrait mieux qu'il n'y en eût point, et que le
plaisir d'arriver le premier fût le seul appât; si
vous préférez faire *gagner* quelque chose, mettez
une pastille, une image; dans les grands jours, un
dessin ou un objet confectionné par un camarade.

Ajoutez à ces jeux : cache-cache, cache-tampon, colin-maillard, le furet, le jeu des couleurs, etc., etc., et les récréations seront autant de fêtes pour les enfants.

Une cinquième et dernière série de jeux intéressera *les plus développés*. Ce sont les jeux allégoriques, où les enfants jouent des rôles, en se rendant bien compte que, pour un instant, ils représentent un personnage, voire même un animal. Le jeu des *métiers*, du *moissonneur*, de la *ménagère*, du *ver à soie* sont des types bien connus à l'école maternelle ; ils menacent même d'y devenir monotones.

La variété manque en effet. Et cependant, que d'additions charmantes on ferait avec un peu d'initiative intellectuelle ? Il n'y aurait qu'à mettre en action le récit qu'a fait la directrice, la fable que l'on a apprise et que l'on comprend très bien, les divers incidents ou événements qui ont eu lieu dans le village. Vous verriez alors, mes chères lectrices, *déborder* la vie de tout votre petit monde !

Cette dernière série de jeux demande de notre part beaucoup de tact pédagogique. L'enfant comprend-il assez pour entrer, comme l'on dit, « dans la peau de son rôle » ? En ce cas, l'exercice sera pour lui profitable et charmant. Si, au contraire, il ne comprend qu'à demi, s'il reproduit des gestes et des paroles que vous lui enseignez péniblement, l'exercice sera pour lui une fatigue et un ennui. Il faut donc : d'abord savoir choisir son sujet ; car une grande partie de ces jeux allégoriques, en usage dans un petit nombre d'écoles maternelles de France, mais qui font partie de l'emploi du temps dans presque toutes celles de Suisse et d'Angleterre, sont des *à peu près* parfois inintelligibles pour nous, et les enfants les exécutent plutôt en machines inconscientes qu'en acteurs convaincus. Il faut ensuite ne faire participer à ces jeux allégoriques que les enfants assez développés pour y trouver un véritable plaisir, car il en est des jeux comme de tous les procédés éducatifs : ils doivent être proportionnés aux forces physiques et aux forces morales des enfants auxquels ils s'adressent.

Cette question des jeux est extrêmement intéressante. Si les maîtresses en étaient bien convaincues, elles en feraient un sujet d'études, elles inventeraient des combinaisons, et notre programme de récréation serait bientôt aussi riche qu'il est pauvre maintenant. En même temps, la psychologie enfantine ferait des progrès, car la récréation — si elle est vraiment libre — est le seul moment où l'enfant se montre tel qu'il est. Non seulement il se révèle lui-même dans ses jeux, mais il donne alors, à ceux qui savent l'observer, des indications du plus haut intérêt sur le milieu dans lequel il vit, indications que les maîtresses devraient mettre à profit pour atténuer les mauvaises impressions reçues en dehors de l'école, pour neutraliser l'effet des mauvais exemples donnés.

Observez deux fillettes jouant avec leur poupée. L'une est la fille d'ouvriers honnêtes et rangés, l'autre est née dans une famille paresseuse et débauchée; leur manière d'être vous ouvrira, pour ainsi dire, une porte sur le monde moral où elles vivent, et vous tirerez parti de vos observations, non seulement pour l'éducation des deux enfants, mais aussi pour essayer de faire pénétrer votre bonne influence dans le triste milieu où grandit l'une d'elles.

Pendant que les fillettes de la classe bourgeoise jouent « à la dame », « aux visites »; pendant que tous les enfants qui fréquentent l'école continuent à « faire la classe » dans les jardins publics et sous les arbres des boulevards (révélant sur les habitudes de leurs maîtres plus de vérités qu'un inspecteur n'en apprend dans dix inspections); pendant que les petits garçons dont les familles font partie du « grand monde » jouent au « rallye-paper », et que les fils d'ouvriers se livrent à des exercices plus ou moins dangereux qui rappellent très souvent le métier de leur père, l'éducateur doit regarder de tous ses yeux et écouter de toutes ses oreilles, car tous les enfants, je le répète, à quelque condition qu'ils appartiennent, font inconsciemment des confidences sur le milieu moral dans lequel ils vivent, des révélations qui illuminent la route de ceux qui les étudient, tandis que cette même route reste obscure et n'est qu'un vrai casse-cou pour ceux qui les conduisent comme l'on conduit les moutons dans les prés : tous par le même chemin, ne se préoccupant que d'une chose, c'est qu'il ne s'en égare pas en route.

Ces observations ont un attrait irrésistible pour ceux qui s'y adonnent; malheureusement, elles ne sont pas toujours publiées, et restent, pour ainsi dire, le trésor égoïste de quelques-uns.

Voici quelques observations faites dans un square de Londres et que nous a racontées une de nos amies; il y en a une, entre autres, la dernière, qui est un vrai trésor pour la psychologie.

Des groupes d'enfants reproduisent en petit les scènes de la vie de boutique, d'autres des scènes de la vie d'atelier; ceux qui habitent près du port jouent surtout aux marins, tandis que ceux de la Cité parlent presque toujours d'affaires et de « grosses affaires ». Des petites filles entourent une camarade qui arrondit les épaules et branle la tête : c'est la grand'mère; on joue à lui enfiler son aiguille : n'est-ce pas ravissant? Mais à quelques pas plus loin on voit des minois timides, apeurés, tremblants; une grande fille qui fait la mère tâche de rassembler son petit monde, on sent qu'elle veut le protéger.... Qu'est-ce donc? C'est que là on joue « *aux enfants et à la maman qui ont faim et qui attendent le père pour avoir à souper* ». Rentrera-t-il sain d'esprit? Alors la mère allumera le feu; la fille aînée ira acheter de quoi faire le pudding; on arrangera sur la table les misérables objets qui constituent le couvert. Mais s'il rentre ivre? s'il a bu sa paie?... Un bruit s'est fait entendre, la mère prend un air tragique, les enfants se collent contre elle, on cherche à se cacher. C'est que le pas lourd du misérable a fait gémir l'escalier, et que sa voix avinée est arrivée aux oreilles de la pauvre famille. Puis l'ivrogne entre; il profère des paroles grossières, il se précipite sur sa femme et la brutalise.... Heureusement, il tombe sur le sol, puis s'endort. Alors la pauvre mère fouille délicatement dans les poches du monstre. Quelle joie! il y a encore un peu d'argent! Les enfants ne se coucheront pas mourant de faim; la joie éclate, les préparatifs vont leur train, et bientôt, pendant que le père ronfle, la famille soupe gaîment! »

N'est-ce pas qu'il faudrait être bâti en pierre pour ne pas avoir le cœur serré et pour ne pas se jurer de répandre sur la terre autant de lumières et de joies que l'ignorance et la brutalité y ont semé de ténèbres et de douleurs!...

Or il faut savoir que Londres n'a pas le monopole des enfers pour les enfants. Beaucoup d'entre nous ont surpris ou deviné des choses navrantes, que notre devoir est d'atténuer.

Une récréation digne de ce nom doit répondre au besoin d'air, de mouvement et de liberté; elle doit aussi donner la joie. Sur ce point spécial nos écoles maternelles sont en faillite.

Voici à ce sujet quelques notes prises sur le vif.

Note 1. — C'est l'heure de la récréation dans une école maternelle où les maîtresses connaissent leur devoir; elles sont toutes dans la cour et s'occupent manifestement des enfants; il n'y a sur leurs chaises ni travail au crochet, ni tapisserie, ni livres, ni journal; elles sont bien mêlées au petit monde. Les bébés s'amusent tout seuls; non pas comme des égoïstes, mais comme des êtres trop peu développés encore pour saisir les combinaisons du jeu en commun; les plus grands jouent « aux chevaux », et les plus grandes dansent une ronde. Mais comme il faut toujours quelques ombres aux tableaux, une vingtaine d'enfants bayent aux corneilles; ils paraissent las, ennuyés comme tous les fainéants; plusieurs ont laissé rouler leur balle à quelque distance, d'autres laissent pendre leur corde à sauter ou la traînent nonchalamment. « Il faut jouer », disent les maîtresses; on leur obéit, puis, quelques minutes plus tard, la mollesse reprend le dessus.

Organisez un jeu pour ces endormis, et faites-en partie. Nous rassemblons les vingt enfants, nous faisons le compte des balles, il n'y en a que huit; nous envoyons quatre petits garçons rejoindre ceux qui jouent aux chevaux, en leur recommandant de ne pas mériter trop de coups de fouet, et nous mettons nos seize joueurs de balle sur deux lignes parallèles, les enfants se regardant, à quatre pas de distance. Ceux qui composent une des lignes lancent la balle, les autres l'attrapent ou ne l'attrapent pas; on commence à vivre, on applaudit les joueurs adroits; on rit un peu aux dépens des autres, qui se rattraperont bientôt, soit en montrant plus d'ardeur ou de coup d'œil, soit en rendant moquerie pour moquerie. Après trois ou quatre reprises du jeu, nous espaçons les lignes de deux pas, et le jeu recommence; puis nous éloignons encore les joueurs; cela devient de plus en plus chaud et animé.... Il y a des enfants qui ne jouent que lorsque les grandes personnes veulent bien les y aider.

Notre jeu *organisé* a fait florès; voulez-vous que nous en organisions un autre? — Oui! un exercice de saut. Nous prenons tous les enfants qui veulent venir. Nous les plaçons à la file, à la queue leu leu. Le premier en tête part au signal, fait six pas, et saute... aussi loin qu'il peut. Ce n'est pas beaucoup, mais tout est relatif. On marque par une raie l'endroit qu'il a atteint; chacun à son tour part au signal, fait six pas, saute et se remet en file, se plaçant par ordre de mérite, c'est-à-dire par ordre de souplesse de jarret. Bientôt les plus petits euxmêmes ont sauté et ils ont « marqué » aussi. Ce second jeu *organisé* a autant de succès que le premier.

C'est, à n'en pas douter, le défaut d'organisation qui rend parfois nos récréations si lourdes pour les maîtresses, et si peu réconfortantes pour les enfants. Nos écoles primaires ne font pas beaucoup mieux, ni nos lycées, et il est avéré que notre jeunesse ne joue pas.

Note 2. — Il pleut à torrents, et il ne saurait être question de faire jouer les enfants dans la cour. Ils sont dans le préau, assis sur les bancs inoccupés.

« ?...

— Nous attendons l'heure de la rentrée, me répond la directrice.

— Et... c'est pour les préparer à être sages et attentifs en classe que vous les fatiguez préalablement par l'inertie?

— Je crains qu'ils ne se fassent mal en jouant dans le préau.

— Mais il n'y a rien dans votre préau, qu'un poêle non allumé! Il y aurait autre chose que je vous dirais encore : laissez les enfants s'ébattre, tout en les surveillant. Vous n'avez donc jamais vu des enfants grimper aux arbres, dégringoler vingt fois pour leur plaisir du haut des falaises, marcher sur des pierres branlantes.... Les enfants du peuple sont aussi adroits qu'intrépides; au lieu de développer cette adresse et cette intrépidité qui leur seront utiles pendant toute leur vie d'ouvriers, vous les atrophiez, vous les supprimez. Ils se tireraient si bien d'affaire eux-mêmes! Vous n'avez donc jamais observé des enfants en liberté?

— Mais si, me répond une adjointe : j'ai des enfants.

— Où sont-ils?

— Hélas ! il y en a un ici.... » Et mon interlocutrice fond en larmes.

« Pourquoi pleurez-vous? pourquoi votre exclamation douloureuse?

— Je pleure parce que mon enfant est privé de liberté ! »

Note 3. — Tous les enfants sont dans la cour et jouent, ils s'escriment aussi de la voix et font du tapage. Un peu plus ce serait trop; mais dans cette mesure les cris sont un bon exercice pour les poumons. Un seul enfant est resté dans la salle d'exercices; il est tout seul, assis sur un banc. Tout naturellement, je questionne à son sujet une des maîtresses.

« Cet enfant, me dit-elle, est peu solide sur ses jambes, et très retardé intellectuellement : il ne sait pas bien jouer avec les autres, et les autres pourraient le faire tomber. »

Cette explication ne me satisfait pas du tout, et ne me persuade pas davantage. Où cet enfant, arriéré d'esprit et faible de corps, se développera-t-il et se fortifiera-t-il, si ce n'est à l'air et au milieu de camarades qui s'amusent? Mettez-le dans un groupe de petits qui ne peuvent pas encore courir et qui savent à peine jouer; ou bien confiez-le à quelques petites filles dont vous éveillerez la sollicitude; mais à aucun prix ne l'isolez ainsi, juste au moment où le séjour à l'école lui serait profitable : ce n'est pas au gradin que ses jambes se délieront et que son esprit se développera.

Note 4. — Toujours à l'heure de la récréation, un enfant est solitaire et oisif dans la classe. Il est enrhumé. Pas assez cependant pour être resté chez lui; c'est-à-dire qu'il a déjà fait une course dehors ļe matin, et qu'il en fera une autre le soir : deux courses : l'une au moment où le pâle soleil d'hiver ne s'est pas encore montré, l'autre à l'heure où il est déjà caché. Si ce petit garçon est bien chaussé, bien vêtu, une bonne sauterie dans la cour, une partie de cache-cache ne lui feraient certainement pas de mal. Mais en admettant qu'il ne doive pas aller dans la cour, est-il le seul dans ce cas? Sur plus de cent enfants, n'y en a-t-il vraiment qu'un seul qui tousse en plein mois de janvier? Pourquoi ne pas réunir alors dans le préau tous les enrhumés pour les faire jouer ensemble? Et s'il est enfin prouvé que le petit enrhumé est bien seul de son espèce et que la réclusion lui soit nécessaire, pourquoi ne pas lui donner des jouets? L'isolement et l'oisiveté lui sont tout à fait nuisibles.

Note 5. — Il pleut, le préau est sombre; les enfants sont assis sur les bancs symétriquement arrangés entourant le poêle d'un quadruple quadrilatère. L'atmosphère est lourde. Éveillons ce petit monde et organisons une bonne partie qui secoue la somnolence. « Debout! mes petits. Enlevez ces bancs

qui nous gênent et placez-les contre le mur. —
Impossible, madame, me dit la directrice, ils sont
cloués. — Comment! là! au beau milieu de la
pièce!... »

Ce matériel que l'on ne peut déplacer fait mon
désespoir. Ah! c'est un reste de l'ancien régime, ou
plutôt de l'ancienne discipline, qui sacrifiait l'enfant
au local, au matériel, au mobilier. Mais aujourd'hui
que c'est pour lui que nous faisons l'école, il *faut*
que tout dans l'établissement lui soit subordonné.
Clouer des bancs autour d'un poêle, c'est condamner la population enfantine à avoir trop chaud à un
moment donné; les clouer contre le mur, c'est
défendre aux plus frileux, aux moins bien vêtus, de
se réchauffer à l'arrivée; les clouer auprès des
tables, c'est décider que, parmi les enfants, les uns
seront placés trop loin, les autres trop près, tous
mal à l'aise. D'ailleurs un mobilier et un matériel
indépendants du plancher et des murs sont indispensables pour organiser des nettoyages sérieux; il
faut que l'air circule, que le balai, l'éponge et le
torchon puissent passer partout. Rien de plus facile
heureusement que de transformer en mobilier libre
le mobilier rivé. Les municipalités ne refuseront
jamais aux directrices le payement d'une journée
d'ouvrier, et dans une journée un ouvrier enlève
bien des clous.

Note 6. — Il est une heure, c'est-à-dire que l'école
maternelle doit être en pleine récréation. La femme
de service balaye la salle d'exercices — une seule
fenêtre est ouverte, soit dit en passant; la poussière
ne s'échappera pas toute par cette seule issue; —

quelques enfants jouent à grand bruit; d'autres se disputent; d'autres ont l'air ennuyé et ils s'ennuient en effet, car ils sont oisifs. Où est la directrice? où est l'adjointe? Elles sont là, au fond de la cour, assises à une certaine distance l'une de l'autre. La directrice fait lire une petite fille; l'adjointe en a deux ou trois autour d'elle, auxquelles elle donne aussi une leçon de lecture.

Que de zèle! diraient ceux qui ne réfléchissent pas. Quel zèle malencontreux! disons-nous. D'abord, ces enfants qui lisent ou qui essayent d'être attentifs pendant que leurs camarades sont censés jouer, ces enfants-là *devraient* jouer. Il est essentiel qu'ils jouent, tant pour leur santé physique que pour leur santé morale; il est essentiel qu'ils jouent *pour eux*, et puis pour entraîner les plus petits.

Pendant que la directrice et l'adjointe s'occupent d'eux, elles ne peuvent ni surveiller des jeux qui deviennent par trop bruyants, et où les bousculades sont trop à craindre, ni donner un coup d'œil à la manière dont la femme de service s'acquitte de sa tâche.

Et puis, qu'est-ce que c'est que ces leçons particulières, alors que le règlement dit d'une façon tout à fait impérative : « Tous les exercices de l'école maternelle sont collectifs ».

Note 7. — Quoiqu'il ne pleuve pas, quoiqu'il n'ait pas plu la veille, les enfants, au lieu de jouer dans la cour, s'amusent dans le préau.

Le premier inconvénient de cette manière de faire, dis-je à la directrice, c'est qu'au lieu d'être à l'air, au bon air — aussi pur que possible dans une ville, — ils sont enfermés; l'air est vicié, on couperait la poussière au couteau. C'est incontestablement d'une mauvaise hygiène.

Le second inconvénient, c'est un bruit assourdissant. Les petits pieds sont chaussés de souliers à bouts de fer, mais surtout de sabots (il y a des régions où *tous* ont des sabots). Sans mauvaise intention, rien que pour se faire entendre de son camarade, rien que pour dominer le bruit, chacun frappe des pieds aussi fort que possible, chacun élève la voix aussi fort que possible aussi.... Il faut être habitué à ce vacarme pour le supporter; je suis étonnée que l'on s'y habitue, et c'est une fort mauvaise habitude à prendre.

« Mais les enfants adorent le bruit.

— En êtes-vous bien sûre! Quant à moi, j'ai tout lieu de croire que ce n'est bon pour eux ni au physique ni au moral, et que nous devons leur créer autant que possible un milieu paisible quoique animé, joyeux mais non tumultueux. Le bruit et le mouvement sont deux choses distinctes.

— Mais comment faire? les empêcherons-nous de jouer?

— Jamais de la vie; mais faites-les jouer dans les meilleures conditions possibles. *Et d'abord dans la cour* LE PLUS SOUVENT; vos objections contre le froid et l'humidité sont la plupart du temps contestables. Puisque les enfants ont des sabots, ils peuvent aller dehors; et puis quand on joue de bon cœur, on se réchauffe. Ne laissez personne assis; ne tolérez personne par terre, et, dix-neuf fois sur vingt, on pourra s'amuser en plein air. Pour les jours de pluie, il y aurait peut-être à demander aux parents — à ceux qui peuvent le faire — de donner de bons chaussons qui permettraient de laisser les sabots sur le seuil du préau ou de la classe. Et qui sait si les municipalités ne fourniraient pas de tels chaussons aux enfants indigents? C'est une chose à tenter. »

Et... tout en causant ainsi, j'entre dans la salle d'exercices et j'y trouve deux enfants de quatre ou cinq ans, un garçon et une fille, assis sur un banc, causant gentiment ensemble et mangeant leur goûter avant l'heure.

« Pourquoi ces enfants sont-ils ainsi tout seuls? pourquoi ne jouent-ils pas avec les autres? sont-ils frère et sœur?

— Ce sont deux nouveaux, pas de la même famille; le bruit que font les autres les fatigue, les effraye presque, ils ne veulent pas rester dans le préau. »

Quelle indication précieuse pour l'éducatrice! L'enfant est, sans contredit, le meilleur livre de pédagogie; mais il faut le lire, l'étudier sans cesse.

Note 8. — Puisque nous sommes au préau, restons-y; il est cent fois plus intéressant que les salles d'exercices, parce que l'enfant y jouit d'une liberté relative.

Un pauvre petit — trois ans peut-être — est tout mélancolique à son banc; il ne pleure pas; c'est peut-être une nature délicate, qui déjà a la pudeur de son petit chagrin.

« Qu'as-tu, mon chéri? »

Il ne répond pas.

« Tu as *bobo*?

— Oui.

— Où est ton bobo? »

Il me montre sa tête, et ses yeux se remplissent de larmes. Je le prends dans mes bras.

« Avez-vous un jouet? » (Oh! les jouets!... ils sont toujours dans un placard fermé, ou dans un endroit éloigné du préau ou de la cour.) Et on m'apporte une balle élastique; je la fais rouler sur le plancher, l'enfant se lance à sa poursuite... il n'a plus de « bobo ».

Note 9. — Encore au préau. Cette fois tous les enfants sont dans la cour, où ils s'amusent à cœur joie. Une fillette — six ans peut-être, maigre, pâle, pauvrement vêtue — est seule et... comme inerte. Je m'approche et lui dis en souriant :

« Bonjour, mignonne, que fais-tu là? »

L'enfant sort de sa torpeur, m'enlace de ses bras et frotte sa figure contre la mienne; c'est... passionné, maladif.

« Cette enfant a eu des convulsions et elle est un peu idiote, me dit la maîtresse. — C'est évident; mais... elle ne l'est qu'*un peu*, il n'est pas dit qu'elle ne puisse se développer. Or, c'est avec les enfants de son âge qu'elle apprendra quelque chose, il n'y a rien de répulsif en elle, pourquoi l'isoler? »

Les autres rentraient, la pauvre petite ne pouvait se mêler à une récréation terminée. Bientôt elle se trouva au milieu des enfants, ayant une voisine de droite et une voisine de gauche, et comme ni l'une ni l'autre ne s'occupa d'elle, pas même pour la regarder, elle retomba dans sa torpeur. Seulement, toutes les fois que je m'approchais d'elle, l'enfant me tendait encore les bras et recommençait ses caresses.

Certes, il faudrait des maisons spéciales, des traitements spéciaux pour de tels cas, mais, en attendant,
quelle occasion favorable au développement de la
pitié et de la bonté dans les petites âmes! L'enfant
dont il est ici question n'aura sans doute jamais de
jouissances intellectuelles; elle restera sans doute
un être exclusivement sensitif, accessible seulement
à la souffrance et aux jouissances physiques; donnez-
lui au moins ce minimum auquel elle a droit.

Trop souvent, on rencontre dans nos écoles des
enfants qui, moins bien doués que la moyenne,
moins aimables par conséquent, sont laissés à
l'écart; ce sont dans une certaine mesure des
parias.

Une école où il y a un paria, — je ne saurais trop
le redire, — est une école déshonorée.

Et c'est pendant les récréations surtout qu'il faut
veiller à ce que chacun ait sa part de vie.

Note 10. — Un local aussi mauvais que possible. La
salle des petits donne sur une cour très sombre,
commune à tous les locataires des maisons voisines;
l'un y grille son café (au moment de ma visite), l'autre
fait battre des tapis. Si l'on ouvre les fenêtres, on
est étouffé par la fumée et la poussière; si on les
ferme, on risque de s'endormir de chaleur et de
mélancolie dans cette prison. Cependant, dès l'abord,
mon oreille est charmée par un chant joyeux. J'entre
chez les petits, tous ont en main une torche (une
sorte de grosse fleur en papier rouge, faite par les
grands et montée sur une baguette). « C'est la
retraite aux flambeaux du 14 juillet, me dit-on. Les
enfants vivent pour ainsi dire de cette fête. On la

prépare six mois d'avance; on s'en souvient six mois après. »

Grâce au personnel de cette école, le proverbe a menti : il y a quelquefois « de belles prisons ».

Aux récréations proprement dites, il faudrait ajouter des fêtes scolaires, ne fût-ce qu'une fois l'an, pour que tous nos petits enfants — c'est-à-dire ceux qui fréquentent nos écoles maternelles — aient leur rayon de soleil, le jour du 1er janvier. Certes nous avons fait sous ce rapport de grands progrès depuis quelques années : les distributions de vêtements sont, presque partout, accompagnées de distributions de jouets; dans quelques villes on allume l'arbre féerique aux branches chargées de noix dorées, de raisin sec, de pommes d'api et de menus jouets; peu à peu l'usage s'étendra au pays tout entier; la fête scolaire entrera dans les mœurs, et l'école sera, enfin, ce que nous la rêvons : la maison hospitalière où l'âme de l'enfant s'ouvrira à toutes les joies, comme son esprit y deviendra apte à raisonner, sa conscience à discerner le bien d'avec le mal et à choisir le bien.

Peut-être m'objectera-t-on que c'est à la famille qu'incombe le devoir et que revient l'honneur de procurer aux enfants des joies supplémentaires, comme elle leur doit celles de tous les jours; mais il s'agit ici exclusivement de la population de nos écoles maternelles, et je demande encore une fois à mes lecteurs de se mettre au point à ce sujet

Les parents de nos petits élèves peuvent se diviser en trois catégories : celle des ouvriers travailleurs dont le salaire quotidien subvient, à force d'économie, aux besoins de la famille; celle des ouvriers laborieux aussi dont la maladie ou la malchance ont paralysé les efforts; celle enfin des ouvriers fainéants et débauchés, qui dilapident dans les cabarets le fruit de leur travail intermittent. Les premiers peuvent bien acheter un jouet au jour de l'an, de même qu'ils peuvent faire rôtir ce jour-là l'oie aux marrons traditionnelle, mais il leur est impossible d'organiser, même en petit, une de ces fêtes collectives dont l'importance sur l'éducation morale de l'enfant est incontestable. Les seconds ne peuvent même pas donner un jouet. Les derniers ne voient dans le renouvellement de l'année qu'une occasion de plus de séjourner au cabaret. C'est donc à nous, dans les trois cas, de suppléer la famille. L'ouvrier honnête — que nous admettons à jouir de la joie de son enfant — en ressentira une profonde gratitude; l'autre continuera son triste métier, tandis que son fils ou sa fille prendra, grâce à nous, l'habitude des plaisirs délicats.

Quelques pays nous donnent en cela un bon exemple qu'il faudrait suivre, et ce serait plus facile qu'on ne le pense, même ce serait peu coûteux, si l'on amenait les enfants eux-mêmes à fournir une partie des éléments des réjouissances.

L'idée est très pratique, si j'en juge par un souvenir assez récent. Je faisais en septembre une tournée dans la vallée du Rhône. Ce n'est pas la première fois que je choisis l'époque des quasi-vacances des écoles maternelles pour aller voir comment on occupe son temps pendant cette période tout particulièrement difficile. J'avais déjà visité quelques localités, dans lesquelles j'avais trouvé des enfants indisciplinés avec de jeunes maîtresses débordées; d'autres où tout le monde semblait mourir de chaleur et d'ennui, lorsque j'arrivai dans une des écoles de Valence. Avant même d'avoir tiré le cordon de la sonnette, j'avais compris qu'il se passait dans la cour quelque chose de très intéressant. Pas de bruit, mais une sorte de frémissement joyeux. La porte s'ouvre, la directrice vient à moi :

« Ah! madame, vous nous trouvez bien occupés, quoique nous ne soyons pas dans la classe. C'est aujourd'hui la répétition générale.... »

Et, répondant à mon regard interrogateur, la brave femme m'explique qu'elle avait organisé, pour le dernier jour de l'année scolaire, une fête qui devait remplacer la distribution des prix; mais qu'une circonstance imprévue ayant retardé l'exécution de son projet jusqu'au jour de la rentrée, fixée au surlendemain, elle consacrait son après-midi à s'assurer que tout le monde était à la hauteur de son rôle.

Le hasard m'avait favorisée; je pris place avec l'inspecteur d'académie dans la partie de la cour réservée quelques instants auparavant à un public imaginaire, et la fête — dont j'ai joui de tout mon cœur — commença par des chants, comme toute solennité qui se respecte. Les « grands », — petits garçons et petites filles, — massés au milieu de la cour, entonnèrent un chœur fort gai, très bien nuancé, que les « petits », assis sur des bancs en gradins, applaudirent chaleureusement; et nous aussi, cela va sans dire.

Pendant le chœur, la directrice avait copié un programme qui m'avait été remis, et j'étais au courant de la suite des exercices, lorsqu'elle appela les enfants qui devaient figurer au n° 2. C'était un concours de brouettes pour les « petits ». Les concurrents furent placés en ligne droite, le tambour battit aux champs — une estrade avait été réservée pour la musique,... oh ! une estrade très élémentaire, une large planche, s'il m'en souvient bien, appuyée sur deux chaises, — le trompette poussa quelques notes d'une justesse douteuse, la maîtresse frappa trois fois dans ses mains, et les marmots s'ébranlèrent. C'était tout à fait délicieux. Puis on distribua les prix : quelques bonbons et des images aux trois premiers arrivés au but.

Le n° 3 consistait en une course aux cerceaux pour enfants plus âgés ; on partit ensemble dès que la musique eut donné le signal ; les plus adroits arrivèrent les premiers, aux applaudissements répétés de la « foule » ; les retardataires prirent leur parti de leur défaite ; après il y eut un intermède musical, c'est-à-dire que les enfants chantèrent un nouveau chœur.

Le n° 4 fut un concours de sauts en hauteur et en longueur ;

Le n° 5, un concours de sauts à la corde ;

Le n° 6, l'ascension du mât de cocagne au sommet duquel était attaché un jouet.

Le n° 7 fut un jeu mimique accompagné de chant, « le jeu du blé », *d'après* Mme Pape-Carpantier, mais beaucoup plus mouvementé, aux couplets très bien appropriés, au refrain enlevant,... à mon avis le « clou » de la fête, qui se termina par le défilé de toute la troupe, les petits devant, précédés du trompette et du tambour.... J'avais passé deux heures délicieuses, et, à ma demande, plusieurs numéros avaient été bissés.

Qu'avait coûté cette fête? A peine quelques francs — et, me dira-t-on, beaucoup de peine pour la directrice. — D'accord, mais elle était bien dédommagée, car elle pleurait de joie... et moi aussi.

Il n'en faudrait pas davantage peut-être pour acclimater chez nous les fêtes scolaires. En été, elles auraient lieu dans la cour, dans le jardin, qui sait encore? sur une place ombragée et solitaire de la ville. En hiver, elles s'abriteraient dans la grande salle ornée de branches de houx et de fusain. Deux ou trois fois par an, au 1er janvier surtout, elles seraient plus brillantes — ce serait le cas d'allumer l'arbre féerique, — plus solennelles; on y inviterait les notabilités, qui signaleraient leur présence par des distributions plus abondantes....

Puisque cela se fait à Valence, cela *peut* se faire ailleurs, et, si cela *peut* se faire, cela DOIT se faire [1].

Car il faut attirer l'enfant vers l'école et la lui faire aimer; il faut aussi que les parents réfractaires (ceux que j'appellerai sans remords « les indignes ») soient, pour ainsi dire, captés; qu'ils fassent par cupidité ce qu'ils ne font pas par sentiment du devoir. Or il y a dans les masses ignorantes beaucoup de parents

1. L'usage des arbres de Noël se généralise; Paris, Bordeaux, Limoges, toute l'Isère, etc., ont eu les leurs cette année.

réfractaires. La misère est une école dangereuse. Certes il y a des natures d'élite qui peuvent, sans aucune faiblesse, sans jamais faillir, la supporter, malgré toutes les souffrances qu'elle entraîne à sa suite; mais il faut enfin ouvrir les yeux à cette vérité qui les crève : c'est que ces âmes d'élite sont rares, et que le dénûment est le pire des conseillers, surtout quand il est la conséquence de la paresse, de l'incurie, de la débauche. Il se trouve malheureusement, ici et là, sur les hauts échelons, et sur les échelons moyens de la société, des parents dénaturés qui n'ont même pas besoin de prétexte pour faire souffrir leurs enfants; mais ces monstres sont en infime minorité : tandis que le nombre en est considérable dans les bouges où l'on a froid, où l'on a faim, où l'on vit dans la malpropreté, dans la débauche hideuse, dans les bouges où l'on en veut aux faibles des torts dont on s'est rendu soi-même coupable.

Une quantité d'enfants ne vont pas à l'école parce que leurs parents les envoient mendier, pendant qu'eux-mêmes croupissent dans la paresse; vous les rencontrez à demi nus par les rues, ces pauvres petits. Arrêtez-vous avec eux; dites-leur qu'à l'école on a de bons vêtements (et c'est vrai, puisque les municipalités en distribuent); qu'à l'école on a un repas chaud; qu'à l'école il y a de bons poêles; qu'à l'école on s'amuse beaucoup lorsqu'on a bien travaillé; qu'il y a même des fêtes, de vraies fêtes comme dans la ville à certains jours, et ces malheureux désireront aller à l'école, et vous aurez remporté la moitié de la victoire; il ne s'agira plus que de gagner les parents. Avec quelques-uns, c'est plus facile qu'on ne le pense : ils se sentent coupables et n'osent pas toujours résister.

Laissez-moi vous raconter, à ce sujet, un fait tout récent, qui vous prouvera ce que vaut l'audace. Une de mes amies, membre de l'*Union française pour le sauvetage de l'enfance*, recherche dans la rue, et jusque dans les taudis les plus abjects les enfants d'âge scolaire (même pour l'école maternelle) qui vagabondent dehors ou s'étiolent chez eux, au lieu de se moraliser et de se développer à l'école. Elle rencontrait depuis quelque temps, dans son quartier, une troupe de six petits bandits, frères et sœurs, déguenillés, gelant, mendiant des sous ou bien recueillant de la soupe, dans des récipients invraisemblables, à la porte d'une caserne voisine. Plusieurs fois elle leur avait parlé; elle avait pris leur adresse, et finalement avait déclaré à la mairie qu'elle considérait son arrondissement comme déshonoré par la misère et l'abjection de ces malheureux. « Il faut les habiller, avait-elle dit an maire, car il faut qu'ils aillent à l'école. Je me charge des filles, occupez-vous des garçons. » Mon amie se met en campagne, recueille des vêtements pour les deux fillettes, leur fait leur toilette, les conduit elle-même à l'école, les recommande tout particulièrement à l'institutrice, lui fait faire l'inventaire du costume, la prie de veiller à ce qu'il reste en bon état, et demande enfin qu'on l'avertisse directement si l'assiduité laisse quoi que ce soit à désirer.

Comme elle rentrait chez elle, elle reçut une lettre

du maire : « Les garçons X... ont été habillés et doivent être à l'école depuis ce matin ». Mon amie, qui ne croit en cela que ce qu'elle voit, se rend au domicile de ses protégés. Elle entre dans l'unique chambre, meublée de l'*unique lit*, sans couvertures, dans lequel couchent pêle-mêle les six enfants, le père et la mère, et trouve le fils aîné mélancoliquement assis sur une chaise boiteuse, près d'un petit brasero. « Pourquoi n'es-tu pas à l'école? — Parce que maman a dit que les vêtements de la mairie étaient trop courts. — Où sont tes frères? — Dans les rues. — Viens avec moi les chercher. » On part, on fouille le quartier, et, un à un, on parvient à réunir les quatre garçons. Mon amie les conduit directement à la mairie, et elle prie un garde d'aller chercher à leur domicile les vêtements fournis par la municipalité. Le garde de retour, avec le vestiaire, elle se fait ouvrir une salle en ce moment inoccupée, elle habille les quatre mioches : les vêtements allaient très bien; elle conduit les trois aînés à l'école primaire et le plus jeune à l'école maternelle. Les parents n'ont pas protesté, et qui sait? l'instituteur et les institutrices rendront à la société six consciences honnêtes à la place des six malheureux qu'on leur a confiés. Quand on est d'accord avec la justice, quand on est d'accord avec la charité, l'audace est plus qu'un droit : elle est un devoir. Dans le douloureux combat que nous livrons contre le mal, la victoire sera pour les audacieux.

Oui, il y a des enfants qui vagabondent parce que nous ne faisons pas tout notre devoir; parce que nous les regardons vagabonder; parce que la loi qui

interdit la mendicité, celle qui oblige à fréquenter
l'école sont des armes négligées, et cette négligence
nous rend complices des parents indignes. Mais le
jour où nous ferons tout notre devoir en arrachant
les enfants à la rue, il faudra nous rappeler que la
vie à l'aventure, malgré ses privations et ses souffrances, a un attrait incomparable : la rue, c'est la
liberté. Dans la rue ces malheureux ont froid, ils
ont faim, ils ont peur d'être arrêtés par la police,
mais ils sont libres, et pour eux plus que pour tous
autres la liberté est le bien par excellence. Aussi,
lorsque nous les forçons à prendre des habitudes
contraires à celles que l'abandon dans lequel ils
ont vécu leur aurait fait contracter s'ils n'y avaient
été enclins déjà par héritage, il faut leur rendre
l'école agréable, séduisante même.

Les fêtes scolaires seraient un des plus précieux
éléments de séduction. On soignerait tout particulièrement celle du renouvellement de l'année, parce
que cette époque est une sorte d'étape dans laquelle
on éprouve le désir très moralisateur de jeter par-
dessus bord ses gros défauts et ses petites imperfections, et où l'on prend de très bonne foi de
bonnes résolutions pour l'année qui commence. Les
écoles d'un même quartier, celles des villes de
moindre importance pourraient s'associer. Ce n'est
pas irréalisable. En tout cas, rappelez-vous ce que
je vous ai raconté plus haut de la fête de Valence :
c'est un essai qui donne de l'espoir pour l'avenir.

CHAPITRE II

Éducation morale.

I

Le comité exécutif d'une société de bienfaisance dont je fais partie étudiait les dossiers des enfants à recueillir. Ces dossiers étaient nombreux, il fallait faire un choix, courir au plus pressé. « Recueillons les filles d'abord, dit un des membres; le danger moral est pire pour elles que pour les garçons. »

Je protestai, non pas contre la proposition, mais contre le « considérant ».

Le lendemain, ailleurs, on disait devant moi qu'un recueil de maximes morales avait plus naturellement sa place entre les mains des jeunes filles qu'entre les mains des garçons, parce que les premières y attachaient plus d'importance.

Je protestai de nouveau, et pour les mêmes raisons : d'abord, je n'ai jamais pu faire, au point de vue philosophique, de différence entre une âme de garçon et une âme de fille; ensuite je me trouve journellement en présence de misères poignantes conséquences du manque d'éducation morale de l'homme, dont on a négligé de former la conscience, ou dont on a laissé la conscience se développer au rebours du bon sens et de la justice.

Sauf exceptions, en effet, exceptions que l'on remarque surtout dans les familles où les fils sont élevés par leur mère, les garçons se croient au-dessus de la loi morale; ce qui, pour la fille, est regardé comme une déchéance irrémédiable, n'a, en ce qui concerne les garçons, que fort peu de gravité. L'éducation n'a pas enraciné dans leur esprit cette vérité de base que la femme est leur égale; qu'ils lui doivent ce que l'on se doit entre égaux; que la dignité humaine implique le respect de soi-même, et que la justice et la charité sont inséparables du respect d'autrui, quel que soit son sexe.

C'est l'éducation qui est la coupable, je le répète, et elle a fait son œuvre pendant tant de siècles, il y a si longtemps que l'homme abuse ou mésuse de sa liberté, que l'on a fini par être convaincu que l'habitude de « mal vivre » est fatale pour lui, tandis que le respect de soi-même et la pudeur sont des vertus à entretenir chez la femme seulement.

D'autre part, l'éducation a semé et entretenu tant d'idées fausses dans l'esprit féminin, qu'il se produit, au grand détriment du progrès moral de l'humanité, un écart considérable entre les esprits et les consciences de l'homme et de la femme, et que l'on a oublié l'origine commune de l'un et de l'autre, comme l'on oublie aussi trop souvent qu'ils ont un même but.

Il est donc essentiel de défaire ce qui a été fait et, pour rétablir l'harmonie, indispensable au développement commun, de prendre pour base de l'éducation le principe de l'égalité morale et intellectuelle des deux sexes.

Ce principe ne peut être établi que par l'école; les conséquences ne peuvent en être déduites que par l'école; et c'est de l'école que partira le mouvement. Il serait insensé de l'attendre des familles ignorantes, imbues des préjugés ayant cours.

« Certes l'éducation, tout est là, et c'est l'école qui devrait nous la donner, me disait, après les deux séances dont j'ai parlé plus haut, un ami qui pense absolument comme moi sur cette question; mais le sentiment tout nouveau de l'égalité, le corps enseignant est-il disposé à le faire naître dans les consciences? De la part des instituteurs, il faudrait beaucoup de renoncement, car il ne s'agirait de rien moins, pour eux, que de dépouiller le « vieil homme ». De la part des institutrices, qui ne sont pas affranchies du préjugé universel, il faudrait beaucoup de travail sur soi-même; enfin, de la part de tous, beaucoup de courage moral. Or, si le renoncement est facile à l'élite, si la réflexion s'impose fatalement à la femme cultivée, le courage moral me paraît — pour la femme — la vertu la plus difficile à pratiquer.

— Sans doute, les femmes sont en général timides sur le terrain des idées, parce que c'est un domaine qui leur a été longtemps interdit d'explorer ; leur timidité est la conséquence de l'éducation qu'elles ont reçue, et qui est en opposition absolue avec les principes égalitaires. Mais les institutrices, je parle surtout de celles qui exercent depuis dix ans, se sont trouvées dans une situation exceptionnelle, propre à y incliner leurs esprits et leurs consciences, puisqu'elles ont été admises les premières à l'égalité intellectuelle. Les écoles normales où elles ont fait leurs études ont identiquement les mêmes programmes que les écoles normales d'instituteurs ; tous les examens qu'elles ont passés, depuis le certificat d'études primaires, tous ceux qu'elles passeront jusqu'au certificat d'aptitude à l'inspection primaire et à la direction des écoles normales, sont les mêmes aussi. Les mêmes choses s'enseignent dans les écoles primaires des deux sexes, il faudrait vraiment que le corps enseignant féminin fût réfractaire à toute logique pour se croire d'une essence intellectuelle inférieure.

« Quant aux idées morales, quant aux sciences qui s'y rattachent : la philosophie et la psychologie, elles sont naturellement accessibles aux femmes ; on peut dire que déjà elles y excellent, tous les examens supérieurs en font foi. Je me demande alors ce qui pourrait gêner la conviction intime des institutrices, et si cette conviction est faite, ce qui les empêche d'y conformer leur vie d'abord, leur enseignement ensuite.

— C'est qu'elles manquent de courage moral, a

repris mon interlocuteur, et qu'elles vivent bien
moins d'après les incitations de leur conscience que
d'après la crainte du qu'en dira-t-on. »

Il faut avoir le courage de l'avouer : ce manque
de courage moral, que les adversaires de l'égalité
déclarent être une des caractéristiques de la femme,
est réel; ces mêmes adversaires ont raison aussi,
d'une manière générale, quand ils accusent la
femme de se laisser guider par le sentiment au
détriment de la raison; de ne pas avoir au même
degré que l'homme le respect de la parole donnée,
le sentiment de la loyauté, de l'honneur, pour tout
dire; de ne s'intéresser qu'aux petites choses et de
ne pas s'élever aux idées générales; d'être habiles
jusqu'au mensonge.... Les institutrices dignes de ce
nom, celles qui observent les manifestations de
l'âme de leurs élèves, ont tous les jours l'occasion
de s'en convaincre. Mais, si elles ont remonté de
l'effet aux causes, elles se sont évidemment convaincues que ces défauts, bien loin d'être inhérents,
comme on le dit, à la nature féminine, sont le
résultat de l'éducation, et elles doivent agir en conséquence. Du courage moral! comment les femmes
en auraient-elles? On a eu jusqu'à aujourd'hui une
telle frayeur des idées pour elles, que celles qui
en ont eu — par miracle — les ont pudiquement
cachées comme l'on cache un ridicule, une faiblesse,
une tendance coupable! Pendant si longtemps leur
futilité a fait prime, et les manifestations de leur
raison ont causé une surprise si effarouchée, qu'elles
ont montré l'une et dissimulé l'autre; et, encore
aujourd'hui, on leur répète si souvent et d'un ton

si convaincu que la modestie intellectuelle, poussée
jusqu'à l'effacement, est leur lot à perpétuité, qu'il
leur faut une force de caractère exceptionnelle et
une audace singulière pour ne pas mettre leur
lumière sous le boisseau. D'une part, on compte sur
elles pour amener le peuple — par les mères et les
enfants — aux idées modernes; d'autre part, si elles
ne se renferment pas exclusivement dans leur petit
devoir, on leur crie : « Halte-là! » Dans ces conditions, celles qui ont du courage moral — et il y
en a — sont des héroïnes que nous saluons de tout
notre respect; mais l'héroïsme ne peut être qu'une
vertu d'exception, nous ne pouvons l'exiger de tout
le monde!

En continuant leurs investigations sur les causes
des autres défauts dits féminins, les institutrices se
sont évidemment convaincues que si, d'une part,
les femmes se laissent en général guider par le
sentiment plus que par la raison, c'est que l'on a
pendant des siècles exalté l'un au détriment de
l'autre, et que si, d'autre part, elles-mêmes — les
institutrices — distinguent entre la passivité et la
bonté, entre l'attachement aux idées et l'attachement aux habitudes, entre l'aumône éparpillée et
l'organisation de la bienfaisance, entre le dévouement instinctif et le dévouement raisonné, c'est que
notre éducation contemporaine a payé sa dette à la
raison féminine. Lorsque la femme n'avait que le
sentiment, elle le dépensait sans compter, car il se
renouvelait de lui-même; aujourd'hui elle le guide et
le guide bien; il faut être aveugle ou de mauvaise
foi pour ne pas s'en apercevoir ou pour le nier.

De même on a pu dire pendant longtemps, et l'on peut dire encore pour le plus grand nombre, que la femme n'a pas le sentiment de l'honneur. Ici la culpabilité de l'éducation éclate non moins clairement. En effet, elle n'a pas donné au mot « honneur » la même signification pour l'homme et pour la femme : l'honneur féminin, c'est la pureté matérielle d'abord, la fidélité conjugale ensuite, tandis que l'honneur chez l'homme embrasse une sorte d'intégrité morale dont les mœurs privées de l'individu sont à peu près indépendantes. Il résulte de ces deux façons d'envisager un sentiment qui devrait être identique chez les deux sexes, qu'un homme peut « mal vivre », dans l'acception toute spéciale que l'on donne à ces mots, c'est-à-dire manquer au respect qu'il se doit à lui-même et à celui qu'il doit à la femme, tout en restant un homme d'honneur; qu'il perdra cette qualité le jour où il laissera protester sa signature, ou qu'il manquera à la parole donnée, et que la femme pourra exploiter ses domestiques, dilapider les ressources de la famille, mentir et calomnier ses amies, sans perdre ses prérogatives d'honnête femme, si ses mœurs n'ont jamais donné prise à la critique.

L'institutrice qui a envisagé les conséquences lamentables, pour les uns et pour les autres, d'une telle interprétation — incomplète dans les deux cas — donnera à ses élèves un tel sentiment de l'honneur, que personne n'osera plus dire que ce sentiment n'est pas féminin. De même elle leur apprendra que l'hypocrisie est un vice d'esclave, et que, pour être digne de la liberté, il faut être sincère....

« Quand même! » elle leur inspirera le goût des idées générales, au lieu de les laisser éparpiller leur esprit sur des détails futiles, et les adversaires les plus résolus de l'égalité seront bien obligés de reconnaître que les défauts dits « féminins » étaient le résultat de l'éducation donnée à la femme.

Que les instituteurs fassent aussi leur devoir dans le sens de l'égalité, et les défauts dits « masculins », l'égoïsme, et surtout le manque de respect de soi-même et le manque de respect envers la femme, disparaîtront peu à peu de l'âme des hommes.

Les maîtresses exerçant dans les écoles maternelles devraient revendiquer l'honneur d'imprimer le mouvement égalitaire. Elles reçoivent les enfants, garçons et filles, au début de l'éducation, au moment où les impressions laissent une empreinte ineffaçable. Sous leur direction ils font ensemble les mêmes exercices, sans que l'on ait pu encore donner la palme à l'un ou à l'autre sexe. Qui apprend le mieux les fables? Qui apprend le plus vite à compter, à lire? A soins égaux bien entendu, l'égalité intellectuelle est indiscutable. De quel côté y a-t-il plus de désobéissance, d'entêtement, de gourmandise, de docilité, de sobriété, de sincérité!...

L'égalité morale n'est pas moins réelle que l'égalité intellectuelle. L'*égalité* existe donc, il faut l'entretenir; malheur à l'éducateur qui sèmerait des germes discordants!

Et pourtant c'est à l'école maternelle que l'éducation commet ses premières fautes. Si un petit garçon se montre poltron, curieux, bavard, la maîtresse, imbue des préjugés que nous avons combattus plus

haut, et oubliant qu'elle va semer dans l'âme de son
élève un germe de déconsidération contre elle-
même, lui dit d'un air dédaigneux : « Tu veux donc
que l'on te prenne pour une petite fille? » Si une
petite fille est bruyante ou brutale, si elle laisse
échapper une expression grossière, un geste qui
choque la pudeur : « Fi donc! on t'enverra avec les
garçons si tu continues! » Et nous avons le droit de
demander si la petite fille, future mère, *doit* nécessairement être poltronne; si le petit garçon doit
nécessairement être grossier. J'ai même vu de mes
yeux, et c'est une des choses qui m'ont le plus scan-
dalisée dans ma vie d'inspectrice, j'ai vu un petit
garçon qui, s'étant rendu coupable de je ne sais
quel méfait, avait été envoyé en punition — punition infamante — sur un banc occupé par des petites
filles. La maîtresse ne se doutait pas de l'énormité
qu'elle avait commise : elle avait semé dans l'âme
du petit garçon le germe du mépris de la femme;
elle avait déconsidéré les petites filles qui lui étaient
confiées; elle s'était déconsidérée elle-même.

Petite cause, en apparence; effets désastreux!

Et que l'on ne dise pas que ma thèse conduit au
bouleversement de la société; il ne s'agit pas ici de
réclamer pour la femme l'admission à toutes les
fonctions occupées aujourd'hui par les hommes, de
lui faire abandonner et dédaigner des devoirs dont
l'accomplissement est son honneur et sa joie; il
s'agit simplement de proclamer une vérité dont
dépend le progrès moral de l'humanité. Cette vérité,
je la répète en terminant : une âme d'homme et
une âme de femme sont deux âmes absolument

identiques. Ce qui élève l'une élève l'autre. Ce qui
avilit l'une avilit l'autre. Il ne saurait y avoir deux
morales : l'une à l'usage du sexe masculin, l'autre à
l'usage du sexe féminin. Les directrices d'écoles
maternelles doivent semer cette idée dans les âmes
de leurs petits élèves; les instituteurs et les institutrices doivent l'entretenir et la développer.

II

Dès que l'on rapproche ces deux mots : enfance
et liberté, les partisans d'un système qui a trop
duré sont indignés. Le droit de l'enfant à la liberté
leur paraît une des hérésies les plus dangereuses
et, par conséquent, des plus condamnables qui
soient. La liberté pour les enfants, c'est comme
l'anarchie dans l'État.

Il y a évidemment confusion; et jusqu'à ce que
cette confusion cesse, il ne saurait y avoir de récon-
ciliation entre les adeptes de deux systèmes dont
l'un proclame, avec le *droit* absolu pour les parents,
le devoir sans restriction pour les enfants, et dont
l'autre fait du droit de l'enfant la pierre angulaire.

Le premier système est si vieux, si vieux, que
tout le monde le connaît; le second est ignoré ou
méconnu — un peu par la faute de ses fervents. —
Il s'agit de l'étudier, d'y réfléchir, de le mettre au
point, et d'en user de telle sorte qu'il se fasse à lui-
même sa propagande par ses résultats.

L'application en est, il faut l'avouer, d'une extrême
difficulté; aussi les partisans de l'obéissance passive

ont-ils beau jeu à voir leurs adversaires se débattre, et patauger au milieu d'un chemin cent fois plus malaisé que celui sur lequel était engagé le coche de la fable, tandis qu'il est si commode de tout défendre, sans commentaire, puis de sévir contre les infractions! Mais attendons la fin, c'est-à-dire le moment où le pupille est arrivé à l'âge d'homme.

Quel but se propose, en effet, la famille? Non pas la famille idéale, mais la famille... en général. Elle se propose d'élever ses enfants de telle sorte que le fils, ayant atteint sa majorité, vole de ses propres ailes; qu'il soit en état de se faire une position, de créer — tôt ou tard — une famille à son tour, qu'il fasse enfin honneur à son nom — le mot honneur étant pris dans son acception banale. Si c'est une fille, la famille la rêve bonne ménagère, bonne épouse et bonne mère, sans quintessencier davantage. Pourquoi les parents seraient-ils plus ambitieux moralement pour celle-ci que pour son frère?

Cependant, même pour atteindre ce but, dont la hauteur n'a rien à comparer avec celle des étoiles — puisqu'il tend toujours au succès *personnel* de l'individu, qu'il ne s'élève pas jusqu'au dévouement aux idées, et par conséquent au progrès de l'humanité, — mais même pour atteindre ce but, faudrait-il apprendre au fils et à la fille à user de leur liberté, de leur liberté morale surtout, car le sentiment des responsabilités — même atténué par le manque d'idéal — est incompatible avec l'obéissance passive.

Mais, disent quelques hésitants disposés à se laisser convaincre, à quel âge commencerez-vous cette éducation de la liberté? — Oh! tout de suite,

le jour même de la naissance, et cela n'est ni une
boutade ni un paradoxe. L'application du système
part de ce point précis, parce que, si l'on tardait à
le mettre en pratique, il serait, par la suite, impossible d'assigner une date favorable à la pose de
notre premier jalon.

Eh oui! dès le premier jour, voilà les deux
systèmes en présence. Tandis que dans la grande
majorité des familles le nouveau-né, ficelé comme
un saucisson, pieds et mains liés, est, de plus, fixé
sur une sorte de lit portatif qui permet de le remuer
tout d'une pièce, sans qu'il soit permis à aucune de
ses articulations de jouer, et par conséquent de se
fortifier, sans que sa petite tête encore branlante
soit admise à... branler, quelques jeunes mères
habillent leur bébé de manière à lui laisser, dès la
première heure, la liberté de tous ses membres.
Ah! il est beaucoup plus difficile à manier, je l'avoue;
on est obligé de prendre avec lui autant de précautions qu'avec le plus fragile et le plus précieux
objet d'étagère; pendant les premières semaines,
on est impressionné de le voir aussi frêle que le
plus frêle roseau. Mais, jour après jour, son cou se
fortifie; on le voit pour ainsi dire se souder, il se
dresse et le bébé prend une petite *allure*; ses
membres acquièrent de la souplesse et de la force;
en un mot, il a fait presque tous les progrès qui
restent à faire à ses contemporains emmaillotés.

Ce procédé, qui étonne les uns et inquiète les
autres, n'est cependant qu'une manifestation nouvelle du progrès accompli dans les principes d'éducation générale. C'est parce que quelques mères

ont réfléchi qu'elles élèvent ainsi leurs nourrissons. Mais celles qui protestent sont cependant en progrès sur les mères du siècle dernier, lesquelles étaient plus avancées que leurs devancières. La preuve c'est que pas une n'a maintenant l'idée barbare de bander l'enfant des pieds à la tête comme une momie égyptienne, ainsi que cela se pratiquait autrefois. Puisqu'il y a progrès malgré tout, pourquoi s'arrêter en chemin ?

Notre système d'affranchissement de l'enfant ne peut, dès le début, s'appliquer qu'à l'éducation physique.... Ce n'est que peu à peu, à mesure qu'elle se manifestera, que nous nous insinuerons dans l'âme. Cependant le corps et l'âme sont à ce point solidaires qu'il est essentiel de renoncer, dans nos écoles, au dressage même physique : par exemple à l'habitude de faire tenir les mains au dos, ou de faire croiser les bras sur la poitrine, ce qui est une aggravation. Les mains au dos, les bras croisés avaient leur raison d'être dans l'éducation autoritaire. On mettait ainsi les enfants dans l'impossibilité de toucher aux choses et d'éparpiller leur attention. Mais en même temps cela les empêchait de prendre l'habitude *raisonnée* de ne pas toucher ce qu'il ne faut pas toucher, l'habitude *raisonnée* d'écouter : en un mot, cela supprimait l'*éducation*.

Lorsque l'on est entré dans cet ordre d'idées, toute manifestation enfantine devient suggestive. Dernièrement, je longeais un boulevard ; une de mes petites nièces (18 mois à 2 ans) venait en sens contraire. Suivie de sa nounou qui la surveillait sans en avoir l'air, elle marchait sur le trottoir d'un petit

air si indépendant, d'une allure si ingénument
« bonne franquette », que j'ai résisté à mon désir
de l'arrêter pour l'embrasser, ne voulant pas rompre
le charme. Je me suis arrêtée moi-même; je l'ai
suivie du regard pendant quelques minutes, et je
me demandais : « Qu'est-ce que l'éducation va faire
de ce petit être qui part aujourd'hui si gaillardement
à la conquête de la vie? »

Sa nounou aurait pu, déjà, restreindre sa liberté,
et en même temps sa joie et son développement.
Elle aurait pu la forcer à lui donner la main, sous le
prétexte que, si l'enfant descendait du trottoir, elle
courrait le risque d'être écrasée par une voiture....
Elle ne l'avait pas fait, la brave femme; mais elle *sur-*
veillait étroitement. Elle avait donc deviné ce que tant
d'autres mettent tant de temps à apprendre : 1° c'est
qu'il faut autant que possible laisser à l'enfant le
libre essor de ses mouvements; 2° que le droit de
l'enfant à la liberté nous crée le devoir d'être sans
cesse en éveil.

Oui, le système de liberté centuple les difficultés
de l'éducation; mais, puisque ce système est *seul*
éducateur, il faut bien nous résigner à l'employer,
et travailler avec des chances d'atteindre le but.

Aussitôt que possible, avant même que l'enfant
puisse se rendre compte de la portée du mot
« liberté », il est bon de prononcer souvent ce mot
devant lui au moment opportun. « Tu es libre de
prendre ceci et de faire cela. » Puis vient graduellement la nécessité de lui faire comprendre pourquoi il est libre de faire les choses, ou pourquoi il
n'est pas libre de les faire. Dès lors le raisonnement

entre en scène et, avec lui, les notions de solidarité, de justice et de générosité. « Tu es libre de faire cela : 1° puisque cela te fait plaisir et que cela ne peut te nuire; 2° puisque cela ne peut nuire à personne; 3° puisque cela fait plaisir à quelqu'un. Retournez la proposition pour défendre : « Tu n'es pas libre... », etc.

Le but de l'éducateur, même pour ceux d'entre nous qui paraissent le plus... anarchistes, est donc de faire comprendre à l'enfant que rien n'est plus relatif que la liberté; que, limitée par l'intérêt bien entendu de l'individu vivant seul, elle est limitée aussi par les exigences de la vie de famille et limitée, enfin, par celles de la vie sociale; et c'est justement parce que le droit à la liberté est sans cesse limité par l'intérêt personnel, par la solidarité et par le désintéressement, c'est parce que l'exercice de ce droit est tout ce qu'il y a de plus difficile, qu'il importe de laisser naître, puis de cultiver graduellement et sans lacune, chez l'enfant destiné à être un homme libre, le sentiment et la pratique de la liberté.

L'éducateur devra donc s'adresser à la raison et au sentiment, à la conscience et au cœur, car un être libre qui ne serait pas juste, un être libre qui ne serait pas bon, serait un véritable fléau pour son entourage. La preuve c'est que tous les délits et tous les crimes sont le résultat d'un usage coupable de la liberté. Adressez-vous donc le plus tôt possible à la raison et au cœur de l'enfant; les ordres dont le but ne s'explique pas, les défenses toutes sèches ne font que des désobéissants et des révoltés.

L'enfant adore de patauger dans l'eau. Il use de sa liberté en sautant à pieds joints dans les ruisseaux et dans les flaques, au lieu de les enjamber ou de les contourner. Que de calottes reçues pour ce méfait! que d'heures de réclusion dans la chambre triste! que de privations du jeu en commun à l'école!

Si la mère ou la maîtresse prenait la peine d'expliquer à l'enfant : 1° que l'humidité aux pieds est malsaine (tel petit camarade est au lit en ce moment pour s'être mouillé les pieds); 2° que les souliers mouillés s'usent vite et qu'une paire de souliers représente des heures de travail et de fatigue pour le père et la mère, cet enfant ne renoncerait peut-être pas immédiatement et définitivement à son jeu favori; mais il y renoncerait plus tôt que son camarade autrement élevé; il y renoncerait par raisonnement et par amour filial, en connaissance de cause,... librement. Mais s'il use de sa liberté pour continuer? Vous le punirez, pour lui faire comprendre la différence qui existe entre l'usage et l'abus.

Un autre exemple : Une mère de famille (une de celles qui défendent et punissent sans explications) met sous clef le sucre, les confitures, les restes des repas. Il est impossible que l'enfant y touche. C'est matériellement impossible, donc il n'y touche pas. Mais que gagne-t-il moralement à ce procédé? Il n'apprend qu'une chose — et la science est vite acquise en ce cas, — c'est que les armoires fermées ne sont pas les armoires ouvertes et que... l'on ne touche pas aux provisions de la famille lorsqu'on ne peut pas faire autrement. A la première négligence maternelle correspond le plus souvent la première infraction de l'enfant.

Une autre mère (parmi celles qui font appel à la conscience et au bon cœur) laissera, au contraire, la clef à la porte du buffet. « Nous avons eu chacun notre part, dira-t-elle à son enfant; le reste est pour un autre repas. N'y touche pas. Si tu en prenais, ce serait d'abord de la gourmandise, car tu as assez mangé, et la gourmandise est un défaut grossier; ce serait aussi une malhonnêteté, car tu diminuerais notre part. » Et si l'enfant ne comprend pas, ou s'il fait comme s'il n'a pas compris, s'il use de sa liberté pour satisfaire sa gourmandise? La mère le punira pour lui apprendre à se bien servir de sa liberté. Puisqu'il a mangé sa part, elle mangera la sienne devant lui à l'heure du repas sans lui en donner. Surtout elle ne lui dira pas qu'il est voleur, l'injure est disproportionnée. D'ailleurs, il a tant de peine à se figurer que ce qui appartient à ses parents n'est pas sa propriété !

A mesure que l'enfant grandit, il faut lui lâcher davantage la bride, sans l'abandonner à lui-même; en lui laissant toujours cette impression que de près ou de loin on veille sur lui. S'il est arrivé trop tard le matin à l'école, ou le soir trop tard à la maison, le père ou la mère s'informera de l'emploi de son temps; *il faut* que les parents sachent ce qu'il en a fait. Ces heures soustraites à l'école ou à la famille peuvent être désastreuses : l'enfant doit en être prévenu.

Si l'on n'a pas armé sa raison, si l'on n'a pas

éveillé sa conscience, il faut évidemment supprimer sa liberté; mais c'est un moyen empirique qui ne vaut rien pour le présent, et qui ne prépare pas l'avenir. Réfléchissez à ce que vous faites pour la mémoire : vous la faites travailler pour la rendre à la fois plus souple et plus sûre; à ce que vous faites pour les doigts : vous les exercez pour les rendre plus habiles. Pourquoi imposeriez-vous à la conscience un traitement différent de celui qui réussit à toutes les aptitudes de l'être?

Laissez-vous convaincre; c'est en faisant méthodiquement et sans défaillance l'éducation de la liberté que vous élèverez des êtres libres. Et la liberté ne se cultive ni avec les menottes aux mains, ni avec les chaînes aux pieds. Elle ne se développe pas en cage. Ce n'est pas en se bandant les yeux que l'on affine sa vue.

Malheureusement, notre éducation en commun et par « blocs » de soixante à cent petits enfants est peu propre à cette culture individuelle de la conscience. Nous aggravons encore la difficulté — je dirais presque notre impuissance — par l'importance tous les jours plus considérable que nous donnons à l'instruction proprement dite, et aussi par notre soi-disant enseignement collectif de la morale. L'enfant n'est pas généralisateur. Lorsque vous racontez devant une classe assemblée les infortunes d'un petit désobéissant qu'ils ne connaissent pas, leur conscience ne se sent pas touchée. Une remontrance amicale adressée à l'un des enfants présents passe par-dessus ses camarades. Pour avoir de l'influence, il faut frapper en plein cœur du petit coupable. De même, l'éloge qu'a mérité Pierre ne fait pas grande impression sur Jacques. Je parle ici des enfants de moins de six ans qui fréquentent nos écoles maternelles. A l'école primaire, surtout à partir du cours moyen, les enfants comprennent la solidarité morale, et l'enseignement collectif leur est utile, à la condition que ce mode ne soit pas exclusif et que l'enseignement devienne parfois individuel.

Pour en revenir à nos petits, le développement de leur être moral est enrayé par les heures de classe où leur liberté est supprimée. Nous avons beau « causer » avec eux lorsqu'ils sont assis au gradin ou bien à leurs tables : la causerie est factice, malgré tout; ils ne s'y méprennent point. Nous avons beau leur raconter des histoires, même très bien composées : ils ne savent pas encore se mettre dans la peau du petit héros. Et d'ailleurs ont-ils eu l'occasion — enserrés qu'ils étaient par la discipline de la classe — de se rendre coupables du méfait que vous conspuez, de faire la bonne action que vous enguirlandez d'éloges?

L'école maternelle, bien comprise, devrait favoriser le développement moral comme le développement physique de l'enfant; les maîtresses devraient s'attacher à connaître les élèves individu par individu (seule l'élasticité de la discipline le leur permettra), de telle sorte que le jour où l'école primaire les recevrait, le dossier moral de chacun pût être remis à l'instituteur. Jusqu'à présent l'enquête s'applique aux résultats intellectuels obtenus par l'école maternelle : « Sait-il lire? écrire? compter? » De quelle médiocre importance est la réponse quand il s'agit d'enfants aussi jeunes! Combien serait plus profitable et plus digne une enquête dont le but serait de connaître les aptitudes morales du nouveau venu! A-t-il de bonnes habitudes de propreté, d'exactitude? est-il obéissant? est-il affectueux? (Je ne demanderais pas s'il est poli, parce qu'à cet âge surtout la politesse n'est qu'une forme de l'affection.) Est-il bon camarade? est-il véridique? Toutes ses allures dénotent-elles la pureté de sa jeune âme?

Ces questions, on ne les fait pas encore; j'aime à croire que bientôt on en comprendra la nécessité. Mais comment les maîtresses y répondront-elles si elles n'ont pas étudié individuellement les élèves,... non pas leurs élèves assis au gradin, écoutant une leçon, mais chacun des membres de sa nombreuse famille faisant en liberté son métier d'enfant?

C'est surtout dans la cour que ce métier d'enfant peut s'exercer; car, dans la cour, il y a quelquefois des fleurs qu'il faut respecter, un mur qu'il ne faut pas escalader, des cailloux qu'il ne faut pas mettre à la bouche, qu'il ne faut pas lancer à la tête de ses camarades (encore une mauvaise habitude qui paraît invétérée chez les garçons, et qui cause tant d'accidents quelquefois irréparables!); il y a une fontaine dont il ne faut pas tourner le robinet; il y a enfin une quantité de choses très tentantes, dont les unes sont tout à fait inoffensives et pour lesquelles l'enfant doit user de sa liberté, et une quantité d'autres qu'il faut lui interdire. Soyez judicieuses dans vos défenses, laissez faire tout ce que l'enfant peut faire sans danger pour lui ou pour les autres; soyez inflexibles pour les désobéissances.

Oui! laissez faire à l'enfant *tout* ce qu'il peut faire sans danger; développez, au lieu de le restreindre, le champ de son activité; rendez-le autant que possible industrieux, *débrouillard*, au lieu de l'entraver constamment dans son essor.

Je voyais dernièrement de mon balcon un papa et son bébé, de deux ans peut-être, longeant l'avenue sur laquelle je demeure; l'enfant gambadait. Arrivé au bord du trottoir qu'il s'agissait de descendre pour traverser une rue perpendiculaire, l'enfant tendit les bras vers son père; celui-ci fit un geste négatif; l'enfant chercha à prendre une de ses mains, le père la refusa: mais, sans rien dire, il se rapprocha davantage du petit. Celui-ci s'accrocha alors d'une main à la jambe du pantalon paternel et descendit bravement; le père sourit, on traversa la rue, et l'on arriva au trottoir, qu'il s'agissait de monter cette fois; sans hésitation, le bébé reprit l'étoffe du pantalon, escalada la marche; et je compris alors que son papa lui disait : « Tu vois que tu descends et que tu montes presque comme un grand »; et je pensais à nos petits des écoles dont femmes de service et maîtresses se constituent les servantes trop empressées, à nos petits que nous enrayons au lieu de les développer!

Pour que l'enfant apprenne à obéir, il faut lui laisser autant de latitude que possible; pour qu'il ait confiance en nous, il faut que nous respections nous-mêmes nos défenses et nos permissions; s'il peut deviner, et il le devine bientôt, que nous sommes nous aussi sujettes à des caprices, que nous manquons de logique ou d'esprit de conduite, nous n'obtiendrons jamais ni obéissance, ni confiance. C'en est fait de l'éducation !

Mais la liberté amène des conflits, et des conflits naît une fleur délétère : la dénonciation. « Madame, Françoise m'a pris ma corde; Jeanne m'a fait tomber; Louis m'a donné un coup de pied; Charles m'a dit un vilain mot. » Il est évident que l'on n'a pas assez insisté sur la lâcheté de cette habitude. Selon le caractère de la maîtresse, le rapporteur est plus ou moins bien accueilli; on donne plus ou moins de suite à sa réclamation; mais il est trop rare qu'il soit vraiment renvoyé avec perte. Ce qui devrait *toujours* avoir lieu.

« Cependant, me dira-t-on, nous ne pouvons laisser opprimer, spolier le faible par le fort; nous ne pouvons laisser exaspérer le patient par le taquin »; etc. D'accord, mais surveillez avec vigilance, ayez l'œil et le cœur partout, et la dénonciation — toujours odieuse — sera de plus tout à fait inutile.

Mais il y a des enfants d'une finesse telle, qu'elle confine à la ruse et qui enveloppent leur dénonciation de telle sorte que la maîtresse ou la mère, si elle n'est pas très attentive à toutes les manifestations enfantines, s'y laisse prendre, et c'est très dangereux pour l'éducation morale. Il y a quelque temps, j'assistais à une récréation mouvementée et bien conduite. Un charmant enfant de cinq ans, aux yeux brillants d'intelligence, vint vers la maîtresse et lui montrant son genou où perlait une goutte de sang : « Marcel m'a dit de grimper au mur (exercice défendu) et je me suis fait mal » ; la maîtresse étancha la goutte de sang avec son mouchoir, cajola l'enfant et gronda sévèrement Marcel. Un quart d'heure environ après cette petite scène, le même enfant se représente : « Louis m'avait dit de prendre mon verre dans mon panier, et il s'est cassé. — Tu as bien fait de venir me raconter ta maladresse, lui dit-elle ; on doit toujours avouer ses fautes. »

Comme l'enfant nous quittait : « Il est très franc », me dit la maîtresse. Je laissai échapper une exclamation de doute. « Vous ne le croyez pas ? — Je l'ai surtout trouvé rapporteur et rapporteur avec aggravation ; il se décharge d'abord sur un camarade de la responsabilité de la faute et, se sentant couvert, il avoue. Je préférerais l'enfant qui me dirait : « Marcel m'a écorché ou fait écorcher le genou ; Louis m'a fait casser mon verre » ; l'habileté à se disculper, la roublardise sont haïssables chez l'enfant ; au lieu de l'admirer, il faut l'extirper. »

Quant aux conflits que la liberté fait naître, surveillez-les *de loin* pour être à même d'intervenir si votre intervention devient nécessaire, mais laissez-les autant que possible s'apaiser tout seuls. C'est pendant ces conflits que vos observations personnelles seront précieuses ! Les intéressés s'y montreront tels qu'ils sont, et vous en apprendrez plus sur leur compte, pendant cinq minutes de querelle, que pendant six mois d'immobilité aux gradins ou aux bancs-tables. Quand vous interviendrez, faites votre enquête ; ayant tout vu de loin et de haut, il vous sera facile d'apprécier le degré de sincérité des

déposants. Il ne s'agit plus ici d'encourager la déla-
tion. Vous questionnez, *parce que vous avez le droit*;
on vous répond, *parce que c'est un devoir*; et, sans
s'en douter, les enfants feront la différence entre
le « rapporteur » et le « témoin ». Faites en sorte
que votre tribunal soit toujours un tribunal de justice, et ce mot « justice » sous ma plume n'est pas
le synonyme de « répression ». Vous êtes le juge de
paix, et j'espère que, le plus souvent, les parties
adverses s'en retourneront bras dessus, bras dessous.

Il y aura sans doute des récalcitrants, des bou-
deurs. En général on s'y prend très mal avec eux;
on les invite trop tôt à revenir; on les harcèle,
ou bien, quand ils reviennent d'eux-mêmes, on les
reçoit mal. Un peu de réflexion, puis un peu de
bonté atténueront peu à peu la disposition qu'ont
certains enfants à bouder. Quand boudent-ils?
Après une déception, après un échec. Qu'est-ce
qui souffre en eux? Leur amour-propre. Ils s'éloi-
gnent, laissez-les partir; la solitude leur est bonne,
puisqu'ils la recherchent. Si vous vous occupez d'eux,
si leurs camarades les houspillent, la plaie s'élargit
au lieu de se cicatriser; laissés seuls avec eux-
mêmes, ils finissent par comprendre qu'ils font un
métier de dupes et reviennent. Tout dépend alors
de la façon dont ils sont reçus. Une réception maus-
sade les froisse de nouveau; un accueil bruyant leur
rappelle leur récente défaite; sans rien dire, ten-
dez vos bras, si l'enfant paraît avoir envie de s'y
jeter; sans commentaire faites ouvrir les rangs des
petits camarades pour qu'il retrouve une place
parmi eux.

Lorsqu'il s'agit d'enfants aussi jeunes que ceux qui fréquentent nos écoles maternelles, l'éducateur n'a heureusement pas à découvrir des noirceurs pour les réprimer : il ne s'agit heureusement que de *dispositions* souvent héréditaires sans doute, mais qui seront modifiées par le « milieu ». L'école maternelle doit être un « milieu » dans lequel on obéit, dans lequel on a confiance, dans lequel on ne rapporte pas, dans lequel les conflits s'arrangent à l'amiable, dans lequel on accueille le boudeur qui revient au groupe un moment délaissé; l'école maternelle est un « milieu » dont on doit bannir la taquinerie.

On parle trop légèrement du taquin. Vous savez bien ce que j'entends par un taquin : c'est celui qui prend plaisir à contrarier son camarade. Exemple : Un enfant, armé d'un crayon d'ardoise, tâche de reproduire un objet qui l'intéresse, un bateau par exemple; un camarade arrive et lui donne, *exprès*, un coup de coude qui fait dévier le trait; une petite fille vient d'enfiler péniblement son aiguille : une compagne arrive à petits pas, tire le fil ou la laine et la pauvre petite est forcée de recommencer. Cent exemples se pressent sous ma plume; vous les connaissez tous. Si le taquin se contentait d'une seule démonstration hostile, la paix serait vite faite; il n'y aurait même pas de paix à faire, dans le cas où il se serait attaqué à un être pacifique. Mais le propre du taquin, c'est de revenir à la charge; c'est de pousser vingt fois le coude du dessinateur, de tirer vingt fois le fil pour désenfiler l'aiguille, et c'est exaspérant. Je me sens pour le taquin d'autant plus sévère, qu'on lui est en général plus indulgent, que, sans s'en douter, il arrive à faire souffrir comme s'il n'avait pas de cœur; et que, de plus, certaines personnes qui, de bonne foi, se croient éducatrices, déclarent que la taquinerie sert à former le caractère. Je suis persuadée qu'elle le déforme, et je la déteste.

Je n'aime pas davantage la moquerie dont les résultats peuvent être désastreux, et pour le moqueur et pour ses victimes. En général, le moqueur passe pour avoir de l'esprit, et l'on sourit discrètement de ses bons mots, à moins qu'on n'y applaudisse et qu'on ne les répète; le succès exalte le moqueur et il continue (je connais des enfants de cinq ans qui sont presque passés maîtres en la matière). Pendant ce temps le « moqué » souffre; si c'est une nature audacieuse, il cherche à se venger; s'il est timide, il se referme, doute encore plus de lui-même et c'en est peut-être fait de sa confiance en lui (sentiment absolument nécessaire, vrai trésor quand il n'exclut pas la modestie). Je causais dernièrement avec une de mes amies qui est d'une beauté presque exceptionnelle. « Il me semble, lui disais-je, que votre beauté a dû vous donner foi en la vie. — Hélas! me répondit-elle, j'ai été la plus timide et la plus embarrassée des enfants et des jeunes filles; mon père, qui nous adorait cependant, avait pour système de se moquer constamment de moi; je me suis bien juré de ne jamais traiter mes enfants par l'ironie. » Cette réponse est suggestive; puisse-t-elle nous convaincre et nous faire perdre

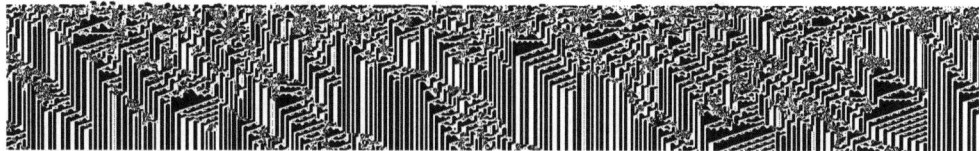

III

Revenons, avec d'autres exemples à l'appui, à la psychologie dont je voudrais vous faire comprendre l'intérêt profond, la nécessité inéluctable, et tâchons de démontrer que l'éducation, dont le but devrait être de développer dans l'âme de l'enfant tous les bons germes au détriment des mauvais, semble, dans la pratique, se proposer un but absolument contraire.

Faute de notions psychologiques, l'éducation dans la famille — je parle ici de la masse et non des privilégiés — est un défi au bon sens, à tel point que, si nous n'avions mesuré l'ignorance ou l'inconscience des parents, nous croirions à une gageure entre époux, aïeuls, frères aînés, amis, domestiques pour fausser dans l'âme enfantine toutes les notions qu'il serait nécessaire d'y développer. Cette incurie rend infiniment plus difficile la tâche de l'école, qui devrait réagir — ce qui n'arrive pas toujours ; — aussi quels piteux résultats !

Ainsi, il est indiscutable que l'obéissance et la sincérité sont des vertus indispensables au pupille, sans lesquelles il n'y a pas d'éducation possible ; c'est une vérité banale. Car d'une part l'enfant tout nouveau venu dans la vie, ignorant tout, sans défense contre les gens et contre les choses, ayant par conséquent tout à craindre — et ne craignant rien, — l'enfant a besoin d'un guide et doit se laisser guider.

D'autre part, si l'éducateur ne peut lire dans l'âme de son élève comme en un livre grand ouvert, si l'élève joue au plus fin et ment, le guide tâtonne, s'égare et ne parvient point au but. Mais ni l'obéissance ni la sincérité ne sont obtenues par voie autoritaire : elles sont la conséquence d'une autre vertu, souriante et charmante, qui adoucit la pratique de la première, qui l'éclaire, qui l'ennoblit et qui fait naître tout naturellement l'autre. L'obéissance et la sincérité sont les filles de la confiance. Sans la confiance, l'obéissance n'est qu'une vertu de caserne, nécessaire, paraît-il, pour conduire les hommes au feu, mais absolument insuffisante pour former des âmes. Sans la sincérité il n'y a ni relations possibles entre les individus ni vie morale. Eh bien, ce sentiment qui est un des plus précieux auxiliaires de l'éducation, la famille semble prendre à tâche de l'étouffer. Avant même que le bébé ait commencé à parler, le système de tromperie est en vigueur. Pleure-t-il : « Regarde le petit oiseau qui vole », lui dit-on. Les pleurs prennent-ils l'apparence d'un caprice, la mère grossit sa voix : « Entends papa qui gronde ». A l'heure de la soupe, le bébé fait-il quelques difficultés : on appelle un chien ou un chat imaginaire « qui la mangera lestement ». Plus tard, le « sergent de ville », remplaçant Croquemitaine, aujourd'hui démodé, fera entendre son pas lourd dans l'escalier, appelé pour vaincre les obstinations, pour calmer les colères. Dans les omnibus, le conducteur passe à l'état de loup-garou : « Le monsieur va te faire descendre et te mettre en prison ».

A ces menaces, qui doivent être exécutées par autrui, se joignent celles que les parents doivent exécuter eux-mêmes, dont les unes, celles qui sont empreintes de modération, sont généralement oubliées, et dont les autres sont tellement disproportionnées, et par conséquent tellement inexécutables, qu'elles perdent bientôt toute influence sur l'enfant.

Et il en est des promesses comme des menaces. Que de récompenses ont miroité devant les yeux des enfants dont les pauvres naïfs n'ont jamais connu la joie!

A côté de ces sottises que l'on croit inoffensives, il y a le mensonge flagrant. L'enfant redemande des confitures : « Il n'y en a plus », alors que le pot est encore à moitié plein. Il veut aller à la promenade : « Impossible, la porte est fermée et la clef est perdue », ou bien : « Il va pleuvoir », lorsque le soleil est radieux.

Peu à peu, les mensonges prennent une forme plus dangereuse; non seulement on continue à abuser de la confiance invraisemblable de l'enfant, mais devant lui on trompe autrui, sans aucune vergogne. On ment pour ne pas payer sa place dans l'omnibus; un père qui manque l'atelier, pour assister à une fête, fait dire à son patron qu'il est malade, et quelquefois... c'est l'enfant lui-même qui est chargé de la commission! Une mère jure à une de ses clientes qu'elle lui livrera sa commande à la date indiquée et, à peine la cliente partie, hausse les épaules en se moquant de sa dupe.

La notion du vrai et la notion du faux sont donc absolument bouleversées chez l'enfant dès l'âge le plus tendre; sa confiance en est *au moins* ébranlée et cet état d'âme accroît, je le répète, pour l'école les difficultés de l'éducation. « Puisque nos parents mentent, puisque les vieilles personnes trompent la jeunesse, se disent les enfants, les maîtresses trompent sans doute aussi. » Il en résulte qu'au lieu d'arriver de plain-pied jusque dans les petits cœurs, vous êtes obligées de débarrasser le terrain d'une quantité d'obstacles qui l'encombrent.

Peut-on établir, sur cette question d'abus de confiance, un parallèle entre l'école et la famille? Non; ce serait commettre une injustice envers l'école.

L'école, en effet, s'efforce d'une manière tout à fait louable de respecter la candeur enfantine. En tout cas, elle ne trompe pas de parti pris. Si elle pèche parfois — et elle pèche, — c'est que les maîtresses y apportent les habitudes du milieu dans lequel elles ont vécu; c'est qu'elles n'ont pas analysé les effets produits, autrefois sur elles-mêmes, par la légèreté avec laquelle la famille assume, en général, les responsabilités de l'éducation; c'est qu'elles ne se tiennent pas au courant de la vie que mènent leurs élèves chez eux; c'est qu'en un mot les recherches psychologiques ne tiennent pas dans leurs habitudes intellectuelles la place qu'elles devraient occuper.

Eh oui! l'école commet, elle aussi, quelques abus de confiance. Un petit nouveau arrive; il ne peut se détacher de sa mère; la maîtresse le prend dans ses bras : « Viens vite chercher un bonbon,... ou un fruit », et, pendant ce temps, la mère s'échappe. L'enfant pousse des cris perçants; sa poitrine est soulevée par les sanglots : « Maman est allée cher-

cher un gâteau, elle va revenir ». J'ai entendu cela
cent fois, surtout lorsque la femme de service arrive
à la rescousse.

Un enfant joue avec un objet de peu d'importance
— il est si accommodant, parfois! — « Tu ne peux
avoir cela entre les mains en ce moment; je te le
rendrai », dit la maîtresse; mais, sollicitée par
d'autres soucis, elle oublie de mettre l'objet en lieu
sûr; il s'égare, ou se perd.... L'espérance de l'enfant est trompée par celle en qui il devrait avoir
foi.

Un petit élève a un médicament à prendre; sa
mère n'a pu réussir à le lui faire avaler; ou bien
c'est à l'école qu'il doit suivre son régime. « C'est
très bon », lui dit la maîtresse ou la femme de service. Or c'est amer ou nauséabond.

Et, si nous passons à l'enseignement proprement
dit, que de tristesses de conscience! car enfin nous
avons si souvent, soit par ignorance, soit par irréflexion, soit par indolence, manqué de respect à la
vérité! Toute notion erronée est un abus de confiance qui, tôt ou tard, porte ses tristes fruits; toute
description inexacte étonne, scandalise, puis désin-
téresse finalement le petit auditoire. Or les notions
erronées sont nombreuses; quant aux descriptions
inexactes, elles se reproduisent presque chaque jour
sous forme de morale; elles ont surtout pour objet
la vie de famille embellie, poétisée. Les enfants
transportés dans un monde de convention qu'ils
ignorent, se partagent, sans s'en douter, en deux
camps : le camp de ceux qui n'écoutent pas, parce
qu'on leur parle de choses inconnues; le camp de

ceux qui doutent soit du savoir, soit de la sincérité de la maîtresse.

« Cela ne se passe pas du tout ainsi chez nous », se disent ceux dont l'activité intellectuelle n'a pas été endormie par la banalité ou l'abstraction. « Est-ce que la maîtresse nous trompe; ou bien est-ce qu'elle ne sait pas? » se disent les autres.

Car ils raisonnent, ces petits; leur cerveau et leur conscience travaillent plus qu'on ne le pense généralement.

Oh oui! ils raisonnent! Une de mes petites amies posait, il y a quelques jours, à sa mère une question très délicate. La mère, qui a le culte de la vérité, donnait de son mieux, mais avec hésitation et réticences, l'explication demandée. « Allons, lui dit la fillette, je vois que tu n'en sais guère plus que moi. » Les enfants de nos écoles ne formulent pas avec cette netteté; mais ils ont des doutes, et le doute est un désastre pour l'éducation.

Vous ne pouvez l'ignorer, car vous vous rappelez encore la douleur poignante, l'espèce d'effondrement moral que vous avez éprouvé chaque fois que votre confiance a été trompée. Certes le sentiment est moins âpre, moins cruel chez l'enfant, mais il produit peut-être plus de découragement, car nous au moins, nous pouvons quelque chose par nous-mêmes, nous avons encore quelque confiance en nous, si nous doutons des autres; tandis que lui, si faible, si ignorant de tout, si désarmé, sent sa petite âme ballottée comme le rameau par le vent.

Avouons que naguère nous ne réfléchissions pas beaucoup à ces choses. L'école maternelle gardait les enfants; elle s'efforçait de leur faire prendre de bonnes habitudes; elle les initiait aux premières connaissances; ils apprenaient à lire, à écrire, à chanter et à faire des évolutions, etc...; l'école primaire élargissait ensuite le cercle de leurs connaissances. Les principes d'éducation morale n'étaient pas non plus négligés (nous n'avons pas la prétention d'avoir inventé la propreté, la complaisance, l'obéissance, la sincérité, l'amour du travail); mais, pas plus dans les procédés d'enseignement que dans les procédés d'éducation, on ne faisait la part de l'essence même de l'être : de l'âme enfantine.

L'enfant à cette époque de la vie humaine, respectable entre toutes, pendant laquelle se prépare l'éclosion de l'âme, était regardé comme un être destiné à recevoir autoritairement, en masse, sans tempérament ni nuances, une certaine quantité de notions intellectuelles et une non moins lourde quantité de notions morales; quant à préparer le terrain avant de le soumettre à cet ensemencement inconsidéré, on n'y avait point songé. Autrefois la mémoire était presque la seule aptitude de l'enfant à laquelle il fût rendu un culte. Et nos devanciers n'étaient pas coupables, puisque l'on ne se figurait pas alors que l'étude des possibilités enfantines pût être entreprise. Si le dieu de la mémoire était presque le seul, c'est que l'on ignorait que d'autres dieux avaient élu domicile dans le petit être; ou plutôt qu'il était comme un produit de l'harmonie latente de tous les dieux. En un mot, on ne faisait pas de psychologie; l'éducation n'était donc pas une science : c'était une sorte de système autoritaire

que seul tempérait soit la bonté, soit le génie propre
de l'éducateur. Aujourd'hui l'on sait où réside le
trésor, c'est dans l'âme elle-même ; c'est donc l'âme
que nous devons étudier.

Concluons : La vertu sans laquelle l'éducation est
impuissante, c'est l'obéissance. Nous savons que
l'obéissance a besoin d'être provoquée, soutenue
par la confiance ; nous le savons parce que nous
avons constaté en nous-mêmes les douloureuses
surprises causées par la défaillance de ceux en qui
nous avions foi, et nous voulons épargner ces surprises aux jeunes âmes qui sont de même essence
que la nôtre. Nous prenons donc la résolution irré-
vocable de ne jamais tromper l'enfant, même pour
jouer (ce que l'on appelle « le mensonge joyeux »
est aussi incompatible que l'autre avec la confiance) ;
nous ne lui donnerons que des notions incontestables. Sans descendre jusqu'au réalisme dans les
descriptions, nous respecterons toujours la vérité :
ayant provoqué la foi dans les petites âmes, nous
serons sûres du succès définitif de notre œuvre.

IV

J'insiste. L'éducateur ne peut rien sans la confiance de son pupille. Or la confiance, c'est la foi
dans la véracité des personnes avec lesquelles on
est en relations. Cette foi transforme le croyant
en disciple, et celui qui l'a méritée en une sorte de
divinité vers laquelle on accourt, dans les moments
difficiles, pour demander un conseil ; dans la dou-

leur, pour recevoir des consolations; dans la joie, pour la savourer plus délicieusement; dans les défaillances morales pour être relevé, réconforté, fortifié. Or l'enfant a des difficultés à vaincre, des chagrins cuisants — heureusement passagers — à guérir, des joies débordantes à raconter; quant aux défaillances, elles sont de tous les instants.

Parmi les épreuves auxquelles je viens de faire allusion, une de celles qui empoisonnent le plus cruellement l'enfance et quelquefois la jeunesse est la peur. L'enfant a peur de ce qu'il ne connaît pas — or il ignore presque tout, — de ce qu'il connaît mal. Il a peur du vent, de la foudre, de l'ombre des grands arbres, de sa propre ombre, de l'obscurité. Il a peur de ce qu'il voit, mais plus encore de ce qu'il ne voit pas; de ce qu'il entend et de ce qu'il croit entendre. L'imagination de ceux mêmes que l'on n'a pas nourris de contes effrayants est peuplée de fantômes et de monstres : ils frissonnent au bruit de la muraille qui craque, de la girouette qui grince; ils personnifient le vent — un de mes fils, à trois ans, voulait le tuer « avec un fusil »; la maladie — un de mes petits neveux était persuadé que c'était une femme; le silence même — un de mes petits amis était terrifié par ce « monsieur » qui ne disait rien, qui ne faisait rien, qui ne bougeait pas. A qui s'adresser pour se débarrasser de ces cauchemars? Au père?... Mais il avait promis hier de passer la soirée dans la chambre voisine et il a trahi sa promesse! A la mère? Mais combien de fois ne l'a-t-elle pas effrayé pour le faire rester tranquille! Non, il ne parlera à personne de ses terreurs; il continuera à se cacher haletant sous ses couvertures, pour ne plus entendre l'horrible craquement de la muraille, le terrifiant grincement de la girouette; il continuera à voir l'obscurité peuplée de personnages et d'animaux fantastiques. Il y est condamné par ceux qui lui devaient la vérité, la vérité vraie, et qui l'ont trompé.

A mesure que son intelligence se développe, que sa curiosité de savoir s'accentue, les questions se pressent sur ses lèvres. Si la plupart des parents et un certain nombre de maîtres avaient la persévérance d'enregistrer les réponses qu'ils font, quand ils daignent répondre, ils auraient honte d'eux-mêmes en les relisant. Peu à peu, l'enfant ne questionne plus; il a pris un jour son éducateur en flagrant délit d'erreur ou de mensonge : alors quelque chose en lui s'est décroché et s'est desséché comme une fleur tombée sur le sol. Il continuait à avoir peur, parce qu'on l'avait trompé; il ne demande plus qu'on l'aide à résoudre ses petits problèmes intellectuels, parce qu'on l'a trompé de nouveau, et finalement l'éducateur est tombé du haut du piédestal que l'enfant lui avait élevé dans son cœur; il a perdu tout prestige; il est devenu un individu comme tous les autres, un individu qui n'a plus le don d'aplanir les difficultés, ni de faire oublier les chagrins, ni d'éterniser les joies débordantes.

L'autel sur lequel l'enfant aimait à déposer ses petites confidences — les genoux paternels et maternels — s'est effondré. La famille a déjà perdu sa confiance, l'école ne l'a pas suffisamment provoquée : il se jettera dorénavant à cœur et à imagina-

tion perdus dans les camaraderies que l'occasion
ébauche, camaraderies dont les résultats seront précieux ou déplorables selon que le hasard aura été
bien ou mal inspiré.

Mais là ne s'arrête point le désastre; car un autre
sentiment — aussi indispensable que le premier,
quoique un peu plus tardif — s'étiole et meurt en
même temps que la confiance : le respect.

Le respect ne peut pas être éprouvé par le bébé
que sa mère allaite; mais bientôt ce sentiment naît,
puis se développe jour par jour dans son cœur (je
parle ici de l'enfant placé dans de bonnes conditions
morales). Ce sentiment est pour ainsi dire tissé de
tout ce que l'enfant éprouve, de tendresse, de confiance et d'admiration pour ceux qui l'élèvent. Il
est, lui, si petit, si frêle, si maladroit, si ignorant!
Ils sont, eux, si grands, si forts, si habiles, si
instruits! Chez l'homme, le respect est une sorte
de prosternation de l'être devant la supériorité
morale; chez l'enfant, il naît du sentiment ou plutôt
de la sensation inconsciente — mais très réelle —
que produit chez l'être faible la présence de l'être
fort. Ce n'est que peu à peu que le sentiment s'ennoblit, que l'idée se dégage et que le respect
s'adresse aux qualités morales. Mais ce sentiment
demande à être traité dans l'âme enfantine avec
beaucoup plus de précautions encore que dans
l'âme de l'homme fait. Nous continuons, nous, à
respecter un honnête homme que nous avons pris
en flagrant délit de violence, d'obstination, d'illo-
gisme, parce que nous savons que quelques grains
d'ivraie n'empêchent pas une bonne terre d'être

féconde en bons épis; tandis que l'enfant, incapable de distinguer les nuances, de donner à chaque qualité ou à chaque vertu sa valeur relative, ne procède que par jugements absolus, sans appel. Son père s'est montré violent : il n'est donc pas parfait, ou plutôt il est donc « petit », lui aussi? Sa mère n'a pas voulu se rendre à l'évidence.... Et l' « or pur » se change aussitôt en une sorte de « plomb vil ».

La famille n'a pas l'air de se douter de ce danger; l'école ne le redoute pas assez; et cependant, je le répète, si le mensonge organisé que je déplore plus haut n'avait pas tué la confiance, il aurait infailliblement tué le respect.

L'enfant étant, au début de la vie, un être essentiellement sensitif, est d'abord attiré, séduit, subjugué par les qualités extérieures de ses parents et de ses maîtres. Oh! il ne s'agit pas ici de beauté physique; par une adorable grâce d'état, nous trouvons toujours belles les personnes que nous aimons, les enfants plus encore que nous. (Un souvenir de ma première enfance me reporte vers une amie de la famille qui avait eu la lèvre fendue; la cicatrice extrêmement apparente me semblait si jolie, que je faisais le possible pour en avoir une semblable; j'appuyais fortement et fréquemment sur ma lèvre inférieure soit une aiguille à tricoter, soit une longue épingle. Hélas! le petit sillon ainsi tracé s'effaçait presque immédiatement! Plus tard, un de mes fils s'extasiait sur la peau « frisée », c'est-à-dire ridée, d'une de ses grand'tantes.) Non, ce n'est pas la beauté physique qui attire et retient l'enfant. C'est la physionomie, reflet de l'âme (avec quelle sollici-

tude ne devons-nous pas la cultiver, cette âme qui
se répand ainsi sur tout notre être, qui s'épanche,
pour ainsi dire, par tous nos pores!); c'est aussi
le soin de la personne, la *tenue* et la retenue dans
les propos. Les cheveux mal peignés de la mère, le
corsage décousu ou privé d'une partie de ses boutons de la directrice, une expression grossière ou
trop vulgaire de l'une et de l'autre portent atteinte,
dans l'âme de l'enfant, à cette admiration quasi
religieuse que nous avons appelée le *respect*.

A mesure que l'enfant se développe, il fait des
observations d'un autre ordre, et se trouve presque
aussitôt dérouté par le manque de logique de ses
éducateurs; ce manque de logique saute aux yeux
des moins clairvoyants. Un refus a été nettement
formulé, l'enfant revient à la charge; on refuse de
nouveau, il insiste; selon son tempérament, il crie,
trépigne, pleure silencieusement ou boude; or voilà
que, soit immédiatement, en pleine crise, soit au
bout de quelques instants, lorsque la crise est passée, la mère ou l'institutrice cède, en faisant valoir
parfois certains arguments inacceptables et dont
l'enfant n'est pas dupe. Mais alors, se demande-t-il,
« pourquoi m'avoir refusé d'abord? Mes parents et
mes maîtres ont donc des caprices, eux aussi? Et
pourtant j'ai été puni ce matin pour avoir été capricieux! » Je vous le demande, un enfant peut-il respecter des éducateurs capricieux?

Respectera-t-il davantage ceux qui manquent de
persévérance dans l'accomplissement de leurs devoirs journaliers? ceux qui laissent inachevées les
choses qu'ils ont commencées? ceux qui n'attachent

aujourd'hui aucune importance à ce qu'ils ont for-
mellement exigé la veille? Plus nous avançons, plus
nous entrons dans l'examen ou du moins dans
l'énumération des fautes de l'éducation qui donnent
le coup de grâce au respect dans l'âme du pupille;
de ce nombre est la partialité en faveur d'un enfant
plus beau ou d'élèves mieux doués que les autres :
partialité qui blesse, comme toute injustice, même
les tout petits. Oui, les tout petits devant lesquels
on ne se gêne pas, les tout petits que l'on croit
absorbés par le rayon de soleil se jouant sur les
vitres, par le papillon qui vole ou par le chat qui lisse
son poil, les tout petits ont des intuitions terrifiantes
du juste et de l'injuste, des sortes d'illuminations
sur les responsabilités. « Lorsque maman pleure,
c'est que papa a été sot », me disait un jour un
enfant de quatre ans. « Je t'assure que mon frère
est très sage », affirmait dernièrement d'un air
solennel, à un père partial, une fillette de trois ans
et demi. Oui, ces tout petits eux-mêmes sont les
juges de leurs éducateurs; ils se font une idée douloureusement exacte — quoique très rarement for-
mulée — de l'injustice ou de la disproportion de
certaines punitions, du peu de prix de certaines
récompenses imméritées; ils jugent — sévèrement
toujours, incapables qu'ils sont de mesurer l'échelle
des défaillances — les supercheries que la famille et
l'école emploient pour les faire briller. Au jour de
l'an, c'est une lettre pour les grands-parents, dictée
et corrigée par la mère ou la maîtresse; c'est un
objet confectionné auquel les petites mains ont à
peine collaboré. Hélas! à ce régime, la vanité aura

bientôt fait d'étouffer les révoltes de la justice;
quant au respect, il ne regimbe plus, il est mort.

S'il en restait encore des racines, elles seraient
arrachées dans les familles et dans les écoles où,
sans aucun égard pour l'âme enfantine, pour sa
candeur, pour le culte qu'elle a peut-être miracu-
leusement conservé pour les parents et pour les
maîtres, on n'épargne pas à l'enfant le spectacle
des dissentiments entre père et mère, entre directrice et adjointe; dans les familles, où le père et la
mère se mentent mutuellement, ne fût-ce qu'à
propos des petites choses; dans les écoles, où les
maîtresses trompent les inspecteurs.

L'éducation prise ainsi à rebours scandalise les
jeunes âmes, et c'est ici le cas ou jamais de rééditer
le mot de l'Évangile : « Malheur à celui par qui le
scandale arrive! Il vaudrait mieux pour lui qu'on
lui attachât une pierre au cou et qu'on le précipitât
dans la mer. »

En résumé, les deux premiers crimes de l'éducation irraisonnée, c'est de tuer la confiance et le
respect. Ces deux crimes sont la conséquence d'une
lacune impardonnable de la conscience de l'éducateur : le manque de respect pour l'âme enfantine.

Ce respect de l'âme enfantine, de la dignité
humaine dans le tout petit, ne sont malheureusement pas encore passés dans nos écoles à l'état de
dogme religieux. A chaque instant on oublie que la
petite flamme qui brûle en lui est chose sacrée, et l'on
va brutalement, au risque de l'éteindre, de l'étouffer.
Et du même coup l'on atrophie des sentiments que
l'on s'efforce cependant d'autre part à développer.

Les exemples?

Toujours des exemples!

Je remarque un enfant de quatre ou cinq ans tout déguenillé et malpropre. Je questionne la directrice — *pas l'enfant*, parce que je sais que les lambeaux dont il est plus ou moins vêtu, et la malpropreté de sa chemise, et les piqûres de bêtes qui constellent sur son cou, ne peuvent lui être imputés.

Celle-ci attire l'enfant vers elle et me dit à haute voix devant les autres : « Il est pauvre; sa mère est négligente. Tenez, madame, je lui ai donné un tablier il y a quelques jours, il ne l'a pas encore mis, et il est encore malpropre. Pourquoi ne l'as-tu pas, ce tablier? Pourquoi ta mère ne te l'a-t-elle pas mis? »

Accumulation de fautes!

D'abord la directrice n'avait pas respecté la sensibilité de l'enfant.

Si la pauvreté n'est pas un vice, elle est du moins un malheur, et ce malheur en entraîne tant d'autres à sa suite; qu'il y a presque de la cruauté à rappeler à un individu qu'il est pauvre.

En lui rappelant qu'elle lui avait fait l'aumône, avec cette aggravation que tous les petits camarades avaient entendu, elle avait manqué dans ce petit être malheureux au respect de la dignité humaine; elle avait enfin donné une atteinte — était-ce la première? — au respect que l'enfant devait à sa mère, et en même temps au respect que tous les autres enfants présents devraient à leur mère,... toute une série enfin de fautes qu'une éducatrice ne devrait jamais commettre.

Donnez des tabliers et des robes et des souliers,

donnez tout ce que vous pourrez donner, mais « que votre main gauche ignore ce que fait votre main droite », et que votre bienfait n'établisse pas une sorte de hiérarchie entre les camarades d'une même école. Puis tâchez de voir les mères de famille, faites-leur comprendre que votre générosité leur crée des devoirs; faites-leur sentir dans quel état d'infériorité se trouve l'enfant déguenillé au milieu de camarades bien soignés, et, si vous ne réussissez pas à les convaincre, attachez-vous d'autant plus à leurs enfants, traitez-les avec d'autant plus de délicatesse qu'ils sont plus déshérités dans la maison paternelle.

En tout cas, ne rappelez jamais à l'enfant ses souffrances. Il a l'oubli — une de ses forces, — laissez-le oublier.

V

Le mot « obéissance » évoque une idée de vertu exclusive à celui qui la pratique.... Le père, la mère ordonnent ou défendent, l'enfant obéit ou désobéit, et son obéissance ne profite, en général, qu'à lui-même, comme sa désobéissance n'atteint le plus souvent que lui.

A l'école, la nécessité de faire régner l'ordre, de simplifier toute une série d'actes et de faire vivre pacifiquement en commun une certaine quantité d'enfants, impose une sorte d'obéissance collective d'une nature plus noble que l'obéissance au sens restreint du mot qui, bien comprise, est une manifestation de l'esprit de solidarité. C'est l'esprit de discipline. Il est évident, en effet, qu'à l'école l'obéissance à la règle profite à tous, tandis que tous sont lésés par la désobéissance.

Exemple : Un enfant qui sort de son rang et veut passer avant un camarade désorganise la petite troupe en marche ; celui qui répond pour son voisin empêche ce dernier de réfléchir, et de jouir des avantages de son effort intellectuel.

Malheureusement, l'école, pour avoir voulu des résultats trop prompts, a confondu l'esprit de discipline avec la discipline, et la discipline avec le dressage. Or l'esprit de discipline forme les caractères. Le dressage empêche les caractères de se tremper.

Chaque acte de l'école maternelle pourrait me fournir un exemple de cette confusion malheureuse, mais il faut savoir se borner. Je prends sur le vif la distribution des cubes avec lesquels les enfants font des constructions. Le procédé varie selon que la maîtresse a l'intention ou la prétention de « pratiquer la méthode Frœbel », soit qu'elle n'ait d'autre visée que de... distribuer des cubes, pour que les enfants jouent avec, ce dont je la félicite. Nous verrons que les résultats sont *presque* identiques dans les deux cas, quoique la palme du dressage revienne de plein droit à la « méthode Frœbel » !

Oh ! cette « méthode Frœbel » !

Remarquez que je ne parle ici ni de Frœbel, ni des principes de Frœbel, ni de son système d'éducation, mais d'un certain nombre de procédés routiniers qui, sous le nom de « méthode Frœbel », endorment les facultés intellectuelles de nos enfants et menacent de les écraser sous l'ennui.

« Je frœbelise le mardi et le samedi », me disait une charmante jeune fille à qui j'avais demandé de me montrer son emploi du temps.

« Vous... frœbelisez ? Qu'est-ce que c'est que cette invention ?

— Mais, madame, je distribue les boîtes de cubes....

— Et puis ?... Mais, au fait, distribuez-les devant moi : je me rendrai mieux compte de la valeur de l'exercice. »

Les boîtes furent apportées ; la directrice en plaça au bout de chaque banc un nombre égal au nombre des enfants qui y étaient assis, et, sur un signal, les boîtes passèrent de main en main, pendant que les enfants chantaient un petit chant approprié, dont j'ai malheureusement oublié les paroles.

(C'était quelque chose comme : « La boîte passe de main en main ».)

Chaque enfant étant muni de l'objet, la leçon commence :

« Que tenez-vous dans la main ?

— Une boîte ?

— Est-elle ouverte ou fermée ?

— Elle est fermée.

— Mettez tous le pouce droit sur la rainure ; tirez.

— Comment est la boîte maintenant ?

— Elle est ouverte.

— Que contient-elle ?

— Des cubes.

— Combien ?... »

Je vous fais grâce du reste, me contentant de protester contre cette routine qui réduit à l'état de

machines nos enfants les mieux doués, les plus
vivants; contre cette néfaste petite boîte qui s'ouvre
et se referme toujours de la même manière; contre
les douze cubes qu'elle contient et dont le nombre,
implacablement limité, arrête l'enfant au milieu de
ses combinaisons et, par conséquent, restreint son
initiative intellectuelle; contre ce dressage en un
mot fait pour tuer notre chère imagination française.

Et je passe à mon second exemple.

La municipalité d'une grande ville venait de doter
les écoles maternelles de cinquante mille cubes qui
avaient été distribués proportionnellement à la population scolaire, lorsque j'y suis arrivée en tournée
d'inspection. Et voici comment on procédait à
l'heure de l'exercice des cubes :

Un coup de claquoir faisait lever les enfants; un
second coup leur permettait de se diriger vers la
provision de cubes et d'en prendre un, deux ou trois,
selon le nombre indiqué par la directrice; un troisième coup les dirigeait vers leur place, où ils dépo-
saient leurs cubes, et ainsi de suite jusqu'à ce qu'ils
eussent chacun un nombre suffisant pour une con-
struction modeste. (Quelquefois on simplifiait la
cérémonie : chaque enfant prenait ce qu'il lui fallait
au premier voyage et le transportait dans son
tablier.)

Au premier abord, cela semble *très bien*, et les
profanes qui liraient ces notes trouveraient sans
doute ma critique bien méticuleuse, bien tracas-
sière, d'autant plus que les directrices pouvaient faire
valoir une circonstance atténuante : les enfants —
très nombreux — qui fréquentent les écoles de cette

ville étant presque de petits sauvages, se tombant dessus au moindre prétexte et même sans prétexte. J'ai rarement vu un tel échange de coups de pied et de coups de poing. Pour mettre un frein à ces batailles qui menacent d'être perpétuelles, elles ont donc pu se croire forcées d'exagérer le dressage, surtout au moment de l'exercice des cubes.

Mais les initiés, ceux qui s'occupent d'éducation, comprendront tout de suite que ce procédé n'a aucune force éducatrice. Les enfants auraient pu aller ainsi chaque jour « au claquoir » (comme d'autres vont « au tambour ») faire leurs provisions, sans que l'*esprit* de discipline fît le moindre progrès. La preuve, c'est que dès qu'on les lâchait, les coups recommençaient de pleuvoir, et que le brouhaha devenait insupportable. J'ai engagé les directrices à faire vider toutes les boîtes de cubes dans une grande caisse, à diviser d'abord leurs enfants par groupes de dix par exemple, et à les envoyer par groupes prendre *librement* le nombre de cubes qu'ils désiraient. — On peut, n'est-ce pas, leur disais-je, surveiller dix enfants et les *amener* à faire ce que l'on veut qu'ils fassent; on peut réprimer les petits écarts à mesure qu'ils se produisent, engager le délinquant à se mieux conduire, le priver, s'il le faut, de s'approvisionner au moment où il n'en est pas digne.

Bientôt tous les enfants seront admis à puiser autant qu'ils voudront puiser, à la condition expresse cependant qu'ils puiseront pour *employer* leurs matériaux et non pour thésauriser et immobiliser, par conséquent, une partie de la fortune publique.

Ce système a le double avantage de développer l'esprit inventif des enfants, et de fournir aux directrices des éléments pour l'éducation. Il est de toute évidence, en effet, que le nombre indéterminé de cubes permet au petit travailleur de varier ses constructions. Quant aux avantages pour l'éducation, ils sont nombreux. L'enfant apprendra d'abord qu'il ne doit prendre les objets qu'autant qu'il peut les utiliser; il sera souvent amené à se défaire d'un cube au profit d'un camarade qui, lancé dans une grande entreprise, se verrait arrêté faute de matériaux; enfin, la discipline régnera, puis l'*esprit* de discipline naîtra, remplaçant le *dressage*, qui n'est pas encore tout à fait mort, malgré nos efforts pour le tuer.

En résumé, *il faut* que la discipline tende à *former les caractères*, c'est-à-dire qu'elle ait toujours en vue l'avenir de l'enfant, au lieu de ne s'attacher qu'à l'heure présente pour en atténuer les difficultés.

VI

Une jeune adjointe me fait part d'une inquiétude qui la hante. Elle adore les enfants, de cette adoration active qui a besoin de se formuler et de se prouver, non seulement dans les choses sérieuses, dans les occasions importantes, mais aussi dans les menus incidents de la vie. Pour parler plus clairement, elle a des élans de tendresse irrésistibles, elle ne peut s'empêcher de caresser de la main la petite tête près de laquelle elle passe; lorsqu'elle a une explication à donner, une observation à faire, tout naturellement elle prend l'enfant sur ses genoux, sa voix a des intonations affectueuses.... C'est charmant, n'est-ce pas! Mais voilà que sa directrice, se faisant, paraît-il, l'écho de quelques parents, lui a déjà dit plusieurs fois que, si elle ne se modifie pas, *elle n'établira jamais son autorité*. Et la jeune fille à qui ses petits élèves obéissent autant qu'enfants peuvent obéir, avec qui ils sont aussi polis que le comporte l'étourderie de leur âge, aussi attentifs que le permet leur mobilité naturelle, la jeune fille se demande ce que c'est que l'*autorité* vers laquelle on veut qu'elle tende. Elle a des inquiétudes et elle s'adresse à moi.

L'autorité? Mais je n'en connais qu'une qui vaille. Elle consiste à s'imposer à ses élèves, à ses propres enfants, à ses employés, à ses amis même, à quiconque nous approche, par des procédés qui tous relèvent du caractère moral. Tout individu dont la conduite est toujours en harmonie avec ses principes, et qui ne se laisse guider ni par la passion, ni par l'intérêt, ni par l'imprévu ; toute personne qui est juste, toute personne enfin dont la supériorité morale est incontestable a de l'*autorité*, quelle que soit sa façon de le prouver, quels que soient son extérieur et son allure.

Je crois cependant que la vraie autorité, celle à laquelle jamais rien ne résiste, est celle qui est fortifiée par la sympathie qui attache les uns aux autres certains individus. Or, si la sympathie des êtres arrivés à la maturité est surtout basée sur la communauté des idées, la sympathie des enfants est tout à fait instinctive et sensitive : aussi les preuves matérielles de l'amitié les attirent-elles et les retiennent-elles à l'exclusion des autres. Je pense, ou plutôt je suis absolument convaincue, que ces preuves matérielles sont indispensables, et il me semble que l'on penserait comme moi si l'on faisait le compte de tout ce que l'enfant doit réprimer en lui d'élans naturels pour n'être pas gênant dans une classe et dans sa famille, pour se conformer aux règles très factices d'une certaine civilité, enfin pour apprendre des choses dont les éléments sont extrêmement ardus, et dont il lui est tout à fait impossible de comprendre l'importance.

Quelques exemples : L'enfant est exubérant par nature; son développement est même intimement lié à son exubérance. Eh bien, sauf le petit paysan qui se roule dans les prés avec le troupeau de son père, sauf le petit vagabond qui flâne dans les rues des grandes villes, tous les enfants sont opprimés, à cause de nécessités inéluctables, je l'avoue, mais ils n'en sont pas moins opprimés; il ne saurait, en effet, y avoir de réunions d'enfants sans une certaine discipline : d'où les entraves apportées par l'école à l'exubérance enfantine. Les maisons seraient inhabitables si les enfants n'étaient pas forcés de modérer leurs ébats : d'où un autre genre de discipline, un peu moins serrée, mais discipline cependant, au logis paternel.

L'enfant est instinctivement porté vers les objets qui l'entourent. Parmi ces objets, il y en a qu'il ne doit pas toucher; il ne comprend pas l'importance de la propreté, et pourtant il faut qu'il soit propre;

il ne fait pas la différence du tien et du mien : or cette distinction est indispensable; il voit manger et boire des choses qui lui seraient nuisibles, qu'il aime pourtant et qu'on lui refuse.

Si nous passons à l'éducation intellectuelle, rien de plus ardu que l'étude des lettres et de leurs combinaisons; tenir sa plume selon les règles est très difficile aussi; il en est de même de l'aiguille; tout enfin, *tout* est difficulté pour l'enfant, difficulté matérielle, difficulté intellectuelle, difficulté morale. Or qui les suscite, ces difficultés, sinon l'éducateur? Car enfin cette obligation de rester tranquille, de ne pas toucher aux objets fragiles, précieux ou dangereux, de respecter la propriété d'autrui, de se priver des aliments que les autres mangent, de ne pas se salir ou du moins de se laisser laver lorsqu'on s'est sali; cette obligation d'apprendre à lire, de tenir sa plume ou son aiguille de cette façon plutôt que de telle autre, cette obligation d'aller se coucher lorsqu'on voudrait veiller, de dire : « Merci, maman », ou « Bonjour, madame... », qui l'a inventée, qui en exige l'observation plus ou moins stricte? C'est l'éducateur ou l'éducatrice; mais alors l'éducateur ou l'éducatrice est donc un tyran? Or on n'aime pas les tyrans : on les craint, et la crainte est la pire ennemie du développement de l'individu.

« Cependant, me dira-t-on, autrefois le père, la mère, les maîtres inspiraient une terreur qui ne laissait pas que d'être salutaire. »

Autrefois, en effet, les conditions de la vie sociale étaient tout autres; mais j'espère bien que personne, y ayant réfléchi, n'osera dire qu'elles étaient meil-

leures. Alors la crainte était le commencement de
la sagesse. Nous croyons aujourd'hui que c'est
l'amour, et que nous n'avons qu'un seul moyen de
faire deviner à l'enfant ce que nous avons raison
d'exiger : c'est de le pénétrer par la tendresse, de le
conquérir par les douces gâteries. La fermeté dans
l'accomplissement de la règle établie, règle qui doit
être aussi simple que possible, et la tendresse oua-
tant pour ainsi dire douillettement cette fermeté,
tel est le secret de l'autorité. J'ajoute que cette tendresse est pour l'éducateur le seul dédommagement
au malaise moral que lui impose parfois le devoir
de fermeté.

D'où je conclus que ma jeune correspondante a
trouvé du premier coup, et peut-être sans la chercher, la force indispensable, et que sa directrice
fait une regrettable confusion entre l'autorité et
l'intimidation.

Cette force, l'autorité, celui qui la possède ne
saurait faire trop de sacrifices pour la conserver
intacte, car dès la première atteinte c'en est fait !
Aussi ai-je été réellement navrée en lisant la lettre
suivante que m'a adressée une jeune institutrice à
laquelle je m'intéresse au point de l'appeler ma
fille adoptive.

« Pendant quelques semaines, ma santé n'a pas été
bonne ; mon état moral s'en est profondément res-
senti ; j'étais devenue irascible, injuste, presque
brutale ; il m'est arrivé d'employer, pour qualifier
mes élèves, des expressions que je n'aurais pas
tolérées s'ils les avaient prononcées eux-mêmes. Je
vais mieux aujourd'hui ; je sens que je me recon-

quiers, et j'espère bien que les enfants auront bientôt
oublié cette triste période, qui pèse plus lourdement sur moi à mesure que ma santé se fortifie.
D'ailleurs ils sont intelligents et bons; j'espère qu'ils
ont compris qu'au fond je n'ai jamais cessé de les
aimer. Je serais désespérée, en effet, si ces quelques
semaines m'avaient fait perdre dans leur âme le fruit
de deux années de dévouement. »

Je n'ai pas à enseigner son devoir à ma jeune
correspondante, ni à lui faire mesurer l'étendue de
sa responsabilité; elle sait que l'institutrice supplée
la mère, et qu'à ce titre elle doit cultiver dans l'âme
de ses élèves tout ce qui contribuera à en faire
des hommes et des femmes de bien; qu'elle doit
s'efforcer de leur faire comprendre que les qualités
morales, au lieu de s'envelopper d'une écorce rude,
doivent se révéler au dehors par la bienveillance
du regard, par le charme du sourire, par la grâce
du geste, par la séduction de la parole, par l'attitude générale en un mot; qu'elle doit leur faire
acquérir la possession de soi et que, pour arriver
à cette fin, elle leur doit le calme et la sécurité
morale; et comme elle n'ignore pas que le précepte
ne vaut rien sans l'exemple, elle s'était montrée,
jusqu'à la crise dont elle me fait l'aveu, ce qu'elle
voulait que ses élèves devinssent eux-mêmes. Elle
a été un exemple vivant de fermeté douce, de bienveillance, d'indulgence, d'égalité d'humeur, de séré-
nité, elle a gagné la confiance, le respect, l'affection.

Les a-t-elle conservés?

Dans leur intégrité, c'est impossible. Les êtres
arrivés à la plénitude de leur développement intel-

lectuel sont forcés eux-mêmes, en des cas semblables, de se reporter vers le passé, pour trouver les circonstances atténuantes des malades qui se laissent ainsi dominer par leurs nerfs; or ils savent cependant les ravages causés à l'être moral par la souffrance physique. Mais un enfant ne peut faire ce travail de reconstitution : le présent seul lui est accessible; par conséquent il juge injuste son éducateur qui commet une injustice; il le juge brutal, s'il en est brutalisé; grossier, si l'imprudent s'est laissé aller à des écarts de langage; colère, s'il le voit hors de lui; ses exagérations lui font hausser les épaules; c'en est fait de la confiance, du respect, de l'affection qu'il lui a jusqu'ici témoignés, par conséquent de l'autorité et de l'influence du maître. L'éducateur peut se mettre en deuil.

Que faire, si l'enfant ne peut saisir les nuances, s'il est tout d'une pièce, naturellement? s'il brise brusquement l'objet de son culte lorsqu'il s'aperçoit des imperfections de son idole, et si, sans esprit de retour, il va vers d'autres dieux?

Ce qu'il faut faire? Il faut éviter que la catastrophe ne se produise, et, puisque c'est de la santé que dépend la possession de soi, il faut avant tout essayer de se bien porter. Les nerfs sont de détestables tyrans, qui profitent de l'état maladif des individus, des femmes surtout, pour exercer leur pouvoir; il faut toujours être armé contre eux. Chaque corps de métier a sa maladie spéciale, l'institutrice a la sienne, conséquence de ses fatigues intellectuelles et de son dur labeur; une hygiène spéciale lui est donc nécessaire : hygiène de l'esprit, propre à le détendre; hygiène du corps, propre à le fortifier. Malheureusement elle a, en général, peu de relations, et elle ne fait pas d'exercice. Et puis elle se nourrit peu, ou elle se nourrit mal, soit nécessité d'équilibrer son budget (mais c'est là une détestable économie), soit par mélancolie de prendre ses repas toute seule; soit par paresse de faire la cuisine : fatalement, elle s'anémie.

Il faut, au moins, se soigner dès les premiers symptômes; ne pas se figurer que le devoir et le dévouement consistent à se surmener, à donner trop, par saccades, pour être forcée de s'arrêter ensuite; il faut en même temps, et surtout, se surveiller avec la dernière rigueur, car il est très difficile de rester maître de soi lorsqu'on a le sang appauvri. Or rester maître de soi est de la plus absolue nécessité. La pente que l'on descend quand on s'énerve est terriblement glissante; bientôt on est pris de vertige. Avez-vous jamais observé — spectacle profondément douloureux — une femme qui bat son enfant? Presque toujours, entraînée par le premier coup, elle en frappe un second, puis un troisième; peu à peu, elle se grise de sa brutalité; bientôt elle ne se connaît plus; elle continue à frapper; elle frappe comme une machine à battre; elle frappe comme une brute ! Dans un ordre d'idées moins répulsif, écoutez deux personnes qui se disputent : quelle gradation dans les épithètes malsonnantes ! C'est que celui qui ne surveille pas ses paroles exagère fatalement sa pensée, et que du reproche exagéré on descend, sans s'en rendre compte, jusqu'à l'injure. Or n'est-ce pas injurier un enfant que de le traiter de paresseux, d'ingrat, de menteur? Et l'injure est d'autant moins excusable qu'elle s'adresse à un être dépendant, à qui l'on refuse le droit de se défendre, et dont l'attitude indignée serait taxée de rébellion.

Oh oui! l'éducateur, l'éducatrice doivent se surveiller eux-mêmes, et se maintenir dans un état de santé où ils puissent toujours commander à leurs nerfs. Les nerfs,... c'est l'ennemi en éducation, et, je le répète encore, il faut les combattre, il faut les vaincre; on y parvient au moyen d'une surveillance minutieuse, rigoureuse. C'est un fait.

Il faut être calme, puis étudier son élève, car c'est l'ignorance psychologique dans laquelle un certain nombre se laissent endormir — « ma fille », entre autres, malgré ses protestations — qui cause la plupart de nos difficultés. Si nous connaissions mieux les enfants, nous saurions qu'ils nous observent, qu'ils sont nos juges, aussi judicieux que sévères; nous leur épargnerions bien des déceptions, et à nous bien des déboires.

L'enfant, en effet, a, malgré ses détracteurs — et ses détracteurs sont ceux qui ont dédaigné de l'étudier, et ont préféré se payer d'idées toutes faites, — l'enfant a des sentiments d'une délicatesse exquise, sentiments innés que l'éducation devrait cultiver et qu'elle émousse au contraire, et parmi ces sentiments il y en a un qui devrait nous emplir l'âme de respect : la candeur. Il croit « que c'est arrivé », et pour lui ce qui est arrivé, c'est surtout l'impeccabilité de ceux qui ont à son égard charge d'âme : ses parents et ses maîtres.

Sans s'en douter, inconsciemment il raisonne :
« Puisque ses parents et ses maîtres lui prêchent
toutes les vertus, c'est que sans doute ils en sont,
eux, les détenteurs; ceux qui lui prêchent la perfection doivent être parfaits : il s'attend à les voir
parfaits ».

Or un jour l'être parfait (père, mère, éducateur)
dit à un tout petit qui se laisse aller à un caprice :
« La petite souris est là qui te guette; si tu n'es pas
sage, elle viendra te ronger le nez ». (Cela, je l'ai
entendu, il n'y a pas un mois, et, comme j'ai vu
naître la maman qui se rendait coupable de cette...
blague, je l'ai très sérieusement grondée.)

« Tiens! pense le frère aîné ou le camarade, ma
mère ou mon maître ne dit pas la vérité, et je suis
puni lorsque je mens! »

Un autre jour, l'être parfait, intervenant dans une
discussion entre frères ou camarades, renvoie avec
perte celui qui a raison, ou bien de la même
manière celui qui a raison et celui qui a tort.

« Tiens! pensent les deux enfants, et avec eux la
galerie, notre mère ou notre maître n'est pas juste,
et cependant ils nous disent toujours qu'il faut
donner à chacun son dû, qu'il ne faut pas faire aux
autres ce que nous ne voulons pas qu'on nous fasse
à nous-mêmes. »

Un autre jour encore, la mère ou le père donne
un coup de pied à un chien ou bien à un chat.

« Tiens! pensent les enfants, mon père ou ma
mère brutalise un animal; cependant l'un et l'autre
nous recommandent de traiter les animaux avec
douceur. »

Quelquefois, c'est un malheureux qui s'adresse en vain à la pitié, alors que presque toutes les histoires racontées à l'école ont pour sujet la bienfaisance ou l'aumône; enfin c'est une colère qui vient scandaliser les enfants auxquels on a dit que la colère est une sorte de folie, et que l'on enferme les fous dans des cabanons!

Et chaque fois la désillusion est instantanée, et rien ne la viendra plus atténuer; le charme est rompu. C'est ce qui est arrivé aux petits élèves de « ma fille », et je porte le deuil avec elle; je pourrais le porter avec ma petite amie qui se sert des souris comme épouvantails; je pourrais le porter avec quantité de mères, avec quantité d'institutrices.

Résumons-nous. Si nous voulons conquérir, puis conserver l'*autorité*, il faut prouver aux enfants que nous les aimons. Puis il faut faire le possible pour nous bien porter.

Il faut avec un soin scrupuleux nous surveiller pour ne pas nous laisser dominer par nos nerfs, qui sont des maîtres tyranniques.

Il faut savoir que les enfants sont nos juges, qu'ils ont une sorte de divination de nos faiblesses.

Or, je le répète de nouveau : « malheur à celui qui scandalise un de ces petits »!

VII

Nous avons dit dans un précédent chapitre que l'école maternelle doit être un milieu dans lequel on obéit librement, dans lequel on vit confiant; où l'on respecte les maîtresses; où les conflits s'arrangent à l'amiable; où l'on accueille le boudeur qui revient; où l'on ne taquine pas; où l'on ne se moque pas; où l'on ne dénonce pas. C'est donc un milieu où règne la fraternité : sentiment indispensable à la vie morale d'êtres élevés en commun, destinés à vivre côte à côte, de deux ans à treize ans, dans les écoles, puis à l'atelier, et peut-être leur vie entière dans le même village, ouvriers d'un même champ ou d'une même manufacture.

La fraternité, fille de la charité, est la mère de la concorde et du sacrifice, et à ce titre elle est d'un tel prix pour l'éducateur, qu'il doit s'efforcer de la faire naître, et de la faire en quelque sorte déborder dès le premier éveil de l'âme enfantine; le bébé, élevé dans la famille avec ses frères et ses sœurs, est appelé à partager avec eux la friandise qu'il porte à sa bouche, et la façon dont il s'exécute est un indice précieux pour la mère attentive; le frère aîné, qui a peut-être deux ans, rend, pour peu que la mère l'y invite, caresse pour caresse, friandise pour friandise....

Plus difficilement, mais avec de grandes chances de succès, si elle est insinuante, persévérante et surtout judicieuse, la maîtresse employée dans une école maternelle amènera les petits et les grands à partager ensemble, à vivre en bonne intelligence et même en cordialité; mais la tâche est fort délicate, parce que, trop facilement, sans s'en douter et avec la meilleure volonté du monde, l'éducatrice, si elle n'a pas le jugement très sûr, peut aller à l'encontre de son but et, en croyant semer la fraternité dans les cœurs, développer l'égoïsme chez les petits, la jalousie, puis la rancune chez les autres.

Elle peut développer l'égoïsme chez les petits et la jalousie, puis la rancune chez les grands, si elle exige de ces derniers des sacrifices trop durs pour leur âge, trop fréquents aussi, dont ils ne comprennent pas l'importance, et dont ils ne voient que le côté vexatoire. Le plus petit auquel ils cèdent toujours — par force — devient exigeant, autoritaire. La friandise que l'aîné savoure (n'oubliez pas que cet « aîné » a peut-être trois ans et qu'en aucun cas il n'en a plus de six), le jouet qui le divertit, la place qu'il a choisie, parce qu'il la trouve bonne, sont immédiatement considérés par le bébé, qui abuse de son *droit de faiblesse*, comme sa place à lui, son jouet à lui, sa friandise à lui; et il s'élance pour prendre ce qu'on ne lui cède pas tout de suite.

Deux exemples tout récents, presque d'hier : Je voyageais dans un train de chemin de fer, ayant pour compagnons de route deux groupes, l'un composé du père, de la mère et de deux petits garçons, dont le plus jeune devait avoir trois ans et l'aîné peut-être six; et l'autre, d'une mère avec son bébé de trente mois, et sa fille de huit ans.

Le petit garçon de trois ans jouait gentiment avec son frère, tant que celui-ci restait assis sur la banquette, ou debout, sur la place laissée libre par les voyageurs; mais, dès qu'il était attiré vers la portière par un incident quelconque, le bébé s'élançait, réclamait la place, et comme invariablement le père ou la mère déclarait à l'aîné qu'il *fallait* céder, celui-ci s'asseyait tristement, pendant que l'usurpateur trônait à la place conquise — trônait pendant quelques secondes, car, en somme, le paysage n'était point fait pour le retenir. — Une fois, comme les parents, occupés d'autre chose, ne se hâtaient pas assez de faire le jeu du petit tyran, celui-ci a saisi l'oreille de sa victime, l'a secouée vigoureusement, et, comme la victime ripostait par une calotte, le père s'est précipité, a — sans enquête — allongé une gifle à son fils aîné, et bébé a souri de son triomphe, pendant que son frère pleurait silencieusement.

Du côté des petites filles, une scène analogue se jouait : la toute petite, un peu énervée par un long voyage, devenait difficile à distraire; sa grande sœur s'ingéniait d'une façon vraiment charmante à lui faire passer son temps : tantôt elle la mettait à la portière, mais alors le bébé ne *voulait* être retenu ni par le bras, ni par son vêtement; tantôt elle lui faisait, avec un journal, un chapeau de gendarme, un éventail, mais l'enfant agacée exigeait toujours le contraire de ce qui lui était proposé, et chaque fois la mère prenait parti pour le tyran contre l'opprimé. A un certain moment l'injustice a été si criante, que la fillette s'est révoltée et a reçu sa gifle, elle aussi. Je puis dire que toute cette partie du voyage a été empoisonnée pour moi, et cependant ma mémoire emmagasinait des notes, et je me disais que mon temps n'était pas perdu.

Oui, le grand frère doit céder au petit frère, et le grand camarade au petit camarade; mais dans une certaine mesure, et c'est la justice qui tient la balance. Sans cela l'éducation fait fausse route, et les résultats déplorables sont ceux que j'ai indiqués plus haut. Si vous assistez parfois à une scène qui vous scandalise, parce qu'un enfant abuse de sa force contre un autre, demandez-vous si ce n'est pas le père, la mère ou l'école qu'il faut accuser du méfait.

J'avoue que trouver la « mesure », la juste, celle qui développera l'esprit de fraternité aux dépens de l'égoïsme, est chose très difficile; j'avoue aussi que le nombre des enfants réunis autour d'une seule maîtresse aggrave la difficulté; mais ce dont je suis convaincue, c'est que vous n'arriverez jamais par le dressage en bloc.

Quand nous serons bien persuadés que l'égoïsme est le vice le plus contraire au perfectionnement moral de l'humanité, tandis que l'amour est la vertu qui engendre ce perfectionnement moral, aucune peine ne nous coûtera pour développer la fraternité et pour étouffer l'égoïsme.

Si jouir aux dépens d'autrui, s'enrichir aux dépens d'autrui, s'élever aux honneurs aux dépens d'autrui paraît tout naturel à la plupart des hommes, c'est qu'au seuil de la vie, dans la famille, puis à l'école maternelle et à l'école primaire, sauf à l'heure des *leçons* théoriques de morale, on ne s'est pas efforcé d'abord de faire contracter des habitudes de fraternité, ensuite de faire comprendre tout l'odieux de l'égoïsme *sous toutes ses formes*; or l'égoïsme sous toutes ses formes habite les maisons et court les rues; le bébé que sa mère allaite est égoïste, le vieillard que la tombe attend est égoïste lui aussi.

- L'éducateur, qui veut assurer le triomphe de

l'amour contre l'égoïsme, doit donc rechercher ce
dernier dans toutes ses manifestations, et s'en préoccuper d'autant plus que l'individu est plus jeune,
car plus tard il est trop tard. Cependant l'école, à
tous ses degrés, ne manifeste pas assez de répulsion pour ce vice; aussi les enfants deviennent-ils
sans s'en douter, et par conséquent sans remords,
égoïstes comme les hommes.

Permettez-moi encore un exemple, cueilli en
pleine vie, et par conséquent suggestif.

Je me trouvais dans une station thermale du Midi,
station très modeste, où il y a cependant un casino;
mais le casino ne m'avait point encore attirée,
tandis que je m'intéressais à une famille de comédiens ambulants dont la baraque sordide était
adossée à la maison que j'habitais. La troupe se
composait du père, de la mère, des trois enfants
et d'un acteur plus ou moins associé. Ces six personnes interprétaient soit des pièces que l'on joue
sur de *vrais* théâtres, soit des adaptations de ces
pièces, soit enfin des improvisations.

Certes le père et la mère auraient pu employer
autrement leur intelligence et leurs forces, au
moins auraient-ils pu se livrer dans la journée à un
métier qui aurait tempéré ce que l'existence de la
famille avait d'imprévu et de misérable; mais les
enfants étaient bien soignés, entourés d'affection, et
rien dans leurs allures ne choquait quand on les
comparait aux enfants de l'endroit, alors en vacances.

Tous les soirs, pendant que le père allumait les
quinquets, que la mère endormait le plus petit, et
que l'associé tâchait de retenir, pour la représenta-

tion, les personnes qui traversaient la place, le fils
aîné parcourait la longue avenue qui traverse la
ville, en battant du tambour pour annoncer à la
population que le spectacle allait commencer.

Les spectateurs arrivaient lentement; c'étaient
en majorité des enfants, garçons et filles, dont quelques-uns portaient leurs frères ou leurs sœurs plus
jeunes dans leurs bras. On s'asseyait sur des plan-
ches qui reposaient sur de légers tréteaux, on cau-
sait, la plupart du temps, du spectacle de la veille,
ou bien on cherchait à deviner le sujet de la représentation qui allait avoir lieu. Bientôt toutes les
places étaient prises, et les comédiens, s'ils étaient
encore naïfs, espéraient une bonne recette.... Hélas!
la mère de famille paraissait avec une assiette de
métal, pour réclamer à chacun les dix centimes,
prix de sa place.... C'était le signal de la déban-
dade. Tout à l'heure il y avait soixante personnes
assises sur les bancs, il en restait à peine quinze.
La malheureuse femme rentrait dans la baraque.
espérant que quelques retardataires consciencieux
viendraient grossir sa maigre recette.... Les bancs
se remplissaient de nouveau; la comédienne repa-
raissait, et la défection se reproduisait. De guerre
lasse, le père levait le rideau, la pièce commen-
çait; elle était jouée pour une vingtaine de spectateurs assis, et pour cent personnes debout, qui
jouissaient, sans bourse délier, d'un spectacle pas
mal joué du tout, et auquel la morale la plus aus-
tère — au moins pour ce que j'ai entendu — n'avait
rien à reprendre.

Une quantité d'écoliers des deux sexes étaient là;

j'aurais voulu que leurs instituteurs y vinssent un
soir, et leur fissent toucher du doigt leur égoïsme,
qui, dans ce cas, confinait au vol, à l'escroquerie.
Les pauvres enfants n'y ont jamais pensé. Comment
auraient-ils eu des scrupules, puisque leurs parents
les encourageaient par leur présence, et donnaient
parfois le signal de la fuite au moment de payer,
et puisque l'école n'avait jamais attiré leur attention
sur ce fait ou sur des faits analogues? Car la leçon
de morale se traîne constamment dans les généra-
lités, elle propose toujours les mêmes exemples;
ainsi l'enfant sait qu'il ne doit pas voler un pain
chez le boulanger ou des bottines chez le cordonnier; il sait que c'est mal de faire perdre son gagne-
pain à un être qui travaille. Mais quel est donc
l'écolier qui vole un pain ou des bottines? Quel
est celui qui a jamais fait perdre sa place à un père
de famille? Aussi la leçon passe-t-elle au-dessus de
la tête de tous les élèves; beaucoup d'entre eux
continuent dans les partages à se réserver le plus
gros ou le meilleur morceau; s'il passe un cortège
dans la rue, ils se faufilent au premier rang, sans
se préoccuper des plus petits qui, derrière eux, ne
voient rien; ou bien encore, comme c'est ici le
cas, ils profitent gratis du travail d'autrui et vont
acheter des bonbons avec les dix centimes qui
auraient dû acquitter le prix de leur place. Tout
cela c'est de l'égoïsme, de l'égoïsme préjudiciable à
celui contre lequel il s'exerce, de l'égoïsme avilis-
sant pour celui qui s'en rend coupable.

VIII

La famille et l'école doivent développer aux dépens de l'égoïsme la fraternité, fille de l'amour, mère de la concorde et du sacrifice.

Quelques personnes y pensent. Ainsi j'extrais d'un paquet de lettres les lignes suivantes :

« Madame, je vous prie d'inscrire mon petit-fils, âgé de quelques mois, au nombre de vos souscripteurs pour le *Sauvetage de l'Enfance*; je vous prie en outre — et cette demande est, je le reconnais, tellement indiscrète que je dois m'en excuser tout d'abord — de vouloir bien lui notifier vous-même, en quelques lignes, son inscription sur les registres de votre belle œuvre. Votre lettre constituera, avec son acte de naissance, ses premières archives; elle sera son premier titre de noblesse. »

Le signataire de ces lignes sait que l'éducation est un ensemble de bonnes habitudes; son expérience lui a appris qu'une bonne habitude ne saurait être prise trop tôt, et, comme *il veut* que son petit enfant soit généreux, il cherche à lui donner, dès son entrée dans la vie, l'habitude de la générosité; peu à peu, l'enfant en comprendra toute la portée morale.

Or, en quoi consiste la générosité? Elle consiste, d'abord, à faire abandon à autrui d'une partie plus ou moins considérable de ce que l'on possède, et elle est d'autant plus méritoire que cet abandon a pour conséquence une privation plus appréciable; elle consiste aussi, et alors elle devient plus noble, dans l'oubli de soi-même au profit des autres. Dans sa première manifestation, le partage, elle est le contraire de l'avarice — c'est la générosité; — dans la seconde, elle est le contraire de l'égoïsme : c'est la fraternité.

Apprendre à l'enfant à partager les choses matérielles, et plus tard à se réjouir de ce qui arrive de bon à autrui, même lorsque la satisfaction ou le bonheur d'autrui sont contraires à sa propre satisfaction, à son propre bonheur : tel est le but que doit poursuivre l'éducation, et, si elle veut réussir, il faut qu'elle s'y prenne le plus tôt possible, dès les premiers jours,... comme le grand-père dont j'ai transcrit ci-dessus la lettre touchante.

Mais, me disent les observateurs superficiels, dans toutes les familles, et dès l'âge le plus tendre, l'enfant est appelé à se répandre en générosités. On lui demande un petit morceau du biscuit qu'il ne peut encore croquer, du sucre d'orge qu'il suce; la moitié de la pastille de chocolat qu'il est en train de porter à sa bouche; s'il est trop jeune pour comprendre, on fait mine de s'emparer de la part de friandise que l'on a l'air de désirer....

« On fait mine », mais on ne prend rien, et l'enfant n'est pas longtemps dupe de la plaisanterie. Il s'aperçoit très bien que sa portion n'a pas diminué; aussi se livre-t-il de bonne grâce à un jeu auquel il ne risque rien. C'est de l'éducation à rebours; car à ce procédé, non seulement l'enfant ne devient pas généreux, puisqu'il ne donne rien, mais il bénéficie d'une apparente bonne action : on le remercie, on le félicite, ce qui est absolument immoral.

L'éducateur soucieux de réussir ne saurait, au contraire, s'y prendre trop tôt pour semer et cultiver la bonne habitude. Au bébé de quelques mois qui n'a pas encore de dents pour grignoter son biscuit, il en demandera un morceau, le détachera et le mangera ostensiblement, et à chaque biscuit donné il renouvellera l'expérience, de telle sorte que le bébé associera peu à peu sans s'en douter l'idée de partage à l'idée de biscuit, et qu'il l'étendra bientôt à toutes les friandises. Il prendra l'habitude de ne pas avoir exclusivement pour lui les choses qui lui sont particulièrement agréables, et cette habitude finira par faire partie de sa personnalité morale.

Mais ce qui lui fait particulièrement plaisir, ce n'est pas seulement les gâteries destinées à l'estomac; il y a aussi les baisers, les caresses, les bonnes câlineries sur les genoux. Le bébé devra s'habituer à en avoir seulement sa part; le frère ou la sœur plus âgés ne seront jamais oubliés, et systématiquement on appellera son attention sur la nécessité de donner à chacun son dû : « Assez pour bébé, dira-t-on; au grand frère ou à la grande sœur maintenant », et l'habitude du partage, pour les choses morales, naîtra peu à peu comme est née celle du partage pour les choses matérielles.

Trop souvent on a dit aux aînés : « Laissez cela; c'est pour bébé »; trop souvent on leur a refusé des câlineries, en leur disant : « Vous êtes trop grands, c'est pour le petit frère »; or le « petit frère » entend et fait son profit, c'est-à-dire qu'il devient égoïste et que sa formule, inconsciente d'abord, se résume en ces trois mots : « Tout pour moi », alors que la perfection, vers laquelle l'éducation devrait le faire tendre, a pour formule : « Tout pour les autres ».

A mesure que l'enfant grandit, les occasions de penser aux autres et de les faire profiter de ses privilèges se multiplient. D'abord il ne pouvait offrir que la moitié de son gâteau, de son sucre d'orge ou de sa bille de chocolat; mais aujourd'hui il a des jouets et peut les prêter, il peut même en donner un à l'occasion. Au début il ne donnera guère que le plus détérioré; mais, bien conseillé, délicatement guidé, il arrivera à consulter le goût du destinataire, et à choisir pour autrui les choses auxquelles il tient le plus pour lui-même. Malheureusement la plupart des parents sèment dans le cœur de leurs enfants des idées contraires. Non seulement ils leur défendent de donner, mais ils leur interdisent même de prêter. Nous n'avons pas encore réussi à faire apporter chaque matin les jouets personnels à l'école. « Maman n'a pas voulu, disent les enfants; elle a dit qu'on nous abîmerait nos jouets neufs. »

Quel dommage! Figurez-vous un enfant qui, dès l'âge de cinq ou six mois, aura commencé à partager ses bonbons et aura été témoin des caresses faites par ses parents à ses frères et à ses sœurs : cet enfant trouvera tout naturel de prêter son ballon et son cerceau, de partager ses billes; il le fera d'abord par habitude; peu à peu il jouira de la joie d'autrui et, par plaisir, il donnera définitivement à des camarades, moins heureux que lui, des objets auxquels il tient. C'est ce qui arrivera, j'en

suis sûre, au petit-fils de mon correspondant. Graduellement aussi la générosité, d'abord appliquée
aux choses matérielles, s'élèvera jusqu'aux sacrifices plus intimes. L'enfant *habitué à la générosité*
donnera de bonne grâce un coup de main pour
terminer une tâche, pour soulever un fardeau trop
lourd; il expliquera à un camarade un passage resté
obscur; il renoncera à une partie de plaisir pour
tenir compagnie à un ami malade. Je vois d'ici,
encore, le petit-fils de mon correspondant s'oubliant
lui-même pour les autres,... par une habitude du
cœur prise de longue date, et je voudrais pouvoir
me figurer la généralité des enfants de nos écoles
enrichis de cette habitude du cœur.

Le moment le mieux choisi pour semer le bon
grain de générosité dans nos écoles maternelles,
puisque la plupart des parents nous laissent tout
à faire est la période de Noël et du 1er Janvier.... Il
faudrait incliner les enfants à mettre en commun
une partie des étrennes reçues, au profit des camarades qui n'ont rien eu du tout; car il y a des
milliers et des milliers d'enfants qui n'ont pas les
joies si poétiques du renouvellement de l'année!
Il y a des milliers d'enfants qui, toujours nu-pieds,
n'ont pas même de sabots à mettre dans la cheminée la nuit de Noël!

En même temps que la générosité, il faut semer
la pitié dans les jeunes cœurs, et l'inspirer, d'abord,
pour les animaux qui sont plus près de l'enfant que
ne le sont même ses pareils. Or cette partie de l'éducation morale est trop souvent négligée, ou traitée
sans conviction; aussi les enfants continuent-ils à

mériter l'apostrophe de La Fontaine : « Cet âge est
sans pitié ». Un jour dans une école, le sujet que
traitait la maîtresse m'a amenée à demander aux
enfants de me citer quelques petites bêtes. On
aurait dit qu'ils passaient leur vie au milieu des
éléphants et des girafes, car plus j'insistais sur les
mots « toutes petites bêtes », moins ils arrivaient
à me satisfaire. — Une chèvre, me répondait-on. —
Une plus petite, beaucoup plus petite? — Un chien.
— C'est encore trop gros. N'avez-vous pas vu, dans
le jardin, de toutes petites, toutes petites bêtes qui
travaillent tout le temps, qui sont très souvent en
bandes nombreuses, qui transportent des fardeaux
plus gros qu'elles? — Non! » Les petits, très ferrés
sur le rhinocéros, semblaient ne pas connaître les
fourmis! Je leur parlai donc des fourmis et quand
j'en eus dit tout ce que j'en voulais dire : « Nom-
mez-moi maintenant une toute petite bête, plus
petite encore peut-être que la fourmi, et qui saute
au lieu de voler ». (Il n'est pas difficile de deviner
que je voulais faire nommer la puce, et je m'atten-
dais à une réponse de la classe tout entière, car nous
étions dans le Midi, tout à fait dans le Midi.) Personne ne dit mot. « Comment! insistai-je, un tout
petit animal qui saute, que vous voyez,... trop souvent. — Oui! s'écrie un petit garçon, *une mouche
quand on lui a arraché les ailes!* »

IX

Parallèlement à l'amour du bon dont l'éducateur essaye de donner l'habitude à ses pupilles, il est nécessaire de faire naître et de cultiver l'amour du beau. C'est un levier puissant vers la vie élevée, c'est par conséquent une force contre les petitesses, les vulgarités, les malpropretés.

Pour faire aimer le beau, il faudrait entourer l'enfant de choses belles : or elles sont rares dans nos écoles; nous avons été jusqu'ici mal habiles à orner nos classes, à mettre entre les mains et sous les yeux de nos élèves des objets irréprochables de forme, harmonieux de couleurs; nous n'avons pas assez craint les bruits discordants, et nous avons même négligé ce que la nature nous offre à si bon compte : je veux parler surtout des plantes et des fleurs.

Ainsi, pour l'ornementation du local scolaire, une quantité de plantes vertes seraient à notre disposition pendant toute l'année : par exemple, le sapin, le fusain, le lierre, non pas débités par branches qui se dessèchent et produisent, au bout de quelques jours, un effet lamentable, mais pourvus de racines et plantés dans des caisses.

Les enfants seraient invités, par groupes et par semaine, à soigner les plantes, à les arroser, à maintenir sur le poêle, pendant l'hiver, un vase plein d'eau, pour donner à l'air l'humidité dont elles ont besoin; à débarrasser leurs feuilles de la poussière qui les prive de respiration et les tuent lentement. Une saine émulation naîtrait entre les groupes et l'on aurait ainsi introduit dans la classe un nouvel élément d'éducation.

Dans la belle saison, les fleurs viendraient égayer ce que la vue de la plante verte a parfois de sévère. Mais un choix préalable s'imposerait. Quel que soit l'aspect riant de certaines fleurs, il est de toute nécessité d'éliminer celles dont le parfum est trop pénétrant : les jacinthes, les narcisses, le muguet et, plus tard, le lis. Mais que de trésors il nous resterait avec les violettes, les anémones, les primevères, les coucous, les giroflées, avec le lilas — en petite quantité — à cause du parfum ! Un peu plus tard viendraient les roses, et enfin toutes les fleurs des champs, si délicieuses dans leur simplicité.

Il faudrait enseigner aux enfants à les cueillir avec la tige aussi longue que possible ; à ne pas sacrifier les feuilles, qui sont une des parures du bouquet.

Le mieux serait, nous semble-t-il, d'avoir toujours, sinon un jardin, ce qui n'est pas possible dans tous les cas, au moins des plates-bandes tout autour de la cour, et des massifs au pied de tous les arbres, non pas pour les faire cultiver par les enfants — entre deux et six ans, on ne peut faire que de la mauvaise besogne, — mais pour que ceux-ci assistent à leur développement. C'est la vraie leçon de choses, celle que l'enfant expérimente par lui-même sans que l'on assassine son pauvre petit esprit à l'aide de notions dont il n'a que faire. Que l'enfant regarde, qu'il s'intéresse, qu'il cherche, qu'il devine, puis qu'il se rende compte. En tout cas, qu'il trouve la fleur belle; qu'il trouve belle aussi l'eau qui coule de la fontaine; qu'il admire le rayon du soleil glissant entre les branches, le regard lumineux de son petit frère qui lui tend les bras.

Si l'amour du beau était développé dans les écoles, on s'en apercevrait davantage dans la rue. Or, dans la rue, la laideur frappe presque partout nos regards, soit qu'elle s'y produise naturellement comme un champignon vénéneux, soit qu'elle provienne de la détérioration, par les passants, d'une chose belle en elle-même.

Je donnerai pour exemple de la laideur spontanée les dessins informes charbonnés sur les murailles, les inscriptions grossières crayonnées par des mains inhabiles, qui s'exercent dans le malpropre et l'odieux. Sous ce rapport, l'école pourrait exercer une meilleure influence. Les murs des classes et ceux de la cour sont à peu près respectés; l'enfant surpris en flagrant délit de détérioration est réprimandé, puni même, s'il y a récidive; insiste-t-on assez sur la nécessité de respecter en dehors de l'école ce qui appartient à autrui, ce qui appartient à des inconnus, ce qui appartient, comme la rue, à tout le monde?

Les enfants aiment à griffonner; ils ont le droit de le faire sur leurs ardoises, *parce qu'ils peuvent effacer ensuite* et que l'on n'est pas forcé de voir leurs insanités. Sur les murs, c'est autre chose : ce que l'on y inscrit reste; il faut donc s'abstenir d'y apposer des laideurs.

Quant à la laideur par détérioration d'une chose

belle en soi, elle se manifeste surtout sur les affiches qui couvrent les murailles des grandes villes. La peinture d'affiches a fait, depuis quelques années, des progrès merveilleux; après en avoir abusé en des tableaux d'une décence trop contestable, elle nous offre, en ce moment, des spécimens véritablement artistiques, qui seraient une fête pour les yeux s'ils étaient distribués avec plus de sobriété. Eh bien, ces tableaux, de vrais tableaux charmants dont les uns nous conduisent en imagination dans des pays enchantés, dont les autres poétisent certaines découvertes de la science, dont d'autres encore reproduisent les principales scènes des succès dramatiques du moment, ces affiches sont souillées, lacérées de telle façon que ce qui en était joli devient grotesque, ce qui en était gracieux ou élégant devient hideux. Parcourir aujourd'hui les rues entre deux rangées d'individus décapités, de femmes élégantes affligées d'énormes moustaches, de figures sans nez, devient un véritable cauchemar.

L'école doit atténuer ce mal; c'est encore une question d'éducation : on ne coupe pas les fleurs dans le jardin de l'école, pas davantage dans les jardins publics. On ne charbonne pas les murs de l'école, pas davantage les murs des maisons particulières ou des édifices publics. On ne déchire pas les images de l'école, pas davantage les images collées dans la rue....

On ne dit pas de grossièretés à l'école, on ne chante pas de chansons malpropres à l'école; on ne doit pas davantage dire des grossièretés dans la rue,

chanter dans la rue des chansons malpropres : tout
se tient.

Ces observations toujours ont leur raison d'être,
mais surtout avant les fêtes de la rue, telles que le
carnaval ou la mi-carême.

Certes, rien de subversif dans un déguisement,
mais pourquoi le choisir inconvenant, malpropre ?

En résumé, l'éducation donnée dans l'école est
inutile si elle est exclusive à l'école : elle est faite
pour la rue, pour la maison paternelle, pour la vie.

CHAPITRE III

Punitions.

Punitions injustes ou imprudentes. — Punitions n'ayant
aucun rapport avec la faute commise. — Les fautes des
petits doivent être réprimées au moment même du flagrant
délit. — La punition doit être moralisatrice.

J'enregistre ici quelques notes prises sur le vif
au sujet des punitions et des récompenses, et je les
discute une à une.

Note I. — Ce qui frappe mes yeux en entrant dans
la salle d'exercice de l'école de X..., c'est de voir
trois ou quatre enfants assis par terre, pendant que
leurs camarades comptent leurs bûchettes.

« Ce sont des enfants arrivés en retard, répond la
directrice à la question que je lui adresse.

— Viennent-ils seuls à l'école?

— Il n'y a pas de règle fixe : tantôt ils viennent
accompagnés de leur mère; tantôt ils arrivent mêlés
à un groupe de petits camarades; tantôt enfin ils
viennent seuls, leur demeure étant voisine.

— Ce matin, étaient-ils seuls ou bien accompagnés? »

La directrice ne le savait pas ; elle avait puni les enfants qui troublaient l'ordre de la classe en arrivant après l'exercice commencé, et c'était tout.

Raisonnons un peu ; examinons cette question de l'exactitude à l'école maternelle, et même à l'école primaire. A l'école primaire, elle est essentielle, sans elle il n'y a pas d'école possible : ni éducation, ni enseignement.

A l'école maternelle, ce principe ne saurait être rigoureux ; il faudrait y procéder par individus. Lorsqu'une mère, ordinairement occupée, *peut* garder son enfant, et qu'elle *veut* le garder, c'est pour tous les deux une bonne fortune, et la directrice *avertie* doit s'en réjouir.

Si le travail de la mère commence un peu plus tard que d'habitude, il est tout naturel encore que l'enfant aille plus tard à l'école ; enfin, en thèse générale, lorsque l'enfant ne peut venir seul, lorsqu'il est par conséquent solidaire de sa famille, c'est une injustice de le punir s'il a été inexact.

Et même pour l'école primaire, lorsque l'inexactitude n'est pas habituelle, il conviendrait de distinguer aussi. Les ménages d'ouvriers sont sujets à des difficultés qui n'atteignent pas ceux de la classe aisée ; mille occasions indépendantes de la volonté de l'enfant peuvent le retenir au moment du départ ; il me paraît donc injuste d'appliquer une discipline inexorable — injuste et très imprudent ; car fermer la porte aux retardataires, c'est les livrer aux dangers du vagabondage.

Revenons à nos enfants assis par terre ; ils sont punis. Pourquoi ce genre de punition plutôt qu'un autre? Cette punition a-t-elle un rapport quelconque avec la faute commise (en admettant qu'il y ait une faute en effet)? Moralisera-t-elle les petits coupables, c'est-à-dire les empêchera-t-elle demain de commettre la même faute?

Être assis par terre n'a aucun rapport avec l'inexactitude. Je comprendrais, par exemple, que le retardataire vît sa récréation légèrement écourtée (je dis « légèrement », parce que les impressions sont fugitives à l'âge où l'on fréquente l'école maternelle). Cinq minutes de « détention » peuvent être profitables; au bout de dix minutes, l'enfant ne saurait plus dire pourquoi il n'est pas avec ses camarades; quelquefois même il ne s'aperçoit plus qu'il n'est pas avec eux : il s'est arrangé une petite récréation pour lui tout seul, s'il est industrieux, ou bien il rêve.

Je comprendrais encore que l'enfant arrivé en retard fût privé d'un jouet à l'heure de la récréation pendant un temps proportionné au retard dont il s'est rendu coupable; mais l'asseoir par terre, ou bien lui mettre le nez contre le mur,.... non! cela me paraît déraisonnable.

Ah! s'il avait voulu, étant à côté de ses camarades, empiéter sur leur place, s'il avait été un désagréable voisin, la punition me paraîtrait rationnelle, tandis qu'elle ne l'est pas du tout.

Si, du choix de la punition, nous passons à l'effet produit sur les coupables, nous pensons qu'il est très mauvais. En effet, si le retard est du fait de l'enfant lui-même, il est assez probable qu'il a été causé par le peu de goût que celui-ci prend à la classe : c'est sans doute un enfant qui préfère la flânerie aux occupations, la liberté de la rue à la contrainte relative de l'école, le désordre de ses pensées à la petite tension d'esprit que l'on exige de lui à certains moments. Or là, par terre, tous ceux qui ont commis la faute sont dans un état de somnolence qui aggrave leurs dispositions à l'oisiveté.

Hélas! de l'école maternelle à la prison cellulaire tout notre système pénitentiaire endurcit le coupable au lieu de le moraliser.

NOTE II. — Les enfants jouent dans la cour sous la surveillance d'une adjointe, et je cause dans la classe avec la directrice. Une pierre est lancée contre une des vitres.

La directrice se précipite :

« Qui a fait cela? demande-t-elle.

— C'est Henri, répondent plusieurs voix.

— Rentre immédiatement dans la classe! »

L'enfant obéit, s'assied sur un banc, et nous reprenons notre conversation. Elle dure longtemps. De temps à autre je jette un coup d'œil sur l'enfant puni. D'abord il attrapait des mouches; maintenant il semble sommeiller. Je l'appelle et dès qu'il est près de moi :

« Tu ne sais donc pas que c'est mal de jeter des pierres contre les vitres? »

Il ne répond pas.

« Est-ce la première fois que tu le fais?

— Non, j'en ai jeté une à la maison.

— Que t'a dit ta mère?

— Elle m'a battu. »

Cet enfant avait donc commis deux fois la même faute, il avait été puni deux fois sans avoir entendu un seul mot propre à le faire réfléchir, et le prémunir contre une nouvelle récidive.

Que la mère ignorante se soit contentée d'une correction manuelle, passe encore; mais que l'institutrice soit restée muette, c'est attristant.

« A-t-on fait remplacer la vitre que tu as cassée chez toi? demandai-je à l'enfant.

— Oui.

— Qui a payé le vitrier?

— Maman.

— Eh bien! ta pauvre maman et ton papa ont de la peine à gagner leur argent; ils en ont besoin pour acheter du pain, de la viande, des souliers. Ta maman t'a battu pour que tu te souviennes de ta faute. C'est bien dommage que tu l'aies oubliée. Ici, tu n'as pas cassé la vitre, mais tu as manqué la casser, et puis tu aurais pu blesser un de tes camarades. »

L'enfant avait l'air de comprendre; deux petits écoliers venus dans la classe pour quelques arrangements étaient aussi très attentifs.

Conclusion : lorsque vous punissez un enfant en âge de comprendre, expliquez-lui pourquoi vous le punissez.

Je sais bien ce qu'aurait fait la directrice — elle me l'a dit : elle aurait attendu que tous les enfants fussent réunis, et elle leur aurait raconté l'histoire d'un petit garçon qui jetait des pierres contre les vitres; mais personne, pas même le petit coupable, ne se serait soucié de l'allusion.

Les fautes doivent être prises sur le vif, et la
leçon donnée au moment même du flagrant délit, si
l'on veut qu'elle porte.

NOTE III. — Nous entrons dans une classe enfantine
située dans un adorable paysage, d'autant plus adorable que le printemps est venu tard cette année : les
arbres fruitiers sont encore blancs et roses ; les blés
tout jeunes sont moirés de teintes vert pâle ; le
feuillage des châtaigniers et des hêtres projette sur
le sol de petites plaques d'ombre pailletées par
l'or des rayons du soleil ; la frêle ramure des bou-
leaux frissonne, caressée par la brise ; tout est
riant, tout est embaumé. Les enfants ont, pendant
une partie de la matinée, gardé leurs bestiaux dans
ce paradis, ils ont humé le grand air, ils se sont
grisés de liberté, et ils ont appris beaucoup de
choses.

« Ça, c'est du blé, m'a dit l'un, que j'ai rencontré
sur la route. Ça, *c'est* des choux ; je viens en chercher tous les jours pour mes lapins. » Ils apprennent
aussi le respect de la propriété d'autrui, puisqu'ils
empêchent leur bétail de sortir des limites de leur
champ. Mais l'heure de la classe a sonné, ils sont
rentrés, et, lorsque j'arrive, ils sont là depuis une
heure environ. Les volets sont aux trois quarts
fermés, les fenêtres sont complètement closes,
l'atmosphère est lourde ; je trébuche sur des enfants
à genoux par terre : il y a quatre garçons d'un côté,
trois filles de l'autre. « Ils ont oublié quelque chose
chez eux : un cahier, un porte-plume, un livre. Où
demeurent-ils ? — Dans le village, pour la plupart,
sauf une petite fille qui vient d'une ferme éloignée. »

Or le village est grand comme ma main. En cinq minutes les petits étourdis, les petits négligents auraient pu réparer leur étourderie ou leur négligence; on aurait peut-être pu suppléer au manquement de la petite fille dont la demeure est plus éloignée, sans préjudice, si on le croyait nécessaire, d'une punition ultérieure, mais d'une punition moralisatrice. Que n'a-t-on pas dit, depuis dix ans surtout, contre les punitions infamantes! contre ces punitions qui humilient, avilissent, font germer la haine au lieu d'ouvrir l'âme aux bonnes influences! Tout a été dit; il semble que nous en avons fini pour toujours avec ce vieux système pénitentiaire, et tout d'un coup, au milieu d'un paysage radieux, fait pour élever l'âme vers les régions les plus pures, on se trouve précipité dans un trou noir!

NOTE IV. — Classe des grands (quatre ans et demi à six ans, ne l'oublions pas). Tous les enfants sont penchés sur leurs cahiers ou leurs ardoises; « penchés » n'est pas tout à fait exact; c'est « couchés » qu'il aurait fallu dire; ils écrivent enfin dans les plus mauvaises conditions du monde. D'ailleurs, très absorbés par leur travail; on entendrait une mouche voler. Qu'écrivent-ils ainsi? Le modèle se détache en grosses lettres sur le tableau noir : NOUS SOMMES DES BABILLARDS. Je devine qu'un orage a passé sur la classe et je demande à la jeune maîtresse (remarquez, je vous prie, en passant que c'est une *jeune* maîtresse) si cet exercice est marqué sur son emploi du temps. « Non », me répond-elle sans aucun embarras, ce qui prouve qu'elle croit avoir bien fait. « Nous aurions dû jouer avec les cubes; mais comme ils ont parlé, je les ai punis, je leur ai donné un pensum. »

Oui! ces enfants, dont l'aîné n'avait pas dépassé six ans, faisaient un pensum!

J'étais tellement triste et indignée, que je ne trouvai rien à dire tout d'abord; je me mis donc à examiner les *pages*. Des hiéroglyphes, vous n'en doutez pas. Dès la troisième ligne, il était impossible de déchiffrer de quel méfait chacun des enfants s'était rendu coupable. Étaient-ce des lettres? Étaient-ce des figures? Étaient-ce des chiffres? Tous les défauts que nous signalons si souvent à propos des pages d'écriture étaient aggravés.

D'ailleurs, les pensums, c'est fait pour être griffonné.

Mais, me diront les lecteurs naïfs, nous croyions que le pensum avait été supprimé! En effet; traduit devant le tribunal des gens qui ont à cœur l'éducation des enfants, c'est-à-dire le développement normal de leur corps, de leur intelligence et de leur cœur, il a été déclaré coupable, sans aucune circonstance atténuante. Coupable de fatiguer le corps, coupable d'endormir l'esprit, coupable de ne s'adresser ni à la réflexion ni au sentiment. Depuis que ce verdict sévère mais juste a été rendu, le pensum se cache honteusement dans les lycées et les écoles sous le faux nom de devoir supplémentaire, et comme il était inadmissible que l'on vînt le traquer dans l'école maternelle, il y est entré, et s'y est installé cyniquement sous son vrai nom.

Oui! j'ai trouvé le pensum à l'école maternelle! Et la maîtresse qui avait imposé ce pensum est une jeune maîtresse! La circonstance est aggravante. Une institutrice âgée, imbue des principes disciplinaires que nous ne pouvons plus accepter aujourd'hui, serait jusqu'à un certain point excusable de ne pas entrer dans nos vues; mais une jeune fille ou une jeune femme!

Elle a donc sitôt oublié que naguère elle en a subi de ces punitions qui excitent les mauvais sentiments au lieu de provoquer un retour du coupable sur lui-même et vers le bien? Or sans retour sur soi-même il ne peut exister de repentir.

Note V. — En entrant dans une salle d'exercices, j'aperçois un enfant dans un coin; son attitude était celle d'un enfant « buté ».

« Qu'a-t-il fait?

— Il a mordu son camarade.

— Et alors...?

— Alors, je l'ai mis dans ce coin, en lui disant qu'il y resterait jusqu'à ce qu'il ait demandé pardon.

— Y a-t-il longtemps qu'il est puni?

— Environ une demi-heure. »

L'enfant était « buté », ai-je dit. On lui avait parlé sèchement, on l'avait interné dans un endroit où il ne pouvait s'asseoir; on ne lui avait pas donné d'occupation; il s'ennuyait depuis une demi-heure et n'avait pas l'air disposé à l'expansion. Cependant je l'attirai vers moi. « La maîtresse t'a éloigné de tes camarades parce que tu mords; on éloigne aussi les chiens qui mordent, même on les attache ou bien on les enferme. On ne t'a pas enfermé, on ne t'a pas attaché, on a été bon pour toi; on n'a pas voulu te rendre malheureux, on a seulement voulu t'empêcher de mordre.... Sais-tu que cela fait mal, les morsures? »

L'enfant hocha la tête, ce qui voulait dire oui.

« Mordrais-tu ta petite sœur si mignonne? »

Deux larmes coulèrent sur les joues du petit coupable.

« Tu ne mordras plus jamais?

— Non.

— Veux-tu embrasser ton petit camarade?

— Oui.

— Demande-lui s'il te veut maintenant à son côté. »

Le colloque avait duré quelques minutes, car il avait fallu faire naître l'émotion dans ce petit cœur qui s'était cadenassé. Mais ces minutes avaient été bien employées, même pour les autres enfants.

Ai-je convaincu aussi la maîtresse de cette vérité qu'un mot allant droit au cœur moralise plus que tous les pensums et toutes les exclusions du monde? Je voudrais le croire.

NOTE VI. — Dans quelques écoles maternelles, une des punitions en usage est la privation de dessert pour les enfants dont le panier contient quelques gâteries.

Examinons, s'il vous plaît, le procédé en lui-même; cela en vaut la peine, car il est généralement adopté dans les familles et les pensionnats.

L'enfant est, sauf de très rares exceptions, porté à la gourmandise, et c'est tout naturel, puisqu'il est un être de sensations avant de devenir un être de sentiment et de raison. Les plaisirs intellectuels lui sont inconnus : sa « bête » se développe avant sa

tête et son cœur ; et s'il faut veiller à ce que l'un
des développements n'étouffe pas les autres, il ne
faut pas ajouter trop d'importance à une disposition
naturelle qui n'a rien de répréhensible en soi. La
réprimer sévèrement va, j'en suis sûre, à l'encontre
du but qu'on se propose. Autant je trouve légitime
de faire *gagner* son repas à l'enfant paresseux, en
âge de comprendre que le travail est indispensable
à la dignité de la vie, autant je trouve dangereux
de priver un petit enfant soit d'une partie essentielle
de son repas, soit d'une friandise, parce que c'est la
lui faire désirer, et lui faire attacher une valeur disproportionnée à une chose qui n'en a pas ; c'est,
en un mot, je le crains, le pousser à la gourmandise.

Ces idées-là me sont personnelles ; je n'ai pas
l'intention de les imposer ; je les soumets seulement
à la réflexion de mes lectrices et je reviens à mon
point de départ, c'est-à-dire à cette école maternelle
où l'on prive de dessert les enfants qui ont mécon-
tenté leurs maîtresses. Or voici ce que j'ai appris :
la directrice déclare au petit délinquant qu'il ne
mangera pas la friandise qui est dans son panier ;
mais il est entendu avec la femme de service que
celle-ci donnera le dessert en cachette.

Ce procédé est renouvelé de Victor Hugo :

> Jeanne était au pain sec dans le cabinet noir,
> Pour un crime quelconque, et, manquant au devoir,
> J'allais voir la proscrite en pleine forfaiture,
> Et lui glissai dans l'ombre un pot de confiture
> Contraire aux lois. Tous ceux sur qui, dans ma cité,
> Repose le salut de la société
> S'indignèrent....

Et je suis bien tentée de faire comme eux, et de
me récrier comme eux :

> ... « Cette enfant vous connaît,
> Elle sait à quel point vous êtes faible et lâche ;
> Elle vous voit toujours rire quand on se fâche,
> Pas de gouvernement possible.... »

Et pas d'éducation possible non plus. Ce qui est
follement exquis chez le grand-père (surtout quand
on le trouve exprimé en si beaux vers) ne peut vraiment être érigé en principe, ni dans la famille, ni
dans l'école. Tâchez d'élever les enfants sans les
punir ; mais, si vous les punissez, que la punition,
quelque anodine qu'elle puisse être, soit une punition sérieuse : c'est une condition essentielle pour
conserver votre autorité.

Et puis respectez l'enfant. Ce n'est pas le respecter que le faire assister à une sorte de comédie
de l'éducation.

NOTE VII. — Deux enfants se disputent en classe,
malgré la présence de la maîtresse, malgré la présence de l'inspecteur et de l'inspectrice... générale,
s'il vous plaît ! A bout d'arguments, l'un crache à la
figure de l'autre. Décidément le coupable ne respecte ni la classe, ni la maîtresse, ni les visiteurs.

L'inspecteur va vers lui et lui adresse un reproche
très bref et très sévère.

L'enfant baisse la tête ; il est visiblement honteux
de sa conduite.

La directrice intervient, voudrait faire de la
morale, punir....

L'inspecteur l'arrête d'un geste. Pourquoi insister,
puisque la première intervention a porté ?

L'exercice terminé, les visiteurs passent dans la classe voisine; mais il n'y a pas de chaises dans cette salle.

Alors, l'inspecteur s'adressant au petit coupable encore tout contrit : « Veux-tu, lui dit-il avec bonté, apporter une chaise à Mme l'inspectrice? » La figure de l'enfant s'éclaire, il comprend qu'il est pardonné, qu'on lui permet de se réhabiliter, et lorsqu'on l'envoie faire la paix avec son camarade, il l'embrasse de tout cœur.

Admonestation toute morale, réhabilitation toute morale.... C'est l'idéal.

CHAPITRE IV

Récompenses.

Nécessité, pour l'éducateur, de ne pas récompenser à la légère. — Admettre le système des récompenses, c'est admettre qu'il y a un contrat entre l'éducateur et son pupille. — Nécessité d'approprier la récompense à l'âge de l'enfant qui l'a méritée. — La « croix » excite plutôt la vanité qu'elle ne développe le sentiment de l'honneur. — La récompense ne respecte pas assez la pudeur morale de l'enfant.

NOTE I. — C'est le samedi; il est trois heures et demie — les enfants sortent à quatre heures.

La table de la maîtresse est couverte d'objets disparates : croix d'honneur, images en chromo, boîtes de carton, avec ou sans couvercles, bouts de ruban, vieux timbres-poste, bonbons, morceaux de papier de couleur, rognures d'étoffes,... un ramassis peu propre à relever l'idée morale de la récompense.

La maîtresse fait lever les enfants et, à la file, en commençant par les plus grands, ils passent l'un après l'autre, devant la table, choisissant chacun ce qu'il trouve de plus joli.

Quand il ne resta plus que des débris, les derniers se servirent presque sans regarder, pleins d'une indifférence très légitime; plusieurs restèrent les mains vides : il n'y avait plus rien pour eux.

Les enfants partis, je fis mes observations à la maîtresse.

a. Il me paraissait au moins étonnant que toute la classe eût été récompensée. Récompenser ainsi sans une sorte d'enquête morale préalable, en tout cas sans un mot de « rappel », tous les enfants qui fréquentent une école, c'est, pour ainsi dire, leur payer leur assiduité, avouer qu'ils ont droit à un dédommagement.

Une telle pensée n'avait pu germer dans l'esprit de la directrice, elle s'en défendit en toute sincérité.

b. Toute la classe avait défilé, en commençant par le plus âgé. Or ce plus âgé, qui avait choisi l'objet que tous désiraient probablement, était-il le plus digne? Et celui qui était venu après lui était-il plus honnête, plus sincère, plus obligeant que son camarade arrivé le troisième? Et les avant-derniers, qui avaient pris machinalement ce que les autres leur avaient laissé, avaient-ils vraiment leur dû?

La maîtresse était devenue songeuse. Malheureusement elle voulut se disculper :

« En réalité ces récompenses n'ont pas d'importance ! »

NOTE II. — Il m'est impossible de ne pas demander à un enfant « décoré » ce qui lui a valu la croix d'honneur, et je dois dire que, jusqu'à maintenant, je n'ai jamais été satisfaite de sa réponse. Neuf fois sur

dix, on a la croix « parce que l'on a été *bien sage* ».
C'est-à-dire — enquête faite — parce qu'on est resté
muet et les bras croisés comme une statue. Il y a
quelques jours cependant, j'ai entendu une variante :

« Pourquoi as-tu la croix, mon petit? » Pas de
réponse. « Parle-moi, mon chéri, je serai très contente de savoir pourquoi tu as eu la croix.

— Madame, intervient la directrice, je lui ai
donné la croix *parce que c'est un nouveau*, POUR
L'HABITUER. »

NOTE III. — Encore des croix d'honneur. C'est
comme s'il en pleuvait. Les enfants de deux ans
sont décorés; un de ces jours, la croix envahira les
crèches. Enfin, c'est une maladie chronique, contre
laquelle je lutte sans aucun succès; j'en prendrais
mon parti si, dans la pratique, on n'en faisait un
agent tout à fait contraire à l'éducation.

Un bébé de trois ans et demi à quatre ans, frêle,
pâle, les yeux battus, la peau transparente, les
cheveux décolorés, est orné du bijou en fer-blanc.

« Pourquoi a-t-il la croix? »

Ma question déroute d'abord la maîtresse.

« Et puis, à qui la décernez-vous en général?

— Au mérite.

— Qu'est-ce que le « mérite » pour des enfants de
cet âge?

— Madame, reprend la maîtresse, après avoir
vainement cherché une bonne raison, c'est ma directrice qui distribue les croix le samedi.

— Fait-elle quelquefois cette classe?

— Jamais.

— Alors... c'est sur votre proposition qu'elle

récompense : il n'est pas possible qu'elle distribue des croix à l'aveuglette?

— Oh! pour des enfants si jeunes il est bien difficile de les récompenser autrement! »

L'éducation au rebours!

Bref, il paraît que ce bébé chétif traçait des lettres avec quelque succès, et ma petite enquête m'a prouvé une fois de plus que les récompenses à l'école maternelle continuent à être décernées aux résultats intellectuels; ce sont des prix d'instruction; l'âme ne concourt pas.

Elle est cependant intéressante, l'âme enfantine. Elle est intéressante en elle-même; elle est intéressante aussi parce que c'est l'âme du pays. Quelques-uns, et je suis de ce nombre, pensent que l'âme même du pays est en danger, de plus en plus étouffée par l'intérêt matériel, et que ce serait grand'pitié de la considérer à l'école comme une quantité négligeable : déjà!

NOTE IV. — C'était le jour de la distribution des prix dans une ville manufacturière où la municipalité se montre très généreuse, sans doute pour dédommager les enfants de la vie qu'ils mènent dans leurs sombres taudis. La directrice me présente un beau petit garçon.

« Es-tu sage? demandai-je au bambin qui pouvait bien avoir quatre ans.

— Oh! madame, il a fait encore ce matin une scène épouvantable. »

Cependant la croix d'honneur était accrochée à son tablier!

Admettons le système des récompenses, puisqu'il

le faut, et discutons ensemble comme si, mes lecteurs et moi, nous étions d'accord sur le principe; comme si je le croyais aussi bon qu'ils le croient peut-être eux-mêmes.

Ce système consiste en une sorte d'échange entre l'enfant et l'éducateur. Celui-ci demande de l'obéissance (chose fort difficile à fournir pour quelques enfants), de la sociabilité, de la patience, de la sincérité, une certaine dose de tranquillité — qui constitue pour le pupille un très gros sacrifice, — une certaine dose de travail. Tout cela, en un mot, exige l'effort. Si cet effort est accompli, l'éducateur donne en échange un plaisir quelconque, en dédommagement de la peine que l'enfant a prise, et en vertu de cet axiome utilitaire : *Toute peine mérite salaire.*

Mais au moins faut-il que la peine ait été prise ! Payez-vous un cocher qui ne vous a pas conduit à destination? Payez-vous un commissionnaire qui vous a refusé ses services? Vous croyez-vous tenu d'acquitter la note d'un achat si l'objet acheté ne vous a pas été livré? Il n'est pas plus logique de récompenser un enfant tout simplement parce qu'il n'a pas mal fait, parce que la semaine s'est passée sans accroc grave, puisque — j'en reviens à mon point de départ — la récompense n'est due qu'à l'effort, puisque l'*effort* seul doit être tarifé, puisque c'est lui *seul* qui doit figurer dans une des colonnes de votre livre de comptes, pour peu que vous ayez pris au sérieux votre rôle d'éducateur ou d'éducatrice.

S'il n'y a pas eu effort, ou bien vous récompensez

tout le monde, et vous avouerez que ce procédé n'est rien moins qu'éducatif; ou bien vous faites un choix parmi les non-méritants, et vous commettez une injustice très coupable et très dangereuse.

Que dire alors de la maîtresse qui récompense l'enfant notoirement désobéissant, notoirement paresseux, notoirement tapageur en classe, notoirement menteur ou volontaire? sinon qu'elle fausse, par irréflexion, le sens moral du petit pupille, et qu'elle fausse en même temps celui de tous les camarades qui, ayant connu la faute, sont témoins de la faveur accordée à l'auteur du scandale. Jetez un coup d'œil sur l'avenir, à trente ou quarante ans d'ici, et si vous y voyez des solliciteurs d'emplois auxquels ils sont inaptes, des quémandeurs de récompenses honorifiques non méritées — de celles dont le public hausse les épaules ou bien de celles dont il s'indigne si elles sont accordées, et vous vous demanderez, je l'espère, avec angoisse, si ce résultat n'a pas été préparé, dès l'école maternelle, par l'abus des récompenses, par le manque de sérieux qui préside à leur distribution.

Puisque vous payez, ne payez que vos dettes; ne récompensez qu'à bon escient, c'est-à-dire, encore une fois, ne récompensez que l'effort.

Ce point admis, ne faut-il pas distinguer parmi les récompenses? Le plaisir offert en dédommagement ne doit-il pas être approprié à l'âge, au tempérament, au goût de l'enfant récompensé? Donnerez-vous une brouette à un élève de quinze ans, un fusil à une fillette, et un livre à un bébé qui ne sait pas lire? Ainsi présentée, mon idée fait sou-

rire; qui donc pourrait faire preuve de si peu de
réflexion?... Eh! mon Dieu, les directrices qui donnent la croix à des bébés de quatre ans! Or elles le
font toutes ou presque toutes.

Il tombe cependant sous le sens qu'il y a deux
sortes de récompenses : les récompenses matérielles,
tangibles, celles que l'on met dans la main de l'enfant, et qui ont pour lui une valeur immédiate : un
bonbon, une image, un jouet (quelques parents donnent des sous, et le *marché* devient alors flagrant);
et les récompenses morales : la bonne note que l'on
apporte le soir à ses parents, l'éloge donné en parti-
culier avec une caresse, ou bien décerné devant tous
les camarades. A cette récompense morale on a
ajouté les récompenses honorifiques, destinées sans
doute à provoquer l'émulation du bien. Ces récompenses honorifiques, dont les palmes et les croix
sont la représentation matérielle, ne sont donc pas
faites — du moins je l'espère — pour que le médaillé
se rengorge et regarde les autres de haut : elles ont
pour but de faire réfléchir ceux dont la boutonnière
ou le tablier d'écolier est dépourvu d'ornement, et
de les engager à faire l'effort moral, persévérant,
continu, par lequel on devient un être de bon
exemple et utile à la société. Mais il faut être arrivé à
un certain degré de développement moral pour envisager la récompense à ce point de vue; et lorsque
l'on ne peut l'envisager ainsi, on n'en est pas digne.

Je conclus : L'enfant de l'école maternelle ne peut
encore comprendre que la récompense matérielle
(n'oubliez pas, je vous prie, que je marche depuis
la première ligne sur le terrain des concessions,

ce que je dis, avec le ferme propos de moraliser la récompense, étant loin de me la faire admettre pour mon système personnel); et même pour qu'il apprécie cette récompense matérielle, il faut qu'elle suive immédiatement le fait qui l'a méritée. Incapable de s'élever à l'idée philosophique que pourrait représenter la croix d'honneur, il la ravale. Je vous en prie, ne donnez plus de croix d'honneur! Je vous en supplie encore, ne récompensez plus des enfants qui ont fait des scènes « épouvantables », ne récompensez pas davantage l'absence de volonté, et puis acheminez-vous, jour après jour, vers la récompense morale!

Je suis convaincue que certaines natures d'enfants seraient fières de faire le bien, sinon pour le bien — ce qui serait vraiment prématuré, — mais pour faire plaisir aux personnes qu'ils aiment. Ces enfants-là doivent être en quelque sorte froissés par la récompense matérielle. Voici, à l'appui de cette thèse, un fait dont j'ai été profondément émue.

Vous savez que l'*Union française pour le sauvetage de l'Enfance* possède un asile temporaire où elle hospitalise les enfants qu'elle recueille — pauvres créatures dont les unes ont été purement et simplement abandonnées par leurs parents, ce qui implique bien des souffrances préalables; d'autres qui ont été arrêtées sur la voie publique où leurs parents les forçaient à mendier; d'autres... (j'abrège, parce que les catégories sont trop nombreuses) que l'*Union* a arrachés à des tortures sans nom. Parmi ces enfants, les uns, issus de générations de malfaiteurs, ou de paresseux ou d'alcooliques, ignorent le bien parce qu'ils ne l'ont jamais vu; les autres, issus de familles dont la déchéance est plus récente, ont été plus ou moins à l'abri de ces douloureux héritages. Parmi les uns et les autres, il y a des natures merveilleusement fines que le mal n'a pour ainsi dire pas effleurées. J'aime à citer celui qui m'a paru le plus intéressant : c'est un petit garçon de neuf ans, intelligent, déluré, violent comme la tempête et vraiment fou dans la colère, mais affectueux, tendre, presque chevaleresque pour ceux auxquels il s'attache....

Pendant qu'il était à l'asile, et en l'absence momentanée de la directrice, une de nos amies, membre de notre comité, femme riche, élégante, raffinée, excellente surtout, nous a offert de venir s'installer dans notre petit refuge. L'offre a été acceptée avec reconnaissance, et Mme L..., quittant son appartement, tendu de tapisseries rares, est venue loger avec nos petits malheureux. Elle n'a pas tout à fait mes idées en éducation, et elle a tout de suite tarifé toutes les occupations et tous les bons mouvements (il est vrai qu'avec des enfants qui ont vécu d'une façon aussi anormale, il faut avoir recours à des procédés exceptionnels, et peut-être que, dans une mesure moindre, j'aurais fait comme elle, de temps en temps). Donc Mme L... donnait un sou quand on avait bien fait son lit, ou le lit d'un camarade trop jeune; elle donnait un sou quand on avait balayé, un sou quand on avait été sage, etc.

Un jour elle perdit, ou bien on lui vola dans la rue, une somme assez ronde. En rentrant, elle dit aux enfants, en manière de plaisanterie : « Je ne sais guère comment je pourrai vous payer désormais, car je suis devenue pauvre ».

Quelques instants plus tard, elle se chauffait, la tête penchée vers les tisons, lorsqu'elle sentit deux bras lui entourer le cou, et qu'elle entendit murmurer à ses oreilles ces paroles exquises : « On sera sage pour rien ! »

Cet enfant, abandonné d'abord par sa mère qui a fui le toit conjugal, abandonné ensuite par son père dont on n'a pu retrouver la trace, est bien au-dessus de la récompense matérielle, et même de la récompense honorifique; il me semble qu'elle doit le froisser.

Croyez-le, même chez les enfants d'apparence grossière, ou bien chez ceux qui n'ont l'air de penser à rien, il y a des petits coins d'âme tout délicatement veloutés, comme les pétales des belles roses, que l'on ne doit effleurer qu'avec une délicatesse infinie. J'entends souvent dire d'un enfant : « C'est un indigent, voyez son vêtement sordide », ou d'un autre : « Sa mère est paresseuse, nous ne pouvons rien obtenir d'elle », ou d'un troisième : « Son père boit ! » d'un quatrième : « Son père a été renvoyé de l'atelier », et bien d'autres choses encore.... Qui vous dit que vous ne froissez pas un sentiment caché tout au fond du pauvre petit être?

Voulez-vous un exemple probant? (Hélas! j'ai des documents sur toutes les douleurs enfantines.)

Nous avons parmi nos petites sauvetées une enfant de dix ans. La pauvrette est la sœur d'un misérable, récemment guillotiné. Nous l'avons p cée *sous un nom supposé* dans une maison hospi-

talière. Comment son vrai nom lui a-t-il été restitué?
nous n'en savons rien. Une compagne plus âgée lui
a-t-elle inconsciemment raconté l'horrible drame
et l'enfant s'est-elle nommée? nous l'ignorons. Ce
que nous ne savons que trop, c'est qu'elle est d'une
tristesse noire dont rien ne la distrait. « Qu'as-tu? »
lui demandait avec bonté notre amie, Mme L..., qui
était allée la voir : « Je ne sais pas, a répondu la
fillette, c'est en dedans de moi ». Or, la veille de
Noël, les religieuses qui dirigent l'établissement
dans lequel la fillette est placée, ont dit à leurs
élèves qu'il fallait offrir au « petit Jésus » le sacrifice
personnel qui coûterait le plus d'effort à chacune.
On leur a laissé le temps de la réflexion, et elles ont
été appelées à écrire, sur un morceau de papier, ce
que chacune s'engageait à faire de plus dur, de
plus incompatible avec ses tendances :

« Je tâcherai de m'amuser », a écrit notre pauvre
petite !...

Certes les enfants ou les sœurs de guillotinés, ou
de forçats, ou de prisonniers n'encombrent pas nos
écoles, et ce que je viens de raconter là est un
cas tout à fait exceptionnel. Mais que de degrés sur
l'échelle de la souffrance morale! « Ils sont si
jeunes », « ils ne comprennent pas », « ils ne font
pas attention », « ils oublient si vite », sont les
lieux communs qui nous servent d'excuse toutes
les fois que nous nous laissons aller à manquer à
ce que nous devons aux enfants : à leur dignité, à
leur susceptibilité, à leur amour-propre, au sentiment intime de leur cœur. Excuses misérables!

Lorsque nous réfléchissons à ces questions vitales pour l'éducation du peuple, nous nous sentons pénétrés d'une sorte de terreur, et en même temps envahis par le remords; car, enfin, avons-nous essayé de pénétrer dans l'âme de nos élèves? Nous employons-nous à les élever et à les relever? Avons-nous surtout de la pitié, une pitié agissante pour leur souffrance? — Cependant l'enfance malheureuse est le déshonneur de l'humanité.

CINQUIÈME PARTIE

ÉDUCATION INTELLECTUELLE

CHAPITRE I

L'école maternelle doit à l'enfant des habitudes intellectuelles malheureusement, de complicité avec les familles, elle s'efforce d'instruire. Elle devrait être un établissement de première éducation : elle n'est qu'une école préparatoire à l'école primaire. Les programmes et l'éducation intellectuelle. Les programmes et la mobilité enfantine. Conclusions.

L'école maternelle, dit le *règlement*, est un établissement de première éducation, dans lequel les enfants des deux sexes reçoivent, en commun, les soins que réclame leur développement physique, moral et intellectuel.

Les deux premières parties de ce volume ont eu pour but de répondre aux préoccupations des amis de l'enfance, en ce qui concerne le développement physique et le développement moral. Il me reste à consacrer quelques pages au développement intellectuel.

C'est ici la grande faillite de notre éducation

maternelle! On y confond le développement intellectuel avec l'instruction. Alors que les meilleurs
esprits sont tombés d'accord qu'il ne fallait pas de
programmes pour les *petits* (de deux à quatre ans)
et que le programme des *grands* (de quatre à six
ans) ne comportait aucune leçon au sens littéral
du mot, les leçons — pour les enfants de deux à six
ans — ont envahi les écoles maternelles, elles s'y
sont implantées!

Nous avons eu beau remplacer le règlement de
1882 — qui prêtait trop à la méprise — par le
règlement de 1887, qui restreint autant que possible
l'enseignement proprement dit, l'école maternelle
suit sa pente, elle devient une école préparatoire
à l'école primaire; et pour *préparer* les enfants à
apprendre à lire, à écrire, à calculer, pour les *préparer* à apprendre l'histoire et la géographie, elle
leur *enseigne* à lire, à écrire, à calculer, elle leur
enseigne la géographie et l'histoire! Que dirait
cependant le personnel enseignant, que diraient
les familles, en présence d'un cultivateur qui, confondant l'ensemencement avec le labourage, ferait
les semailles avant de remuer la terre?

Il s'agissait de donner aux enfants de bonnes
habitudes intellectuelles, comme on leur a donné
de bonnes habitudes matérielles et de bonnes habitudes morales, et voilà que le temps se passe à
déposer dans leur mémoire un véritable fouillis
de notions qui étouffent des germes précieux de
réflexion, de jugement et surtout de curiosité!

C'est presque à désespérer de l'éducation intellectuelle de nos enfants.

Déjà, pour les écoles primaires, on s'inquiète. On craint et l'on dit que « les programmes ne sont pas éducatifs ». Beaucoup de ceux qui le disent répètent, peut-être, une formule pour eux vide de sens ; mais, pour beaucoup d'autres, elle signifie que les programmes ne développent pas, dans l'esprit de l'enfant, les qualités essentielles ou qu'il les détourne de leur but. Or les qualités essentielles de l'esprit, c'est l'attention, c'est le désir de pénétrer jusqu'au fond des choses ou des idées, c'est la recherche des analogies et des dissemblances, c'est la réflexion, c'est le raisonnement.

Les adversaires des programmes pensent qu'ils émoussent la curiosité, qu'ils lassent l'activité intellectuelle en l'éparpillant, qu'ils négligent peut-être trop la mémoire ; or la curiosité, l'activité, la mémoire, sont des auxiliaires de premier ordre pour l'éducateur.

Selon eux, un programme bien établi doit donc stimuler la curiosité, donner des aliments variés au besoin d'activité, développer et enrichir la mémoire ; mais il doit tendre en même temps à retenir l'attention, lorsque la curiosité a été éveillée, à la retenir, non pas seulement sur la surface des choses, mais à lui en faire soulever l'épiderme, avec le ferme propos de pénétrer jusqu'au cœur même, sans hâte, en essayant de se rendre compte du « pourquoi » et du « comment », des causes et des effets, de l'enchaînement des actes et des idées, de leur logique, en un mot ; un programme bien conçu doit, enfin, avoir en vue de discipliner l'esprit, de lui fournir une méthode qu'il adaptera à tous les sujets.

Mais l'éparpillement est le contraire de la discipline; or les programmes éparpillent, émiettent
l'esprit, et l'on commence à s'apercevoir aujour-
d'hui (nous commençons à nous apercevoir aujour-
d'hui) qu'à vouloir *tout* enseigner on risque de
jeter au vent son meilleur grain, qu'à vouloir cultiver trop tôt les facultés supérieures de l'esprit,
on laisse atrophier celles qui, assurant le succès
des premières étapes, donnent des gages pour la
victoire définitive; on s'aperçoit, en un mot, que
« les programmes ne sont pas éducatifs ».

L'exemple le plus saisissant peut-être, à l'appui
de ma thèse, nous est fourni par l'enseignement
de l'histoire. Depuis la leçon de début, qui introduit
les enfants dans les sombres forêts où les druides
cueillent le gui sacré, jusqu'aux croisades, jusqu'à
Jeanne d'Arc, tout va bien, car l'esprit de l'élève
marche en plein merveilleux; il vit dans ces épo-
ques si différentes de la nôtre, que le maître lui
décrit en un langage coloré, comme dans le palais
de la Belle au Bois dormant. Pour apprendre l'histoire de France depuis les Gaulois jusqu'à la guerre
de Cent Ans, il met en jeu deux choses dont il a à
revendre : l'imagination et la mémoire; mais, à
mesure que les périodes se succèdent et que nous
approchons des temps modernes, les difficultés se
dressent, chaque fois plus insurmontables : le merveilleux a fait place à la réalité; les faits n'ont
plus aucun intérêt si l'on n'en connaît pas les causes;
les hommes sont incompréhensibles, si l'on ne dis-
tingue pas les mobiles de leurs actes; or, pour
expliquer les causes, pour comprendre les mobiles

qui font agir les hommes, il faut autre chose que
de l'imagination et de la mémoire, il faudrait au
jeune élève ces qualités supérieures de l'esprit qui
ne sont pas nées encore, qui naîtront plus tard si les
programmes sont « éducatifs », mais qui pourront
être atrophiées à jamais s'ils ne le sont pas. On a
accusé les maîtres de cette faillite de l'enseignement
de l'histoire et l'on a été injuste. C'est l'intelligence
d'un enfant de onze ans qui est réfractaire à l'état
d'âme des émigrés ou des conventionnels.

Ah! je la connais bien, la circonstance atténuante
des programmes ou, si vous le préférez, de ceux
qui les ont faits! Ils se sont dit : « Nous tenons
enfin les enfants du peuple, ils sont nôtres pour
quelques années; nous allons en profiter pour
nourrir leur esprit si longtemps dédaigné, pour
les munir de provisions qui les feront vivre leur vie
entière ». Et ils n'étaient pas aussi mal inspirés
qu'on le pense aujourd'hui, car la loi scolaire était
censée retenir les écoliers jusqu'à treize ans révolus;
or, de douze à treize ans, un enfant, bien préparé,
peut comprendre beaucoup de choses. En ce temps-
là, on ne prévoyait pas les tempéraments qui,
bientôt, furent apportés à l'exécution de la loi : la
date du certificat d'études avancée de deux ans, et
la suppression presque complète du cours supérieur
dans la plupart des écoles primaires.

Dans ces conditions — alors imprévues, — les
programmes sont à peu près inapplicables, et ce
sont surtout leurs défauts qui sautent aux yeux.
Ces défauts consistent à enseigner aux enfants le
plus de notions possible — espérant qu'il leur en

restera toujours quelque chose — au lieu d'habituer leur esprit à réfléchir, à comparer, à déduire, à se décider, à raisonner, en un mot, et c'est bien dommage, car cette habitude étant une fois prise serait comme leur seconde nature, elle s'appliquerait non pas à un objet ou à un ordre d'idées déterminé, elle s'appliquerait invinciblement à tout.

Il faut que nous en prenions notre parti : un enfant ne doit pas tout apprendre, parce qu'il ne peut pas tout comprendre; il est à l'école pour acquérir ce que l'on a appelé les « outils intellectuels » (les plus importants sont la lecture et l'écriture), puis pour acquérir des habitudes d'esprit qui deviendront comme inhérentes à sa propre nature. Un seul exemple pour préciser : lorsque l'enfant passe à onze ans, à douze ans même, si vous le voulez, son certificat d'études primaires, il a dépensé un nombre incalculable d'heures à apprendre l'orthographe, il la sait... relativement; à force de dictées, à force de mots recopiés, il ne fait pas trop de fautes d'usage. Entré en apprentissage, il écrira très rarement; devenu ouvrier, il n'écrira pas beaucoup plus; alors son orthographe, acquise avec tant de peine, dépendra absolument de sa mémoire : si celle-ci est excellente, il continuera à écrire correctement; dans le cas contraire, il accumulera les fautes, les fautes de règles comme les fautes d'usage, puisqu'il aura oublié les règles insuffisamment comprises naguère.

Supposez maintenant que le maître — moins préoccupé de la dictée et du certificat d'études — ait donné à son élève l'habitude tyrannique d'analyser les phrases, d'aller tout droit à la proposition principale et de classer les relatives et les complémentaires par ordre d'importance, les fautes de règles, les fautes de sens n'existeraient pour ainsi dire plus jamais; il écrirait peut-être *appercevoir*, *attelier*; mais qu'importe?

Cette habitude d'analyse, d'investigation, il l'apporterait partout : dans l'étude des faits qui relèvent de la science, comme dans l'enchaînement de l'histoire, et l'école qui lui aurait donné cette habitude ne se croirait plus obligée de l'initier à toutes les sciences, de lui apprendre toute l'histoire.

Le plus grand défaut des programmes est donc d'éparpiller l'esprit au lieu de le soumettre à une discipline dont les bienfaisants effets se répercuteraient sur la vie intellectuelle tout entière, pendant la vie de l'individu.

De ce défaut, nos écoles maternelles sont loin d'être exemptes; elles l'excitent même dans des proportions tout à fait inquiétantes. Sous prétexte que l'enfant est mobile, on le transporte sans cesse et sans transition d'un exercice à un autre, d'un ordre d'idées à un autre ordre d'idées, on l'entraîne, on l'essouffle, on l'excède et, en même temps, au lieu de discipliner sa mobilité, on l'augmente; on l'exagère, car, loin d'être aussi mobile que nous voulons bien le proclamer, l'enfant s'attache pendant des périodes relativement longues aux mêmes personnes, aux mêmes choses, aux mêmes idées, et nous le fatiguons, et nous risquons de tuer sa curiosité intellectuelle en le faisant sans cesse papillonner d'une notion à une autre notion, d'un exercice à un autre exercice.

Comment ne tiendrait-il pas, d'ailleurs, à ce qu'il sait et à ce qu'il aime? Son savoir est si restreint! Si peu nombreuses sont les personnes qui s'occupent spécialement de lui, les choses qui sont réellement à sa disposition!

Et cependant, dès les premiers mois, il commence déjà à choisir. Parmi ses idées, ou plutôt parmi les images fugitives qui traversent son esprit, une s'arrête, s'implante, s'impose, devient de l'obsession, jusqu'à ce qu'elle soit en concurrence avec une seconde, avec une troisième; de même pour les choses, de même pour les personnes. Et pendant une période plus ou moins longue, l'objet choisi, l'idée marquante, la personne qui attire, restent privilégiés.

Citons quelques exemples qui donneront de la clarté à notre démonstration.

Un de mes petits amis avait, vers l'âge de deux ans environ, c'est-à-dire vers l'âge de l'école maternelle, deux idées — représentées par trois mots — ni plus, ni moins, et il en a vécu pendant des semaines entières, peut-être pendant des mois entiers. C'était d'abord « deux-quatre ». (Il désignait ainsi les militaires campés à peu de distance de chez lui. Vous saisissez bien l'association d'idées? Il y avait là des recrues que l'on instruisait et, pour elles, le caporal décomposait les mouvements en comptant : « Un, deux, trois, quatre ». « Un », qui n'est pas accentué, n'avait pas frappé mon petit ami; « trois » était peut-être trop difficile; « deux-

quatre », qui remplissait, paraît-il, toutes les conditions, était devenu pour lui synonyme de « militaires », et, je le répète, il les a désignés ainsi pendant des semaines.)

La seconde idée était liée à un souvenir, à un
mauvais souvenir : l'enfant avait eu une petite
crise de mal de gorge, et le docteur — il s'appelait
Concant — avait regardé tout au fond avec une
cuillère. Depuis lors, tout ce qui était désagréable
au bébé, tout ce dont il avait peur, choses, bêtes
et gens étaient des « Concant ». J'ai eu le triste
honneur d'être ainsi baptisée pendant un séjour
que j'ai fait dans sa famille.

Cet exemple ne prouve pas, vous l'avouerez, beaucoup de mobilité chez le petit enfant. Il est intéressant de savoir que celui-là habitait une maison
située dans un immense jardin ; il vivait au milieu
des oiseaux, des chiens, des fleurs, des fruits ; on
aurait dit qu'il ne voulait pas les voir, que leur nom
n'avait pas frappé son oreille.

Si je me reporte beaucoup plus loin en arrière,
je vois mon fils aîné âgé de deux à trois ans, entouré
de fort beaux jouets, entre autres un petit vélo-
cipède mécanique monté par un cycliste, vêtu de
satin rose, et coiffé d'un toquet orné de plumes, un
véritable bijou, ou, si vous le préférez, une véritable folie dont une de ses tantes s'était rendue
coupable ; je vois, dis-je, mon fils dédaigner ces
beaux jouets, et faire ses délices du plus affreux
animal en carton recouvert de poils que j'aie jamais
connu. C'était un cadeau d'un ami extrêmement
myope, à qui l'on faisait passer, dans les maga-

sins, tout ce dont les autres acheteurs ne voulaient pas. Cet animal, âne par les oreilles et l'allure piteuse, monstre pour tout le reste, était le privilégié, l'ami; c'est tout juste si l'enfant ne demandait pas qu'on le couchât le soir avec lui. Cette amitié n'a été rompue que par le siège! L'enfant est allé dans le Midi, et je crois bien que l'on a fait du feu avec le monstre.

Un peu plus âgé, entre quatre et cinq ans, son frère s'était pris de tendresse pour des tourterelles appartenant à des voisins, et il passait une partie de ses journées, roucoulant et agitant ses bras d'un mouvement qui simulait assez bien celui des ailes. Le matin, en attendant mon réveil, il se contentait de voler sur place et en silence; mais, dès que j'ouvrais l'œil, les roucoulements commençaient et duraient une grande partie de la journée.

J'ai passé un mois, il y a quelques années, chez des amis qui avaient un enfant de trois ans; pendant cette période, il ne s'est pas lassé de faire du semblant de café dans une petite cafetière, et il nous le servait, avec une conviction très comique, dans les tasses minuscules de son petit ménage; cela tous les jours, deux fois par jour.

Peut-on donner le nom de mobilité à une telle persistance?

Suivez les enfants dans les squares — je ne dis pas, hélas! dans nos cours de récréation où ils ne jouent pas assez — : les petits, jusque vers quatre ans, s'amusent presque exclusivement avec le sable : ensuite il y a des jeux de « saison » qui durent pendant la saison tout entière.

L'enfant serait donc plutôt un animal d'habitude. Ses sentiments seraient plutôt relativement tenaces. Pendant les premières années — et chez quelques « sujets » la période dure jusqu'à l'adolescence, — il éprouve pour sa mère un amour presque exclusif. On le traite de « sauvage », parce qu'il se recroqueville sur lui-même, au moral et au physique, dès qu'il se trouve en présence d'étrangers ; c'est bien naturel cependant !

Si le cœur de l'enfant ne s'épanouit qu'en présence d'un petit nombre de personnes, son imagination erre dans un rayon extrêmement restreint où il se complaît. On le dit passionné pour les histoires, et c'est faux ! Il est passionné d'abord pour *une histoire*, pour une seule, et il ne souffre aucune variation dans le texte ; les mêmes événements doivent se succéder dans le même ordre, et ils doivent être racontés dans les mêmes termes. Et ce ne sont pas seulement les bébés, ce ne sont pas seulement les enfants en âge de fréquenter l'école maternelle qui exigent cette fidélité implacable au texte primitif : un de mes jeunes amis, professeur de lettres dans un lycée, me disait, tout dernièrement, que sa sœur, âgée de douze ans, excellente élève d'un des cours les plus suivis de Paris, arrêtait sa mère toutes les fois que celle-ci, racontant ou lisant une histoire faisant partie du répertoire de la fillette, se permettait d'employer un mot pour un autre.

Pourquoi un enfant, dérangé dans son occupation ou dans son jeu, pousse-t-il des cris de colère ou de désespoir ? C'est évidemment parce qu'il prenait plaisir à ce qu'il faisait, et qu'il n'avait pas encore épuisé tout son fonds de jouissance, quand on l'a forcé à faire autre chose.

Ce qui se produit pour les histoires se produit pour les images, pour les spectacles, pour tout ce qui fait partie de la vie intellectuelle ou morale de l'enfant, et il me semble que c'est tout naturel; ses sens ne sont pas aussi ffinés qu'ils le seront plus tard; ils perçoivent donc plus difficilement dans les premières années, et les sensations, vagues d'abord, ne se précisent que peu à peu, à mesure qu'ils s'exercent une fois de plus sur le même objet. Il lui faut du temps, à ce petit être, pour arriver à la jouissance complète; quand il l'a atteinte, il veut en profiter tout à son aise, et l'on est mal venu à le bousculer pour le faire repartir sur nouveaux frais.

Et c'est parce qu'il lui faut du temps pour se sentir en sympathie que la vue d'un inconnu le glace, et que cet inconnu est forcé de lui extorquer soit une parole de bienvenue, soit une démonstration amicale.

Non! l'enfant n'est pas aussi mobile qu'on a pris l'habitude de le croire; il l'est dans une certaine mesure, il l'est beaucoup, mais, encore une fois, nous nous exagérons cette disposition, et par cela même nous l'exagérons.

Ce que nous prenons pour de la mobilité, c'est de l'inattention, et cette inattention doit, le plus souvent, nous être imputée. Nous lui parlons de tant de choses dont il n'a cure! Nous intervenons si maladroitement au milieu de ses embryons de

pensées, au milieu de ses petites combinaisons! Au
moment où il suit le vol de la mouche ou de l'oiseau, nous lui parlons du fer, du feu, de l'eau; si,
tout éveillé, il rêve de bonbons, de polichinelle,
nous lui expliquons comment on fait le pain ou le
papier; il serait heureux de dessiner des bonshom-
mes, nous lui faisons faire des petits carrés.... Si,
au contraire, l'ayant attiré vers nous, nous l'inté-
ressons, il est avide de nous entendre et proteste
quand nous levons la séance,... il proteste — oh!
pas à l'école malheureusement!

Laissez-le donc faire ce qu'il fait, pendant que
ce qu'il fait l'intéresse; n'organisez pas l'essouffle-
ment. Laissez à son esprit le temps de se reconnaître; inclinez-le vers l'observation, qui ne saurait, à cet âge, voyager sur les fils du télégraphe
électrique; tâchez de le fixer, mais respectez le
travail si délicat, si mystérieux de son esprit; sou-
tenez-le en mesurant vos pas sur les siens. L'éducation de l'esprit, comme celle de l'âme, a besoin de
calme; la précipitation lui est funeste.

L'école est extrêmement coupable; elle flatte la
manie des parents qui proportionnent le mérite des
maîtres au nombre des connaissances qu'ils accu-
mulent dans les jeunes esprits. Les parents veulent
commencer trop tôt, aller trop vite, même ceux chez
lesquels on s'attendrait à trouver plus de bon sens.

Comme toujours, j'ai des preuves plein les mains
de ce que j'avance. En voici une qui m'est fournie
par une lettre toute récente :

« Je vous serais bien obligée si vous faisiez paraître dans l'*Ami de l'Enfance* un article dans lequel

je trouverais le moyen d'instruire un garçon venant d'atteindre sa cinquième année, très intelligent, impatient, mais montrant peu de goût pour l'étude, surtout pour l'arithmétique. Je suivrai de point en point vos conseils, car je veux faire consciencieusement mon devoir. »

Pesons les termes de cette lettre.

Cet enfant qui vient d'atteindre sa cinquième année, a par conséquent quatre ans accomplis. Il est « très intelligent », c'est-à-dire qu'il s'intéresse à ce qu'il voit, à ce qu'il entend; que sa curiosité est éveillée et active, qu'il comprend ce qu'on lui dit, lorsqu'on lui dit des choses à sa portée. On ne me parle pas de sa mémoire; elle devrait cependant avoir sa place dans le portrait, car autant il est nécessaire de l'éveiller, de la stimuler, de l'alimenter, autant il est essentiel de la distinguer de l'intelligence dont elle n'est que la receleuse. Que de maîtres, que de parents, surtout, s'y trompent! Que de petits perroquets ont été déclarés des enfants prodiges!

Cet enfant très intelligent est « impatient ». Cela veut dire, peut-être, qu'il est vif, impétueux, difficile à fixer, incapable d'un effort suivi; que, petit oiseau, il ne supporte pas d'avoir un fil à la patte? Cela peut vouloir dire, aussi, qu'il presse son institutrice de répondre à toutes ses questions, de mettre entre ses mains tout ce qu'il désire examiner de plus près, de satisfaire, en un mot, toutes ses curiosités intellectuelles? les deux versions sont peut-être vraies.

Voilà donc un petit garçon intelligent qui termine

sa quatrième année sans que le goût de l'étude se soit manifesté en lui, et la famille et l'institutrice s'inquiètent, malgré les dons heureux du petit bonhomme!

Qu'appelle-t-on l'étude, dans ce milieu?

Nous l'appelons, nous, l'application de l'esprit, en vue de comprendre et d'apprendre : application qui dénote que l'individu a conscience de l'utilité du savoir, de l'ivresse morale attachée à la découverte du vrai.

Mais s'il aimait l'étude envisagée dans ce sens-là, ce bébé, il faudrait soigner cet amour comme on soigne une maladie : avec le désir de le vaincre; il faudrait forcer à rester enfant le petit être trop pressé de devenir homme. Il faudrait développer sa *bête* pour l'empêcher d'être tuée par sa *tête*.

Il est assez probable que le mot « étude » n'a pas été pris, par ma correspondante, dans un sens aussi sérieux; elle a voulu dire que son élève n'aime ni à prendre ses leçons, ni à les apprendre; qu'il est rétif devant un livre de lecture, devant un cahier d'écriture ou de dictées, et que l'*arithmé- tique*, c'est-à-dire la théorie des nombres, n'a pour lui aucun charme. Ah! s'il s'agissait du *calcul*, ce serait peut-être autre chose.

Eh bien! je suis encore pour lui, contre sa famille et son institutrice. Cet enfant n'aime pas l'abstrac- tion : or, quoi de plus abstrait que la lecture ou la copie des mots qui ne disent rien à l'esprit! quoi de plus morne, pour cet être primesautier, que l'ins- truction puisée dans les livres! Il m'intéresse, ce bambin! et j'aimerais bien faire quelque chose pour

lui — et ses pareils qui font majorité ; — j'aimerais
à donner un aliment à son intelligence, et à l'amener
tout doucement au désir d'*apprendre* des leçons qui
graveraient dans son esprit les choses qui l'ont déjà
intéressé, en attendant qu'il prît le *goût de l'étude*.

Je sais qu'il habite une petite ville, donc il est à
proximité de la campagne, et il est plus que probable qu'un jardin est attenant à la maison de ses
parents ; de plus, la petite ville est arrosée par une
rivière.

Il faut que cet enfant « impatient », dans le sens
que j'ai cru devoir donner à ce mot, passe une partie
de ses journées en plein air ; or, en gambadant au
jardin ou dans la campagne, en glissant pendant
l'hiver sur la neige, il demandera, s'il ne l'a déjà
fait, puisqu'il est intelligent, c'est-à-dire curieux de
savoir, pourquoi il fait plus froid aujourd'hui qu'il
y a trois mois ; pourquoi il a tant neigé et ce que
c'est que la neige. La vue des arbres dénudés amènera une nouvelle question ; les grands feux allumés
dans l'âtre en susciteront d'autres encore. Que de
notions intéressantes à déposer pendant l'hiver
dans ce jeune cerveau !

Puis la saison deviendra plus clémente, la nature
renaîtra, la sève gonflera tous les rameaux, les
bourgeons apparaîtront. « Qu'est-ce ? et pourquoi ?
Le jardin et la campagne s'empliront de murmures,
de bruits et de vie ; les insectes écloront en même
temps que les fleurs. Pourquoi les abeilles vont-
elles dans les fleurs ? Les oiseaux picoreront. Que
mangent-ils ? Les hirondelles danseront leur ronde
autour des clochers. Est-ce simplement pour s'amu-

ser? « Les araignées tisseront leur toile. » A quoi bon? Et la rivière, d'où vient-elle? où va-t-elle? A quoi sert-elle? Pourquoi ne roule-t-elle pas toujours le même volume d'eau? Pourquoi encore, pourquoi toujours!

La maison, le jardin, la petite ville, la campagne sont des mines inépuisables; inépuisables, non seulement en elles-mêmes, mais encore parce qu'elles servent de point de départ à des excursions plus étendues. Car il y a sur la terre, et d'après les climats, d'autres plantes, d'autres fruits, d'autres animaux, comme il y a aussi d'autres rivières plus longues, plus larges, plus profondes que celles qui arrosent la petite ville de X...; il y a aussi des villes plus considérables dans lesquelles d'autres industries sont prospères. Tel objet familier a été fabriqué ici, un autre a été fabriqué là; un autre plus loin encore et le cercle s'élargira; il s'élargira jusqu'à l'infini.

Et en même temps l'intelligence du petit élève se développera, son jugement se formera, il deviendra capable d'apprendre, en attendant de devenir mûr pour l'*étude*.

Et même, pour peu que l'institutrice soit judicieuse et habile, chaque jour elle fera accepter une *leçon* de quelques minutes sur un des éléments que le petit homme trouve maintenant et avec raison trop ardus. En rentrant à la maison, elle fera dessiner sur le papier, ou sur l'ardoise, le cours de la rivière que l'enfant avait, en jouant, dessinée sur le sable de la berge; au-dessous du dessin naïf, elle écrira elle-même le nom de la rivière et elle en fera décomposer les éléments à l'élève naguère rétif. Une image qui intéressera le petit garçon fournira un second exercice de lecture ; la légende à inscrire au-dessous amènera tout naturellement un exercice d'écriture et d'orthographe. Quant au calcul (car il ne saurait être ici question d'arithmétique), il faudra inventer des procédés.

Je traversais naguère la partie ensoleillée du jardin du Luxembourg, habitée pendant les après-midi d'hiver par les enfants du quartier, et je songeais à la lettre que je commente, quand mon oreille fut frappée par le son d'une petite voix qui sonnait comme un timbre d'argent : « Cinq, six, sept, huit,... onze ! — Tu oublies toujours dix », s'écria en riant une jeune femme, sa mère. Je m'approchai, il y avait sur le sol une rangée de « pâtés » faits en collaboration par la mère et le fils, et c'étaient les pâtés qui servaient de matériel scolaire. Comme les personnes qui aiment les enfants se devinent d'un regard, la jeune femme, me dit : « Je ne peux pas réussir à graver le dix dans sa petite tête. — Faites le dixième pâté beaucoup plus gros », lui répondis-je. Et, quand je suis partie, l'enfant savait le *dix* et il expérimentait sa nouvelle acquisition en comptant les cailloux, les personnes assises, celles qui passaient devant notre groupe....

Conclusions :

1° Un enfant qui vient d'atteindre sa cinquième année ne peut pas *aimer* l'étude. S'il l'aimait, il faudrait combattre cette tendance contraire à son développement ultérieur.

2° Ce que nous appelons intelligence chez un

enfant de cet âge, c'est la curiosité intellectuelle, à laquelle nous devons donner *avec mesure* un aliment.

3° L'impatience, c'est-à-dire le besoin de bouger, de voir, de savoir, et de vivre, est inhérente à l'enfance ; l'éducateur *doit* la respecter, sous peine d'entraver le développement moral en même temps que le développement physique de son élève.

4° Contraindre un enfant très vivant à recevoir des leçons vers lesquelles il n'est pas porté, parce que son tempérament vif s'y oppose, est dangereux même au point de vue de l'avenir intellectuel ; il peut en résulter une antipathie invincible pour l'étude.

5° L'enfant de cinq ans ne doit pas être astreint à un emploi du temps rigide ; il doit happer les notions au passage comme l'hirondelle happe, en volant, les insectes dont elle se nourrit. Vouloir le fixer, c'est inutile pour le moment, dangereux pour l'avenir, c'est cruel, c'est condamnable.

CHAPITRE II

But de l'éducation intellectuelle des enfants de deux à
six ans. — Procédés matériels et routine. — Pour qu'un
enfant parle il faut qu'il soit placé dans la réalité des
choses.

En ce qui concerne l'éducation intellectuelle des
enfants de deux ans à dix ans, l'ambition des
maîtresses devrait consister à leur enseigner à
observer, à écouter, à parler. Les idées pénétre-
raient dans les jeunes esprits par les yeux et par les
oreilles, et les mots se graveraient dans la mémoire.
C'est ainsi que se développent intellectuellement les
enfants élevés par leur mère, et jusqu'ici, l'on n'a
pas trouvé mieux que les procédés maternels. Les
mères ont inventé l'enseignement intuitif.

Malheureusement l'*école préparatoire*, à laquelle
j'ai fait allusion dans un chapitre précédent, a ses
exigences implacables. Apprendre à observer, à
écouter, à parler! Mais cela demande beaucoup de
temps! Que resterait-il pour la lecture? Car il faut
bien que l'enfant sache lire, au moment d'entrer à
l'école primaire! Il est non moins nécessaire qu'il
sache écrire, pour... suivre les autres; pour faire

des devoirs. Et les « petits problèmes »! Et la géographie! Un enfant de cinq ans peut-il ignorer, en 1895, le nom du département qu'il habite et celui des départements voisins?

Quant à l'histoire, notre système « préparatoire » a décrété que Vercingétorix remplace pour lui le « marquis de Carabas », Jeanne d'Arc, « Cendrillon », et Bara, le « Petit Poucet ».

C'est déplorable! seulement comme je ne veux pas faire ici œuvre de critique, mais œuvre d'éducation, je laisse de côté l'enseignement de la lecture et ses divers procédés, dont les uns sont bons, d'autres médiocres, d'autres encore complètement grotesques; je ne parle pas davantage de l'enseignement de l'écriture qui, vu le nombre d'enfants, et l'impossibilité matérielle de les surveiller, est un défi aux lois les plus élémentaires de l'hygiène; je néglige volontairement les leçons abstraites de géographie, les récits historiques ridiculement prématurés, et je m'en tiens au programme très simple que j'ai indiqué plus haut, convaincu qu'un enfant qui observe, qui écoute et qui parle est admirablement apte à profiter des leçons de l'école primaire [1].

L'enfant est admis à deux ans à l'école maternelle; il ne dit encore que quelques mots.

S'il était resté auprès de sa mère, celle-ci aurait entretenu avec lui ces adorables conversations à bâtons rompus qu'entendent chaque jour ceux qui ont le privilège de vivre en famille; conversations

---

1. Voir, pour l'éducation des doigts, la 1ʳᵉ série de l'*Éducation maternelle dans l'école*, éd. Hachette.

dont la vie elle-même et ses incidents fournissent le sujet et les détails.

A l'école il n'en va point ainsi, malheureusement; pendant les récréations, les enfants jouent, se servant de leur vocabulaire tout restreint, les maîtresses les surveillent, sans se mêler à leurs jeux, de sorte que les acquisitions de mots sont rares dans la cour. Rentrés en classe, ils s'assoient, et la leçon — on a beau faire, on a beau dépenser de la bonne volonté, de l'ingéniosité, du talent, c'est toujours une leçon, — la leçon commence. Ou bien la maîtresse montre un objet, le fait nommer et demande à quoi il sert, ou bien elle montre une image que les enfants regardent sans intérêt — elle est si loin! elle est si haute! — ou bien encore, elle leur fait prononcer des mots :

« Bonjour, papa », ou « Bonjour, maman ». Quelquefois on ajoute : « As-tu bien dormi? » ou « Je t'aime bien. Veux-tu m'embrasser? j'ai été sage. »

Ce dernier exercice n'est pas un exercice de langage, c'est un exercice de... perroquet. Il pourrait se reproduire plusieurs fois par jour, sans que les enfants fissent une seule acquisition intellectuelle. La première condition pour parler, c'est de penser, car les mots ne sont autre chose qu'un vêtement donné à la pensée. Semez donc des idées, et les mots pousseront. Ah! si l'on prenait une image représentant un papa ou une maman et son bébé; si l'on disait : « Voici un bébé qui vient de se lever, il dit à son papa : « Bonjour, papa », ou à sa maman : « Bonjour, maman »; si l'on demandait aux enfants : « Et vous, que dites-vous le matin à

votre papa et à votre maman? » les mots s'éclaire-
raient par l'idée, et l'exercice porterait ses fruits,
tandis qu'il reste stérile, parce qu'il est abstrait;
parce que, en parlant, les enfants ne pensent pas à
ce qu'ils disent. Et ils ne pensent pas à ce qu'ils'
disent, parce qu'ils ne le vivent pas.

Dans quelques écoles et avec une bonne volonté
digne d'un meilleur résultat, le procédé suivant est
employé :

« Va me chercher une ardoise, dit la maîtresse à...
Marthe, et pose-la sur une des marches du gradin.
C'est bien ; maintenant, dis ce que tu as fait.

— J'ai été, récite la petite fille, prendre une
ardoise ; je l'ai posée sur une marche du gradin, et
je suis revenue à ma place.

— C'est bien. A toi, Georges : prends ton crayon
et va le mettre dans la main droite de Lucien ; puis
reviens à ta place.

« C'est bien ; maintenant dis ce que tu as fait.

— J'ai pris mon crayon, je suis allé le mettre
dans la main droite de Lucien, et je suis revenu à
ma place.

— A toi, Marguerite : sors de ton banc, fais le tour
de la classe, puis rassieds-toi. Maintenant dis ce que
tu as fait.

— Je suis sortie de mon banc, j'ai fait le tour de
la classe, et puis je suis revenue à ma place. »

Rien de plus correct que cet exercice. Le modèle
en a été donné par un homme de haute expérience,
naguère encore inspecteur général de l'enseignement
primaire et aujourd'hui inspecteur général hono-
raire, titre qu'il a bien gagné en honorant l'Univer-

sité. Dans quelques écoles il est employé sous le nom de « méthode Carré », (on dit : nous employons la méthode Carré comme on dit nous employons la méthode Frœbel), et les maîtresses paraissent scandalisées de ce que le nom respecté de l'auteur n'arrête pas les critiques sur les lèvres de l'inspectrice.

Il faut cependant — et justement par respect pour l'auteur — protester contre une pratique qui tend à frapper de mort son idée; il faut mettre en garde contre la lettre qui tue l'esprit.

En effet, la vie de l'école laisse, quoi que l'on fasse, peu de place à l'imprévu; son champ d'expérience est si restreint, les objets qui entourent l'enfant sont si peu nombreux, si peu variés surtout, qu'au bout de quelques jours les mêmes actions ayant été trop souvent sollicitées, l'énumération de ces actions devient une routine; les enfants emploient des expressions absolument identiques, ils récitent.... C'est d'un ennui mortel et le résultat pédagogique est nul.

Et pourtant le conseil était bon; il était excellent, surtout, pour les enfants de Bretagne et du pays basque, qui sont forcés de traduire en français ce qu'ils pensent naturellement dans leur langue maternelle — le basque ou le breton — le conseil était bon; mais on l'a trouvé si facile à suivre, qu'on l'a implanté tout sec dans des écoles où l'enfant pense en français, sans se préoccuper de le vivifier par une préparation toute spéciale. Or — nous ne saurions trop insister, — pour apprendre à parler, la première condition c'est d'être en vie.

J'ai encore tout frais dans la mémoire et dans le

cœur le souvenir d'un bébé de deux ans qui a passé dans mon cercle intime les dernières vacances. Ce bébé avait eu déjà une existence vagabonde : fils de fonctionnaire, il est né en Afrique — à Tunis — et il a été sevré en Bulgarie. A son arrivée en France, il ne disait que quelques mots, peut-être une vingtaine, dont la plupart appartenaient au vocabulaire bulgare, et encore fallait-il être initié pour se rendre compte de ce qu'il disait.

Notre rencontre a eu lieu en Normandie; la famille était nombreuse; il s'est trouvé en présence de quantité de jeunes oncles, de jeunes tantes, de ses deux grands-pères, de ses deux grand'mères et d'une petite cousine de trois mois. Il lui a fallu quelques jours pour se mettre au courant, et pour appeler chacun par son nom ou par son surnom (surnom inventé par lui tout seul); ainsi, un de ses grands-pères étant appelé « pépé », immédiatement l'autre, fumeur endurci, a été « grand-père pipe ». Par une intuition merveilleuse la plus jeune de ses tantes — encore une enfant — n'a eu pour tout nom que « fille », et moi, j'ai été « Jean », du nom d'un de mes fils.

La petite cousine a été l'instrument de culture le plus fécond en résultats, parce que le petit a été tout de suite intéressé par elle. Au bout de cinq ou six jours, il disait d'un air attendri : « Cousine sage », ou d'un air scandalisé : « Cousine non sage »; Cousine dodo », quand la petiote dormait dans son berceau. Si elle s'éveillait, il venait avertir sa tante : « Cousine non dodo ». Il surveillait ses mouvements et ses actions : « Cousine boit »,

Une petite servante de douze ans aidait la domestique; elle allait chercher le lait à la ferme et les légumes au jardin; elle soignait les lapins et les poules; l'intimité s'est vite établie entre elle et l'enfant — les esprits simples ont ensemble des affinités — et, jour par jour, le vocabulaire s'enrichissait.

Un jour le petit « Bimbo », diminutif de l'italien *bambino*, contemplait un moineau qui picorait dans le sable; celui-ci s'est tout à coup envolé : « Vaseau a fait brr », a dit l'enfant en levant les bras dans la direction où filait l'oiseau....

Lorsque la famille est rentrée à Paris, « Bimbo » a vu d'autres choses : des voitures, des omnibus, des chevaux; les bruits de la rue ont remplacé ceux que la nature lui faisait si généreusement entendre, et le nombre de mots s'est accru avec celui de ses idées; je le voyais tous les deux ou trois jours, et chaque fois je constatais des progrès. L'avait-on jamais fait asseoir avec l'intention formelle de lui enseigner quelque chose? Jamais, au grand jamais. *On l'avait laissé vivre;* là est tout le secret, et l'on s'était toujours trouvé près de lui au bon moment, quand il s'agissait de donner le nom approprié à une chose ou bien à une action. Dans quelques mois, cet enfant parlera comme père et mère. Ah! si nous avions observé les enfants de deux à six ans, nous serions convaincus que ce n'est pas par les procédés en usage dans nos écoles maternelles que nous les familiariserons avec le français, et cela, *parce que les occasions de parler ne s'offrent pas d'elles-mêmes.* Nous appelons autoritairement — quelles que soient

notre douceur et notre bienveillance — leur attention sur des objets et des idées pour lesquels leur
esprit n'a encore ni penchant, ni sympathie. Nous
la *sollicitons* au lieu d'en *profiter* à mesure qu'elle
se produit; enfin, puisqu'il faut toujours revenir
aux mêmes mots, pour exprimer les mêmes idées,
nous leur donnons des *leçons*,... et c'est se tromper
soi-même que de donner des leçons à des enfants
aussi jeunes.

Je sais bien que le nombre d'enfants qui entourent une seule maîtresse rend toute chose difficile;
mais au moins que l'on n'aggrave pas les difficultés,
que l'on ne tente pas l'impossible, et que l'on use
des moyens que la méthode maternelle met à
notre disposition.

Lorsque je parle de la « méthode maternelle », j'ai
toujours en vue celle qu'applique une mère intelligente, car beaucoup de mères sont bien inexpéri-
mentées, témoin celle que j'ai rencontrée, il y a
quelques jours, par une exquise matinée de printemps dans une allée du Jardin des Plantes.

Elle était assise sur un banc et, tout en recevant
dans les mains les cailloux que ramassait sa fillette
de deux ans, elle lui disait :

« Chante : Au clair de la lune, mon ami Pier-
rot. »

Et l'enfant, de sa petite voix d'oiseau nouveau-né,
qui n'a pas encore le sentiment de la mélodie,
disait :

« Ouvre-moi ta porte.

— Pas cela, reprenait la mère; dis : Au-clair-de-
la-lune. »

Et l'enfant :

« Ouvre-moi ta porte.... »

Je m'étais arrêtée, et comme le petit incident menaçait de s'éterniser, je repris ma route.

« Tu vois, dit la mère, tu n'as pas voulu chanter : Au clair de la lune; la dame s'en va, elle est fâchée. »

J'aurais aimé m'asseoir, et causer avec cette jeune femme. Je lui aurais dit de ne pas insister; que les mots qu'avait retenus sa fillette représentaient pour cette dernière des idées concrètes; que ceux auxquels elle se montrait, pour le moment, réfractaire, ne représentaient sans doute rien du tout. Une porte est un objet familier; un enfant arrive bientôt à en faire mouvoir le battant; vingt fois par jour il entend dire : « Ouvre la porte », « Ferme la porte », « On frappe à la porte », et chaque fois, un mouvement correspondant lui saute aux yeux, ou un bruit retentit à son oreille....

Tandis que la lune lui est peut-être inconnue, si sa mère n'a pas tout spécialement, et très souvent, appelé son attention sur elle.

Il y a autre chose : le mot lune a peu d'accent, il est extrêmement doux, je dirais presque qu'il passe inaperçu. Or, pour que la mémoire d'un enfant très jeune retienne un mot qui ne répond pour lui à aucune idée familière, il faut que ce mot l'ait frappé. Dans ce cas, il le répétera jusqu'à satiété, comme il pourrait répéter une mesure musicale qui aurait impressionné son oreille. Ainsi, une de mes amies me racontait tout dernièrement, que son neveu de trois ans, ayant entendu et retenu le mot *péripétie*, l'avait pendant quelques jours employé à tort et à travers, mis à toutes les sauces, jusqu'à l'énervement de ceux qui étaient forcés de l'entendre.

J'aurais donc engagé la jeune mère à profiter du premier clair de lune pour montrer avec quelque persistance l'astre poétique de la nuit : « Regarde la lune, la jolie lune, montre la lune », et bientôt sans doute le commencement de la chanson se serait gravé dans la mémoire de l'enfant.

Car ce qui est important si l'on veut apprendre à parler à son petit élève, c'est de le placer dans la réalité; il faut le mettre en rapport direct avec les personnes et les choses, et lorsque ce rapport *direct* est impossible à obtenir, ce qui est le plus fréquent, se faire aider par les images.

Pour mettre les enfants en rapport direct avec les choses, quelques directrices, bien conseillées, ou bien inspirées, ont réuni un petit musée d'objets très usuels en vue des exercices de langage, par exemple une bouteille, une tasse, un chariot, une brouette. Si elles ont le sens de la gradation, elles font d'abord donner à chaque objet le nom qui lui convient; elles en font déterminer l'emploi puis la nature, enfin elles font composer des phrases très courtes dans lesquelles chacun des objets est sujet ou complément « : Ma bouteille est pleine; Bébé a cassé la bouteille ». Malheureusement ces exercices sont faits avec peu de sérieux, j'oserais presque dire avec trop peu de conscience pédagogique, aussi le mot impropre remplace-t-il trop souvent le mot propre, et quand il s'agit de rapprocher de ces noms les verbes correspondants, le manque de préparation est-il indéniable. On dit « la *tasse* » pour le bol; il y a cependant entre les deux objets une différence sensible : la tasse a une anse, le bol n'en a pas; « porcelaine » pour faïence; au lieu de faire nommer les liquides usuels (eau, vin, bière, cidre, vinaigre, huile, sirop, etc.) qui peuvent remplir la bouteille, on reste court; on oublie de faire remarquer (avec gestes à l'appui) que cette bouteille étant remplie est destinée à être vidée; qu'elle doit être bouchée, qu'elle doit être lavée, qu'elle peut être renversée, fendue, brisée (dans le midi de la France on ne manque pas de dire « coupée »).

Tous les mêmes exercices peuvent être faits avec le mot *tasse*.

Si l'on passe au chariot et à la brouette, l'un et l'autre sont également en bois; le nombre des roues diffère. Ils servent à transporter une quantité d'objets dont l'énumération doit être préparée avec soin, mais qui ne sont *en général* ni de même nature, ni de même grandeur, ni de même poids, le chariot étant destiné à être attelé et non la brouette. Les deux véhicules avancent sur la route par des moyens différents : le chariot est *traîné*, la brouette est *poussée*. C'est justement l'étude de ces nuances qui constitue la leçon de langage, et toute *étude* est un travail que la maîtresse doit faire d'abord, avant de le proposer à ses élèves. Ce devoir de préparation est d'autant plus strict que les enfants auxquels on s'adresse sont plus jeunes et que leur petit cerveau est plus neuf et plus vide.

Prétendre enseigner le langage sans montrer les

choses, sans s'astreindre à leur donner leur nom français, c'est s'atteler à une besogne inutile.

Et cependant, tous les jours, je rencontre des enfants incapables de nommer par leur véritable nom les choses au milieu desquelles ils vivent. J'en ai été surtout navrée, naguère, en voyageant dans une sorte de paradis terrestre, dans un pays absolument féerique où le ciel, la terre et la mer rivalisent de beauté. Orangers, chênes verts, palmiers, poivriers, eucalyptus, platanes gigantesques, amandiers, cerisiers, néfliers du Japon, et d'autres arbres et arbustes ombragent, parfument, enrichissent la région. J'ai voulu me faire nommer ces arbres-là; sauf les orangers, les enfants n'en connaissaient aucun. On me dit : ils sont timides. — Non, puisqu'ils ont nommé les orangers. En somme, la maîtresse, née dans le pays, n'en savait pas beaucoup plus long.

Deux ou trois jours après, pour couper court à une leçon sur l'*annulaire* et l'*auriculaire* (on trouve encore de ces choses-là), j'ai amené les enfants dans la cour (c'étaient des petits), il y avait là quelques plantes en fleur : des géraniums, du réséda, des roses, et surtout un cactus qui était une merveille. Placé sur une fenêtre, il épanchait jusque sur le sol une véritable cascade de fleurs d'un rose exquis. Les enfants ne connaissaient de nom que les roses. A la fontaine, ils ignoraient le nom du *robinet*; celui des crochets auxquels était suspendue une échelle leur était de même étranger. Je me serais crue hors des frontières de France.

A la même époque — c'était jour de cueillette de

la fleur d'oranger, un vrai ravissement, — j'ai
entendu une leçon sur la *fabrication du papier*, et
la maîtresse à qui j'ai demandé de faire parler les
enfants de cette cueillette exquise, toute d'actualité,
n'a pu leur apprendre un mot vraiment approprié à
l'action qu'elle voit faire depuis des années!

Hélas! on arrête encore ces malheureux sur la
distinction des pieds et des pattes de certains animaux, et ils n'apprennent pas, non, ils n'apprennent
pas à parler. Cependant quelle est l'acquisition plus
précieuse que celle de la langue maternelle? Et,
je vous le demande, si les enfants n'apprennent pas
à parler à l'heure que la nature a désignée, quand
apprendront-ils? *Jamais!* Et cette perspective est
humiliante.

CHAPITRE III

Les leçons de choses. — La lecture des images. — Les historiettes et les poésies. — Conclusion.

L'écueil des choses à l'école maternelle, c'est qu'elles conduisent invariablement à la « leçon de choses », et cette leçon, telle qu'elle est comprise, c'est la mort de l'enseignement instuitif, c'est la mort de la curiosité intellectuelle, c'est la mort de l'imagination, c'est la mort de tout! Grâce à elle on ne peut montrer un mouchoir de poche à un enfant de trois ans, sans lui parler du lin (de la racine à la fleur), du rouissage, du filage, du tissage, de la teinture; on se croirait infidèle à la « méthode » si un morceau de papier ne provoquait pas un voyage dont le point de départ est le morceau de chiffon jeté par la maman dans la boîte aux ordures, et le point d'arrivée, le magasin où se débitent les cahiers, sans que les petites victimes aient pu éviter une seule des étapes. S'agit-il d'un animal — et cet animal est lui aussi le sujet d'une leçon de *choses*, — le défaut est encore plus flagrant, du bout de l'oreille au bout de la queue, de l'extrémité des poils à l'intérieur des intestins, la description est inévitable; de l'animal vivant, on parle à peine; sur l'animal mort, à peine l'a-t-on tué, les détails abondent, l'utilité de son cadavre est démontrée par A + B.

Voici par exemple une note qui expliquera mon aversion pour la leçon de choses à l'école maternelle, je la choisis parce que — sauf la façon dont elle est conçue — elle n'a rien de choquant.

La maîtresse montre un chien. « Qu'est-ce que cet animal? — Réponse : Un chien. — Qui a vu des chiens? — Moi! moi! — Combien le chien a-t-il de pattes? — Quatre! — Le chien a-t-il une queue? — Montrer sa tête, ses oreilles. — De quelle couleur est ce chien? — Le chien est un animal domestique qui nous rend de grands services; il n'a pas d'intelligence — parce que les animaux n'en ont pas, — mais il a un instinct qui la remplace; grâce à son instinct il nous sert à garder la maison et à garder aussi les troupeaux; il va à la chasse. C'est un animal très utile, très fidèle; il mange de la chair et vit de douze à quinze ans. »

Sauf au moment où la maîtresse a demandé : Qui a vu des chiens? les lèvres n'ont pas souri, les yeux n'ont pas brillé, les mains ne se sont pas levées, les remarques ne sont pas parties toutes seules, la classe est restée morne.... Pourquoi?

Nous sommes avec des enfants de quatre à six ans; lorsqu'ils étaient parmi les petits, on leur a déjà montré cette même image. On leur a demandé combien le chien a de pattes; on leur a fait montrer la queue du chien, les oreilles du chien; on leur a dit que le chien gardait la maison, qu'il gardait les

troupeaux, qu'il allait à la chasse.... Ils savent tout
cela, ils le savent déjà jusqu'à la satiété. Il faudrait
donc glisser sur ces notions et appuyer sur d'autres.
On ajoute, il est vrai (car j'espère qu'on ne l'a pas
dit aux enfants de deux ans), que le chien, qui n'a
pas d'intelligence, a un instinct qui la remplace;
mais alors les yeux s'éteignent pour tout de bon,
et pour ne plus se réveiller, car cette distinction
entre l'intelligence et l'instinct n'est pour les enfants
qu'une question de mots, comme elle n'est guère
aussi qu'une question de mots pour la maîtresse
elle-même. Qui oserait aujourd'hui formuler à ce
sujet, surtout pour des bébés, un enseignement
précis? Dites donc à l'enfant que le chien est un
animal intelligent, quoique son intelligence ne lui
fasse pas faire les choses que nous faisons nous-
mêmes : plus tard, beaucoup plus tard, votre petit
élève, si ces questions l'intéressent — ce qui est
à souhaiter, — se fera là-dessus une opinion raisonnée, la seule qui vaille.

Donc le chien est un animal remarquablement
intelligent, aurait dû dire la maîtresse qui m'a
fourni le sujet de cette note. C'est, de plus, un
animal fidèle. Mais qu'est-ce au juste que la fidélité?
L'enfant s'en rend-il bien compte? sait-il que la
fidélité consiste en un attachement continu, inalté-
rable, qui survit à tous les déboires, à toutes les
déceptions, à toutes les injustices, et, dans l'espèce,
à toutes les brutalités? Or, si notre petit auditoire
ignore ce que c'est que la fidélité, que peut-il faire
sinon somnoler lorsque vous lui dites que le chien
est fidèle?

Le chien vit de douze à quinze ans! Qu'est-ce que cela peut faire à un enfant de six ans qui confond encore hier et demain?

Mais alors que nous reste-t-il à dire sur cet ami de l'enfant et de l'homme? Il nous reste à raconter des anecdotes prises sur le vif et prouvant, clair comme le jour, que le chien a un instinct ou une intelligence remarquable, et qu'il est d'une fidélité à toute épreuve; ces anecdotes forceront les enfants à se rendre compte par eux-mêmes de ce qu'on entend par l'intelligence, l'instinct et la fidélité.

Combien de fois n'avons-nous pas demandé aux maîtresses de substituer aux notions plus ou moins techniques, toujours hors de saison à l'école maternelle, et à la description toute sèche de l'animal, le récit de ses « faits et gestes », son histoire vivante, autrement intéressante, autrement instructive, et même autrement pratique! Je sais bien que tout le monde — les institutrices surtout, auxquelles il est défendu d'introduire des animaux domestiques dans les classes et dans les cours — ne peut pas faire à ce sujet des observations intéressantes; mais tout le monde peut se tenir au courant de celles qui ont été faites par d'autres; or on composerait une bibliothèque avec les histoires de chiens qui ont été recueillies. Mais, m'objectera-t-on, il faudrait savoir où les trouver? — D'abord, en consultant les catalogues des bibliothèques pédagogiques et des bibliothèques communales, ensuite en passant moins légèrement sur la partie des journaux péda-gogiques qui ne paraît pas assez technique, et qui est cependant la seule réellement éducatrice, car elle a pour but d'*éclairer* les connaissances acquises, de les *élargir*, de les *faire vivre*.

En ce qui concerne les chiens, j'ai le souvenir de regards brillants, de lèvres souriantes, de mains frappant les unes contre les autres; c'est que je racontais les hauts faits de mon ami *Tip* qui jouait de son vivant à cache-tampon; de mon ami *Tom*, un chien universitaire, s'il vous plaît — le gardien fidèle de l'École normale d'institutrices de Nîmes. Celui-ci est un gros chien assez coutumier du farniente : on n'est pas pour rien du pays des *Garrigues*. Une partie de sa journée il est étendu de tout son long dans le beau jardin parfumé, dont les terrasses sont voisines de la *tour Magne*; à son attitude on se figure qu'il regrette de n'être pas né lézard. La cloche qui sonne le lever, ou la rentrée en classe, ou même la récréation le laisse sourd. On n'a pas besoin de lui, et il n'est point animal à faire du zèle. Mais le jeudi, aux premiers tintements qui annoncent l'heure de la promenade, Tom se dresse; il va se poster, assis sur son derrière, sur une marche du perron où les élèves-maîtresses se réunissent; dès que le jeune bataillon est au complet, il se met en marche, il prend les devants, reconnaît le terrain, revient à la tête de ligne, va surveiller les derniers rangs; malheur au chien anti-universitaire qui viendrait japper près de la colonne; malheur au malappris, au malintentionné qui essaierait de gâter la promenade en provoquant un incident fâcheux! Tom est un gardien scrupuleux, une duègne judicieuse et impeccable. La promenade achevée et le troupeau rentré au bercail, Tom abdique jusqu'au jeudi ou au dimanche suivant.

Mais ce n'est pas tout : lorsque les élèves-maîtresses vont en vacances, il les conduit à la gare, il traverse les salles d'attente, vient se poster sur le quai, et ne reprend le chemin de l'école que lorsque le train est parti.

Autre chose : si, pendant le cours de l'année, une ancienne élève revient à l'école pour faire une visite à la directrice, aux professeurs, aux élèves qu'elle connaît, Tom lui fait fête, il attend à la porte le moment de son départ, il l'accompagne aussi à la gare, et ne rentre que lorsque le train entraîne la jeune voyageuse vers l'endroit qu'elle habite.

Ne pensez-vous pas que l'histoire du brave Tom ferait comprendre aux enfants ce que c'est que l'intelligence et la fidélité du chien?

Tip et Tom ne sont pas mes seuls amis parmi les chiens; je connais aussi et j'aime selon ses mérites *Triboulet*, un jeune caniche noir au poil long et soyeux, aux yeux tantôt doux et caressants, tantôt brillants comme des escarboucles. Comme tous les caniches, Triboulet aime follement à jouer, et il a la manie de porter toujours quelque chose dans la gueule. Tout ce qu'on lance, il le rapporte, quand il faudrait, pour cela, traverser les taillis les plus épais, se jeter à la nage ou bien grimper aux arbres. Avec une pomme de pin, on l'amuse toute une journée. C'est lui-même qui va la chercher; il la jette aux pieds d'une personne de la société, et si cette personne fait mine de rester indifférente, il la

lui porte jusque sur les genoux. On finit toujours
par lui céder, et alors commencent les réjouissances
les plus variées. Si l'on accroche la pomme de pin
à l'écorce d'un arbre, Triboulet a vite fait de grimper
et de la prendre entre ses dents. Mais ce n'est pas
du premier coup qu'il s'est montré si habile; au
début, il ne savait pas prendre son élan, il restait
au pied de l'arbre, et sautait aussi haut qu'il pouvait, mais infructueusement toujours. Pour lui faire
prendre son élan, il fallait l'enlever dans ses bras,
le porter à quelque distance de l'arbre, puis le lâcher
soudain. Il s'élançait alors de toute sa force et grim-
pait à une fort belle hauteur.

Quand Triboulet en a assez de grimper aux arbres,
il se repose un instant; mais bientôt, il vient vous
faire de nouvelles avances. On peut alors jeter la
pomme de pin dans un massif du parc. Guidé par
son odorat, presque aussitôt il la trouve. C'est même
trop facile, et il a fallu recourir à des ruses. On a
fait semblant de jeter la pomme de pin devant soi,
et, tandis que Triboulet s'élançait dans cette direction, on se retournait et on lançait dans la direction
opposée. Le chien ne s'y laisse plus prendre; il
s'aperçoit toujours à temps du subterfuge. On est
donc obligé d'inventer de nouvelles difficultés.

Triboulet apprend aussi à ne pas toucher ce
qui doit être respecté. Les premières fois qu'il a
vu jouer ses maîtresses à la balle sur la pelouse, il
s'élançait et tâchait d'attraper toutes les balles indis-
tinctement. On est arrivé : 1° à l'empêcher de
toucher aux balles qui tombent dans l'intérieur du
jeu (marqué seulement par une ligne sur le gazon);

2° à se faire rapporter celles qui tombent loin du jeu.

Au salon, on s'est amusé à lui faire chercher un morceau de bois que l'on jetait au hasard parmi les meubles. Un jour, on le lança sous un canapé dont les pieds étaient trop bas pour que Triboulet pût y passer. Il se donna une peine inouïe pour glisser une de ses pattes et atteindre le bout de bois, mais il dut y renoncer. Quelqu'un prit alors le balai du foyer, le fit passer sous le meuble et retira l'objet. A quelque temps de là le même incident se produisit. Après avoir bien constaté que tous ses efforts étaient inutiles, Triboulet eut une idée lumineuse : il alla chercher au coin de la cheminée le petit balai, et le porta à son maître sans paraître plus fier pour cela.

Je me suis attardée à ces récits, mais je ne le regrette pas. Je désire, au contraire, que l'importance que j'attache à ces scènes de la vie des animaux fasse impression sur mes lectrices, qu'elle les fasse réfléchir à l'inanité, sinon aux dangers de notre enseignement par formules, qu'elle les fasse entrer enfin dans la période de l'enseignement fructueux parce qu'il sera vivant.

En résumé : la leçon de choses est constamment ou trop touffue ou trop pauvre ; elle est rarement *vraie* au point de vue scientifique ; elle est presque toujours abstraite ; elle est tellement bourrée d'expressions locales, qu'elle aggrave la difficulté qu'éprouvent les enfants à apprendre le français ; elle est presque toujours mauvaise en tous points.

Une leçon de choses est trop touffue quand la

maîtresse se croit obligée de dire tout ce qu'elle
sait sur le sujet en question. Cependant il tombe
sous le sens qu'un même sujet peut donner lieu
(*doit* donner lieu) à des développements différents
d'après l'âge des élèves auxquels on s'adresse.

Une leçon de choses est trop pauvre, lorsqu'elle
n'apprend rien de plus aux enfants que ce qu'ils
savent déjà. Une leçon de choses qui contient des
erreurs scientifiques est une leçon déplorable.

Une leçon de choses est abstraite, lorsqu'il n'y a
pas de choses à l'appui. Quelques maîtresses, dont
on ne saurait trop louer la bonne volonté, dessinent
au tableau noir l'objet, la plante ou l'animal dont
elles parlent, et se figurent avoir toujours fait la
clarté dans l'esprit de leurs élèves; mais elles se
trompent très souvent, car le dessin est encore une
abstraction, quand il représente une chose inconnue;
il ne vaut que si l'enfant *reconnaît* ce que la maîtresse a voulu représenter.

En l'absence des choses, les images sont une béné-
diction, parce qu'elles mettent, presque autant que
les premières, l'enfant en présence de la réalité.
Mais avec les unes comme avec les autres, il faut
encore se garder de l'abstraction.

Comme c'est elle qui nous tue, je tiens à donner
des exemples pris en pleine vie de l'école (il serait
plus juste de dire en pleine mort). Les uns relèvent
du domaine intellectuel, les autres du domaine
moral, tous ont pour but de faire redouter ce grand
ennemi du développement intellectuel.

Note 1. — C'est une leçon de choses proprement
dite qui aurait pu être bonne car la *chose* était là,

devant les yeux des enfants. Mais la maîtresse allait si vite, sans se douter que les enfants ont besoin d'avoir du temps devant eux pour comprendre, et qu'ils ont besoin de toucher ce qu'on leur montre, qu'elle manquait absolument son but.

Le sujet était bien choisi cependant; il s'agissait de peser des pastilles! des pastilles rouges et blanches qui avaient attiré l'œil des enfants avant de leur faire venir l'eau à la bouche.

La maîtresse. — Vous connaissez tous cet objet. C'est une balance, n'est-ce pas?

Les enfants. — Oui, madame.

La maîtresse. — Voici les deux plateaux, voici la flèche, voici l'aiguille. Vous avez bien compris? Nous avons dit cela si souvent.

Les enfants. — Oui, madame.

La maîtresse. — Eh bien, nous allons peser des pastilles. Pour que le poids soit juste, il faut que l'aiguille soit toute droite au milieu de la flèche. Vous comprenez?

Les enfants. — Oui, madame.

Et la maîtresse met dans un des plateaux — un plateau rond — des pastilles, et dans l'autre plateau — un plateau oblong — un poids.

Que critiquer là dedans? En somme la maîtresse a commencé par un exposé auquel il n'y a rien à reprendre ; elle a continué par la démonstration....

Sans doute, mais elle a oublié qu'avec des enfants si jeunes, l'exposition ne peut se dérouler ainsi d'un bout à l'autre, qu'il faut s'arrêter à chaque pas, faire toucher la chose, faire répéter son nom et son usage. Et cet oubli a été fatal; j'en donne ici la preuve.

Ayant appelé un enfant (un de ceux du premier rang, s'il vous plaît, et vous savez ce que cela veut dire : cela veut dire que c'est un des plus avancés), je lui montre un des plateaux que j'ai enlevé de son support : « Comment appelles-tu ceci?

— Des pastilles. » (Il y avait en effet des pastilles dans le plateau.) Je les enlève, et, lui montrant le plateau vide, je renouvelle ma question.

L'enfant reste muet. Comme toujours, la maîtresse met ce mutisme sur le compte de la timidité; mais je lui fais observer que, lorsqu'il s'est agi de nommer les pastilles, dont le nom lui était parfaitement connu, l'enfant n'a pas été timide, et j'adresse la question à un autre, puis à un autre encore. *Personne* n'a pu nommer le plateau.

J'ai dit le nom; je l'ai fait répéter par tous les enfants, puis par un tout seul, puis par un second, puis par un troisième; enfin, au bout de quelques minutes — plutôt dix que cinq, — je crois que tout le monde connaissait le nom du plateau (c'était le plateau rond).

Et la même difficulté — plus tôt vaincue cependant — s'est produite pour le plateau oblong.... Bref, quand toute la classe a su le nom des deux objets, les vingt minutes étaient écoulées; les enfants avaient besoin de se détendre; je n'ai pas cru devoir continuer.

La maîtresse a-t-elle été convaincue? Cessera-t-elle de parler au désert?

Note 2. — C'est une historiette dont le sujet était

bien choisi, mais qui est restée vague, les détails se rapportant aux choses matérielles n'ayant pas été compris.

La maman de Victor lui avait donné pour sa fête un joli tambour et des baguettes. Victor se mit à battre sur son tambour, et il était très content.

Justin, l'ami de Victor, ayant vu le jouet de son camarade, courut vers sa mère et lui demanda de lui donner aussi un tambour. Mais la maman de Justin était pauvre, il lui était impossible de faire cette dépense. Seulement, comme elle voulait que son enfant fût heureux, elle prit un seau de bois et le recouvrit d'un morceau de gros papier, puis elle lui tailla deux baguettes dans une branche d'arbre. Elle lui fit ainsi un tambour.

Justin, ravi, courut montrer son tambour à Victor, et les deux enfants se disposèrent à battre de tout leur cœur. Hélas! dès le premier coup de baguette, le tambour improvisé de Justin fut crevé. L'enfant fondit en larmes. Mais son ami le consola :

« Je te prête mon tambour, lui dit-il : il sera à nous deux. »

C'est simple. L'idée morale est charmante; il n'y a donc rien à désirer. — Si : il y a à désirer que les enfants comprennent. Or ils n'ont pas compris du tout la transformation du « seau de bois » en tambour. Je m'en aperçois vite, et je demande à la maîtresse de combler cette regrettable lacune. Et nous voici dans la leçon de choses abstraite; elle parle d'un seau — et les enfants, qui prononcent un *séau*, ne comprennent pas, — elle parle aussi du bois, et par conséquent des arbres, des forêts,...

et ce n'est pas dans les forêts que les intelligences égarées se retrouvent.... Bref, c'est une confusion générale.

« Mais c'est de l'abstraction, cela! Que faites-vous donc de l'enseignement intuitif, de cet enseignement qui entre dans l'esprit après avoir passé par les yeux, par les doigts? Envoyez, s'il vous plaît, chercher un seau de *bois*, une grande feuille de gros papier et de la ficelle.

— Nous n'avons que des seaux en fer battu.

— Va pour le fer battu. » Le seau étant apporté :

« Comment appelez-vous cela? — Un séau. — Non; un seau. — A quoi servent les seaux? » Tout le monde le savait. « En quoi est ce beau seau? — En fer. — Y a-t-il des seaux chez vous? — Oui. — Sont-ils tous en fer? — Non, il y en a un en bois à la maison, dit un enfant. — Chez moi aussi, répond un autre.

— Bien. Celui-ci, *pour faire semblant*, sera en bois.

« Maintenant donnez-moi la grande feuille de papier et la ficelle. » Vous voyez cela d'ici; je couvre mon seau comme l'on couvre un pot de confitures. « C'est comme cela, dis-je aux enfants, que la maman de Victor avait fait le tambour. Dites-moi comment elle avait fait. » Vingt enfants expliquent à la fois. « C'est bien; il nous manque encore... quoi? — Des baguettes. » Deux baguettes de cerceaux font notre affaire. Je donne un petit coup, très léger, ça va bien. Je fais venir un enfant, et sans recommandation préalable je lui dis : « Tape ». Le papier crève.... C'est juste ce qui est arrivé au petit Justin.

Cherchez maintenant un enfant qui n'ait pas
compris : il n'y en a pas un seul. Cherchez-en qui
ne puisse raconter l'histoire : il n'y en a encore pas
un seul qui n'y parvienne avec un peu d'aide.

Note 3. — Toute une classe venait de réciter
la fable du berger menteur qui a été mangé par le
loup après avoir abusé plusieurs fois de la crédulité
de ses camarades.

C'est très joli cette histoire! La maîtresse qui fait
son devoir en conscience — mais qui a le tort de
parler à des enfants de cinq ans comme s'ils comprenaient — avait préalablement raconté, en prose,
le petit drame, — en prose, mais sans avoir pesé
chaque mot; elle avait insisté sur la *morale*; et
de sa leçon, si elle avait été comprise, les enfants
auraient retenu simplement ou brutalement que les
menteurs s'exposent à de bien grandes infortunes
(comme les gourmands, comme les désobéissants,
comme les ingrats), et j'avoue que j'aimerais mieux
pas de morale du tout. Par réaction, contre cette
peur du loup, des gendarmes ou de l'indigestion,
j'aurais voulu laisser dans l'âme de ces enfants
(c'étaient les plus grands; ils avaient de cinq à six
ans) un mot de morale vivante :

« Y en a-t-il un parmi vous qui ait fait une fois
un petit mensonge? » demandai-je en appuyant sur
le mot « petit » pour montrer qu'il ne s'agissait pas
d'une enquête sévère.

Personne ne répondit; il était évident que l'on
craignait un désagréable épilogue.

« Ce n'est pas pour vous punir, que je vous
demande cela; ce n'est pas même pour vous

gronder; c'est... pour savoir; c'est surtout pour demander quelque chose à celui qui a fait, une fois — peut-être il y a longtemps — un petit mensonge. » (Vous voyez que j'y mettais des formes.)

Rassurée, une fillette s'accuse; une fois, elle avait cassé un verre, et elle avait dit à sa maman que ce n'était pas elle.

« Ce n'était pas beau, et j'espère que tu ne fais plus jamais de mensonge; mais... est-ce que le jour où tu as menti, le loup t'a mangée?

— Oui, madame!

— Comment! le loup t'a mangée, quand tu as menti!

— Oui, madame. »

Et m'adressant à la classe entière :

« C'est vrai que le loup mange tous les enfants qui mentent?

— Oui, madame! »

Il m'a fallu beaucoup, beaucoup de temps et de patience pour les faire arriver eux-mêmes à la réalité des choses. Je dis « eux-mêmes », car une affirmation dogmatique de ma part les aurait laissés dans le sommeil de la conscience dont je voulais justement les éveiller.

Note 4. — Dans une école maternelle de grande ville, fréquentée par une population exclusivement indigente, déguenillée, malpropre, maladive, les enfants récitent une poésie dont je n'ai sous la main ni le titre, ni le texte, mais dont le sens s'est d'autant mieux gravé dans ma mémoire que le choix du morceau m'avait semblé plus malheureux. Il s'agit de deux enfants qui, ayant reçu

chacun dix sous de leurs parents, cherchent ensemble le meilleur moyen (le plus agréable pour
eux) de les employer. Pendant qu'ils hésitent, un
petit mendiant leur tend la main, et l'un des deux
— tous les deux peut-être — se dépouillent de leur
fortune dans un élan de générosité.

Je voudrais d'abord amener mes lectrices à
éliminer implacablement les morceaux dont les
héros sont des mendiants et des faiseurs d'aumônes, car ces morceaux ne sont plus en harmonie
avec notre manière de concevoir aujourd'hui la
mendicité et nos devoirs envers les malheureux.

Aujourd'hui, en effet, tous les compatissants qui
ont à cœur les sentiments de la dignité humaine et
de la fraternité sont convaincus que la mendicité
est la pire des écoles pour l'indigent, de même que
l'aumône est le pire des soporifiques pour la conscience de celui qui possède, car l'indigent s'habitue à recevoir de l'argent non gagné, il se livre à
la paresse, au vagabondage, à l'exploitation des
âmes confiantes, tandis que celui qui possède croit
trop facilement s'être libéré par le seul fait d'avoir
mis la main à sa bourse. La mendicité a trop longtemps séduit les poètes, elle a été trop longtemps
idéalisée; il est juste qu'elle soit remise à sa place,
tout en bas de l'échelle sociale, à côté de la paresse,
de l'ivrognerie et de tous les vices qui en sont le
triste cortège. De même l'indolence de celui qui
fait l'aumône a été trop longtemps couverte de
fleurs. Le pauvre ne doit plus tendre la main au
riche pour que celui-ci y mette de l'argent; il doit
seulement accepter pour échapper à la misère l'aide

morale et l'aide matérielle que le riche lui offre.
Ce que je dis là, c'est la vérité d'aujourd'hui, en
attendant celle de demain; mais qui donc la fera
pénétrer dans les âmes, si l'école continue à entretenir les préjugés et la fausse sentimentalité, si elle
poétise l'abjection, si elle endort les consciences?

Le sujet auquel je fais allusion était donc mauvais
en soi, comme tous ceux de même nature; il était
plus que mauvais; il était, je ne crains pas de le
dire, immoral, vu le milieu pour lequel il avait été
choisi. Voyons maintenant le parti qu'en tirait la
maîtresse.

« Que faites-vous, demandait-t-elle à ces enfants — tous indigents, tous malpropres et déguenillés — lorsque votre maman vous donne dix
sous?

— Nous les donnons aux pauvres, répondaient-
ils en chœur.

— C'est bien; il faut toujours faire la charité. »

Alors j'ai fait une enquête; c'est-à-dire j'ai inter-
rogé à la place de la maîtresse :

« Ta maman te donne-t-elle un sou, le dimanche?
demandai-je à l'un d'eux.

— Non, madame.

— Et la tienne?

— Non, madame.

— Et la tienne?... »

Tout compte fait, trois ou quatre de ces petits
malheureux avaient eu une bonne aubaine dans
leur vie : quelqu'un leur avait donné un sou.

« Qu'as-tu fait de ton sou? ai-je demandé à l'un
d'eux.

— Je l'ai donné aux pauvres!... »

Et il m'a fallu bien insister pour qu'il se décidât à me dire qu'il avait acheté des bonbons!

Un tel enseignement est absolument stérile, pour tout, pour tout.

Revenons aux images qui — de même que les objets — sauveraient les enfants de l'abstraction; malheureusement la manière dont on les emploie dans nos écoles maternelles leur fait perdre plus des trois quarts de leur valeur : les mêmes images servent aux plus petits comme aux plus grands — ce qui exclut toute gradation, — on montre de loin, aux plus petits, comme aux plus grands, une seule image suspendue au porte-tableau, ce qui rend, pour les premiers, l'exercice complètement inutile.

Pour les « petits » — c'est toujours par eux qu'il faut commencer, — il est nécessaire d'avoir autant d'exemplaires de la même image qu'il y a d'enfants autour d'une même maîtresse, car chaque enfant doit avoir un exemplaire entre les mains; il faut que l'image soit pour un instant bien à lui, qu'il la tourne, qu'il la retourne, qu'il la voie d'abord avec les doigts, et qu'il arrive de lui-même à reconnaître l'objet ou l'être qu'elle représente.

L'image — pour les petits — doit, au début, être très simple. Elle doit représenter un seul objet, un seul animal, choisi parmi ceux qu'ils voient tous les jours.

Ces objets sont ceux qui composent le mobilier, la batterie de cuisine, la vaisselle, auxquels on ajoutera peu à peu, pour animer la causerie, un chien, un chat, un âne, un oiseau. Mais que de

surprises nous ménagent les enfants! Leur ignorance
de certaines choses qu'on se figure leur être fami-
lières est tout à fait invraisemblable. Rien de plus
relatif que ces mots : « objets familiers ». Ce que
nous voyons tous les jours, ou ce que nous voyons
de temps en temps, quelques enfants ne l'ont jamais
vu. Ainsi quoi de plus familier, nous semble-t-il,
que le « petit mouton » ou le petit agneau pais-
sant dans la prairie? Depuis qu'il y a des écoles dans
les villes et des enfants dans ces écoles, le mouton
est le sujet le plus rebattu; la maîtresse en parle
toujours comme s'il s'agissait d'une vieille connaissance! Eh bien, le mouton, le vrai, le mouton « en
vie », est cependant un mythe pour beaucoup
d'enfants. J'ai fait à ce sujet une enquête intellectuelle dans quelques écoles maternelles de
Paris.

Dans une classe de soixante enfants de quatre à
six ans, un seul avait vu un mouton, et il l'avait
vu... à l'abattoir! Quant à l'étendue verte et fleurie
qui défraye tant de poésies et d'historiettes enfantines, c'était seulement des mots pour presque
tous; il a fallu nous contenter de la comparer aux
pelouses de nos squares, et à l'herbe poussiéreuse
et pelée du talus des fortifications! La même
ignorance, pour des choses différentes, existe chez
les petits campagnards; elle existe, pour des choses
différentes encore, chez les indigents. Il est donc
nécessaire, pour que l'enseignement donné par
l'image porte ses fruits, que les maîtresses choisissent toujours la représentation de ce que les
enfants ont pu voir dans le milieu qu'ils habitent;

celles qui négligent cette précaution font, malgré l'image, de l'enseignement abstrait.

A mesure que l'enfant se développe, on devrait lui mettre entre les mains des images plus compliquées, représentant chacune deux ou trois choses; non pas des choses disparates, mais chacune d'elles placée dans son milieu, à l'endroit qu'elle occupe ordinairement. Si c'est une soupière, par exemple, elle serait sur la table, et une assiette serait placée à côté. Par la même occasion le champ intellectuel s'élargirait, les rapports des choses entre elles s'accuseraient. Pourquoi la soupière est-elle sur la table? Pourquoi l'assiette est-elle à côté de la soupière? Que faudrait-il mettre sur la table pour que l'on pût servir la soupe? Et pour que l'on pût la manger?

Si une *troisième série d'images* représentait le couvert mis, et une *quatrième série* la famille réunie autour de la table, on aurait ainsi une gradation qui, partie du premier degré de l'échelle matérielle, se serait élevée jusqu'à la vie morale.

Malheureusement ces séries d'images graduées n'existent pas encore; les essais tentés dans les dernières années n'ont pas été heureux, surtout si l'on considère la classe des petits. Puis la grande image suspendue est toujours en honneur, et à son vice rédhibitoire — celui de ne pouvoir être maniée par les enfants — j'en ajoute un second qui a bien son importance, l'image est presque toujours trop compliquée, et un troisième : nous ne revenons pas assez souvent sur les mêmes. Les enfants les ont-ils vues cinq ou six fois chacune? Les ont-ils *lues* cinq ou six fois? Les ont-ils racontées cinq ou six

fois? Pas toutes, c'est certain. Cependant une image
qui n'a été vue que cinq ou six fois, c'est presque
une inconnue pour l'enfant! une histoire qu'il a
entendue cinq ou six fois, ne lui dit *presque* rien!
C'est à la vingtième, à la cinquantième fois, qu'il
commence à bien la goûter. C'est à la centième fois
qu'il l'aime. Craindre la satiété pour ce genre
d'exercice, c'est ne pas connaître l'enfant, c'est ne
l'avoir jamais étudié. Il me souvient d'un bébé âgé
de vingt-cinq mois, fils unique, sur lequel se con-
centraient toutes les tendresses du père, de la mère,
de la grand'mère, des tantes : toutes les tendresses,
toutes les anxiétés, mais aussi toutes les espérances,
tous les bons soins. Cet enfant, que j'ai suivi, étudié,
scruté, enveloppé, beaucoup par attraction irrésistible, mais beaucoup aussi en pensant aux sept cent
mille petiots qui encombrent nos écoles maternelles
de France, devait presque tout son vocabulaire
aux images. Parmi les livres qu'on lui avait donnés,
deux avaient alors ses préférences. C'était l'histoire
de *Jean-Jean Gros-Pataud*, une historiette fort mouvementée, vu la maladresse du pauvre héros, et
un volume d'animaux. Tous les jours, plusieurs
fois, mon petit ami s'emparait de *Yean-Yean Gos-
Pataud* et racontait, dans son adorable jargon, quelques-unes des mésaventures du malheureux, toujours les mêmes, ne s'attardant qu'à celles qui
l'avaient frappé au début et dédaignant les autres.
Pour les animaux, c'était la même chose; il y avait
surtout le *gros buffle* (mon petit ami prononçait *gos
buffe*) vers lequel il allait du premier coup, auquel
il revenait toujours quand on essayait d'attirer son

attention sur un autre animal. Et lorsque les livres étaient fermés, à table, au jardin, en s'endormant, *Yean-Yean Gos Pataud* et le *gos buffe* faisaient encore les frais de la conversation que l'enfant entretenait avec les autres ou avec lui-même. .

En observant dans quel ordre d'idées restreint se mouvait le charmant petit bonhomme, je déplorais de plus en plus le tourbillon dans lequel nous lançons les petits enfants des écoles maternelles, enfants moins bien doués, moins bien entourés chez eux, et je me persuadais de plus en plus que nous faisons de mauvaise besogne.

Puisqu'il est entendu — pour qui réfléchit — que l'image suspendue ne vaut rien ou presque rien; puisqu'il est entendu que l'enfant ne voit l'image et ne la comprend que lorsqu'il l'a entre les mains, il faut adopter le système des albums de toile, ou de percale ou de coutil. La maîtresse taille des bandes d'étoffe, et y colle les images — cette petite opération doit être faite avec beaucoup de soin, surtout aux angles.

L'adoption des albums dans nos écoles marquera un véritable progrès vers la méthode maternelle; car il faut le répéter encore, les enfants ne comprennent pas nos leçons. Ce n'est pas par plaisir, ce n'est pas par manie que je reviens constamment sur cette idée; c'est que chaque jour ma conviction devient plus profonde... parce que chaque jour mon champ d'expériences s'élargit. Il y a quelques années, en effet, je croyais que les difficultés que rencontrent les maîtresses des écoles maternelles, difficultés presque insurmontables dans les pays à patois ou à dialectes, en Gascogne, en Provence, en Bretagne, n'existaient pas ou du moins étaient peu inquiétantes dans toutes les autres parties de la France. Aujourd'hui je pense autrement, non parce que j'ai *changé*, mais parce que j'ai *appris*, en voyageant dans toutes les régions de la France. Même à Paris, le peuple parle une autre langue que celle des livres ; même à Tours et à Blois, où se parle le français le plus pur, il a ses locutions à lui et sa prononciation à lui : « AL AJETTE TOUJOURS, A N'PORTE JAMAIS » (elle achète toujours des objets de toilette qu'elle ne porte jamais), me disait, il y a quelque temps, une Parisienne de Paris qui n'a jamais quitté sa boutique. « AL A PEUR QUE SON GAS SE NOUEYE », m'a répondu tout récemment une fillette de Tours, à qui je demandais pourquoi une maman avait défendu à son enfant d'aller seul au bord de l'eau. « LES QU'AVONT (ceux qui ont) des bonbons veulent les manger », disent les enfants d'Angoulême.

Dans le Nord ? Oh ! dans le Nord, dans le Pas-de-Calais, dans les Ardennes, sur vingt mots il y en a bien quinze qui appartiennent au terroir ou encore à la profession du père de famille. Il y a le langage du mineur ; il y a le langage du manufacturier. Tous ces langages fleurissent à l'école maternelle, et opposent au français une digue fort difficile à franchir ; il faudrait donc que les maîtresses fissent une étude toute spéciale du langage des enfants, pour pouvoir remplacer par le français tous ces patois disparates. Autrefois on pouvait trouver que ces différences de langage étaient indispensables à la couleur locale,

qu'elles faisaient partie du pittoresque ; aujour-
d'hui qu'elles constituent dans l'école un effroyable
malentendu, *il faut* en avoir raison. Enseignez
donc le français aux enfants, au lieu de leur faire
ânonner tant de chants soi-disant patriotiques auxquels ils ne comprennent ni A ni B ! Vous ferez
ainsi du patriotisme sérieux, du patriotisme dont
personne ne pourra contester l'utilité.

Les enfants ne comprennent pas le français ; je le
répète encore. Or ces enfants qui ne comprennent
pas le français apprennent des poésies, récitent
des définitions, écoutent (ou du moins sont censés
écouter) l'histoire de la féodalité ou de Louvois ;
des explications sur les tremblements de terre *avec
la théorie du feu central* ; ailleurs ils font des copies
et conjuguent des verbes.... Croyez-moi, ils sont
dans le noir, et je suis convaincue que cette obscurité les accompagne ensuite à l'école primaire et
dans leur vie tout entière.

En dehors du jeu, où l'enfant parle de lui-même,
et où la leçon donnée en passant, et comme par
hasard, serait très fructueuse, en dehors du jeu, je
ne vois d'abord que les images. Tous les exercices
de langage essayés sans leur secours sont nuls, et
dégoûteraient plutôt les enfants de la langue française. On aura beau dire vingt fois par jour à un
enfant de deux à trois ans : « Qu'est-ce que je tiens
à la main ? à quoi cela sert-il ? en quoi cela est-il
fait ? » on ne lui enseignera pas à parler. En
présence d'une image placée près de lui sur la
table, il se lance ; il reconnaît un à un les objets et
les nomme tout seul, ou avec l'aide d'un camarade

ou d'une maîtresse; il comprend bien les actions des individus, et les commente à sa manière: les images délient les langues. Partout où j'en trouve au cours de mes tournées, le développement des enfants est incontestablement en progrès.

Les albums font des prodiges. Quelques maîtresses, n'ayant pu en faire un pour chacun de leurs nombreux élèves, ont collé leurs images sur des feuilles volantes (feuilles de coutil ou de grosse étamine), les enfants font entre eux des échanges et le but est atteint.

L'enfant, bien développé par l'image, enrichit son vocabulaire en apprenant des poésies; il fait plus que l'enrichir, il l'ennoblit. Est-ce un fait ce que je raconte là, ou bien suis-je en train de prendre mon désir pour une réalité?

Hélas! pour être traitée trop légèrement à l'école maternelle, la poésie constitue seulement un exercice de mémoire, et c'est lui faire injure que de lui demander si peu. Énumérons, si vous le voulez, tous les trésors que nous pouvons découvrir dans une poésie. D'abord c'est en général une petite histoire d'un genre délicat; en poésie on parle plutôt du soleil et des fleurs, des enfants roses et gracieux, des papillons, des oiseaux et des actions généreuses que des choses vulgaires et des actes répréhensibles. Il est rare que l'on se permette d'écrire en vers : « Ne prends pas le bien d'autrui, parce que tu irais en prison »; « Ne mens pas, parce que l'on ne te croirait plus »; « Travaille pour gagner de l'argent », etc., toutes maximes qui tendent à nous américaniser dans le mauvais sens du mot, et qui seraient capables, si nous n'y mettions bon ordre, de tuer à tout jamais l'élan de notre âme, de notre chère âme française, si prompte à s'élever vers les étoiles. Le poète s'adresse à l'imagination, qui est une des fleurs de l'esprit; il cherche à faire naître l'émotion, qui est une des fleurs de l'âme.

Mais ce n'est pas tout; il habille ses idées d'expressions charmantes, élégantes, gracieuses; les bonnes choses qu'il dit, il les dit de façon à les faire paraître aussi jolies qu'elles sont bonnes, et le beau et le bon se confondent si bien, grâce à lui, que l'enfant apprendrait à ne plus les séparer....

Mais est-ce qu'il le voit, ce beau? est-ce qu'il l'éprouve, ce bon, lorsqu'il apprend ses poésies sans les avoir comprises?

Oh! je sais bien ce qu'on me répond en général; on me dit : « Nous expliquons tout; si l'enfant ne répond pas, c'est qu'il a oublié », et je ne prends, en général, cette réponse que pour ce qu'elle vaut, parce que l'explication est trop souvent imparfaite pour avoir été insuffisamment préparée.

Cela semble si facile, parfois!... et c'est pourtant si difficile... toujours! Songez donc! les enfants à qui nous enseignons des poésies, ce sont ces petits Parisiens qui disent : « *Al ajette toujours, a n'port jamais* », et que les exemples de leur milieu dirigent trop rarement vers les choses élevées; c'est la petite fille de Tours dont la maman *a peur que son gâs se noueye*; ce sont *les qu'avont* d'Angoulême, ce sont les enfants de Léns qui tout récemment n'ont pas pu me comprendre, parce que je leur parlais d'une *tasse de lait*, puis d'un *bol de lait*, alors que, pour eux, tout récipient s'appelle une *jatte*....

Puisque la difficulté est incontestable, il est intéressant de chercher à l'atténuer, sinon à la vaincre. Elle réside : 1° dans le sens général du morceau, sens qui échappe presque toujours aux enfants; 2° dans les expressions choisies par le poète, expressions nobles, alors que les enfants ne connaissent que le français vulgaire ou les mots de terroir; 3° dans le rythme. Ces trois difficultés — principales, car il y en a d'autres — inhérentes à la poésie et au manque de développement des petits écoliers — sont aggravées, dans des proportions désolantes, par l'enseignement exclusivement collectif.

J'ai dit que le sens général des poésies échappe presque toujours aux enfants, et je prends un exemple au hasard — dans le tas considérable.

On récite *le Grillon* de Florian. Cette fable a la réputation d'être très facile, aussi l'explique-t-on peu; en général les enfants n'y comprennent rien du tout. C'est que l'idée morale en est extrêmement délicate : le bonheur dans une situation modeste, obscure même. Cependant faut-il renoncer à cette fable, qui met en scène deux animaux dont l'un est familier aux enfants?

Ce n'est pas mon avis; mais je voudrais préparer l'intelligence de mes petits élèves à la comprendre. Je prendrais peut-être la chose d'un peu loin. Ainsi tous les enfants connaissent des petites filles qui aiment beaucoup à mettre leurs jolies robes et

leurs jolis chapeaux pour qu'on les regarde dans la
rue. Quand elles ont mis leur toilette du dimanche,
elles se tiennent droites comme des cierges et ne
veulent pas s'amuser, de crainte de déranger l'harmonie de leur costume. Oh! elles trouvent la journée
lente à passer, elles ne sont pas gaies au fond du
cœur; mais on les regarde et leur vanité est
satisfaite. Il y a donc des personnes qui aiment
qu'on les regarde.

Lorsque les petites filles qui aiment qu'on les
regarde passent dans la rue, il y en a d'autres plus
modestement habillées qui regrettent de n'être pas
belles aussi : « Comme elles sont heureuses, se
disent-elles, d'avoir un aussi beau chapeau, une
robe que l'on voit de si loin! » Elles sont un peu
jalouses de leurs compagnes élégantes.

Cela compris, je raconterais une histoire :

La petite Marie portait pour la première fois une
jolie robe rose avec une ceinture de même couleur
dont les bouts descendaient jusqu'au bas de sa
jupe; elle avait aussi des nœuds roses aux épaules
et un chapeau garni de fleurs. Georgette et Louise,
qui n'avaient pas de rubans à leur robe et pas de
fleurs à leurs chapeaux, la regardaient avec envie.
« Quel dommage, se disaient-elles, que notre papa
et notre maman ne gagnent pas assez d'argent pour
nous habiller comme Marie! » Et elles avaient envie
de pleurer. « Veux-tu jouer avec nous? deman-
dèrent-elles timidement à la petite fille. — Non,
merci; maman me l'a défendu; elle a peur que je
ne gâte ma jolie robe. » Georgette et Louise furent
à ce moment accostées par des petits amis et des

petites amies, et l'on organisa une partie de cache-
cache. De temps en temps, les enfants passaient
en courant devant le banc où Marie était assise ;
elle avait l'air triste, et, comme ils avaient bon
cœur, ils la plaignaient ; ni Georgette, ni Louise,
ne regrettaient plus de n'être pas élégantes. On ne
faisait pas attention à elles quand elles passaient
dans la rue, mais au moins elles s'amusaient librement, et elles comprenaient que les belles toilettes
ne font pas le bonheur.

Les enfants ont-ils bien compris cette petite
histoire ; l'ont-ils racontée de façon à vous convaincre que ce n'étaient pas des mots qu'ils répé-
taient, mais des idées qu'ils exprimaient : racontez-
leur la fable du *Grillon*. Quand vous aurez fini,
demandez-leur si l'insecte aux ailes bleues, pourpres
et jaunes ne ressemble pas à une petite fille dont
vous leur avez conté l'histoire. Si vos petits élèves
sont intelligents, s'ils sont habitués à réfléchir
autant qu'on le peut à leur âge, ils répondront :
« Il ressemble à la petite Marie. La maman de la
petite Marie l'habillait avec de belles robes, le
papillon est né paré de belles couleurs. » S'ils n'ont
pas trouvé tout seuls, mettez-les sur la voie : ce
petit exercice de comparaison n'est pas trop fort
pour eux.

Et le grillon, à qui ressemble-t-il ? La seconde comparaison coule de source, et rien ne peut désormais
rester obscur dans votre explication. Les petites
filles modestement vêtues ont fini par plaindre leur
camarade que ses beaux vêtements empêchaient de
jouer ; le grillon se félicite de ne pas attirer les

regards. « Oh! oh! dit le grillon, je ne suis plus fâché; il en coûte trop cher pour briller dans le monde! »

Les enfants ne comprennent pas plus les mots qu'ils ne comprennent le sens. On récite une fable qui s'appelle *la Fauvette.* Cette fauvette, revenant de faire des provisions, voit avec douleur des « écoliers turbulents » en train de lancer des pierres dans le nid qui abrite ses oisillons.

La directrice est intelligente; elle a de l'entrain, elle aime les enfants, elle explique avec brio; mais elle va un peu vite, se contente d'à-peu-près, et ne se doute pas de la peine qu'il faut prendre pour extirper une idée fausse logée dans une petite cervelle. « Qu'est-ce qu'un écolier? demande-t-elle. — C'est un enfant polisson, répond une petite fille. — C'est un enfant polisson », répondent en chœur tous les enfants, et la jeune femme passe outre. Mais... je l'arrête. « Est-ce que vous êtes des polissons, mes enfants? — Oh non! madame. — Cependant vous êtes des écoliers. Est-ce que, par hasard, vous ne savez pas ce que c'est que des écoliers? » Et ils l'ignoraient en effet; nous nous figurons trop facilement que les enfants sont familiarisés avec tout ce qui, pour nous, est usuel. La maîtresse, invitée à donner l'explication, s'en tire à merveille, puis demande à tous les enfants : « Qu'est-ce qu'un écolier? — C'est un enfant qui va à l'école. — Très bien, » Et encore une fois elle se dispose à passer outre. « Pas encore, lui dis-je; adressez-vous individuellement à la petite fille qui, tout à l'heure, vous a fait une réponse erronée. » — « Qu'est-ce qu'un écolier? lui demande de nouveau avec beaucoup de bonne grâce la maîtresse. — C'est un enfant polisson », reprend la fillette, qui en était restée à son idée primitive. Et alors, il a fallu travailler! « Tu viens à l'école, et parce que tu viens à l'école tu es une écolière. Pourquoi es-tu une écolière? — Parce que je viens à l'école. — Comment s'appelle une petite fille qui va à l'école? — Une écolière. — Et un petit garçon qui va à l'école? — Un écolier. — Quand les enfants sont sages à l'école, ce sont des écoliers?... — sages. — Et quand ils sont polissons, ce sont des écoliers?... — polissons.... — Tu comprends bien maintenant que tous les écoliers ne sont pas polissons, puisqu'il y a ici beaucoup d'enfants sages? — Oui. — Eh bien, dis-moi maintenant ce que c'est qu'un écolier. — C'est un enfant qui va à l'école. — Bravo! »

Vous vous tromperiez, chères lectrices, si vous croyiez que la victoire a été aussi rapide que je le raconte au paragraphe précédent; il y a eu plusieurs tâtonnements; mais, enfin, l'enfant y est venue d'elle-même, et *tout à fait* d'elle-même, sans qu'il ait été nécessaire de lui souffler les premières syllabes de sa réponse. Les vingt minutes réglementaires en ont été fort écornées; mais personne n'avait perdu son temps. D'abord, et c'est le point principal, la maîtresse avait compris : 1° qu'il ne faut jamais laisser un enfant avec une idée fausse; 2° qu'il est parfois très difficile de remplacer une idée fausse par une idée juste; 3° que tout ce qui nous paraît couler de source pour nous-mêmes est

une nouveauté pour le petit enfant; 4° que nous
sommes de grands coupables quand nous n'es-
sayons pas de surprendre les procédés de compré-
hension de nos petits élèves. Enfin la petite fille
avait appris — pour un moment, car il faudra
recommencer cent fois — qu'il s'agit de réfléchir
pour bien répondre; ses petits camarades, que j'avais
associés à la leçon, l'avaient appris eux aussi; quant
à moi, j'étais contente, comme je le suis toutes les
fois que je crois avoir fait la conviction dans
l'esprit d'une maîtresse.

Autre exemple : *Ceux que j'aime.*

> J'aime maman, qui promet et qui donne
> Tant de baisers à son enfant.

Je tiens infiniment à cet exemple parce que les
deux vers et l'idée qu'ils expriment sont d'une simplicité telle qu'il ne peut venir à l'idée de personne
que les enfants n'ont pas compris.

A personne, ai-je dit? Ce n'est pas tout à fait
exact parce que, dès le premier vers et d'après la
façon dont il était coupé, j'ai été persuadée que les
enfants n'y avaient vu que du feu. En effet, ils
avaient récité sur le ton criard de la lecture :

« J'aime maman, qui promet et qui donne »; ils
s'étaient arrêtés là, comme si l'idée était achevée, et,
un peu plus tard, ils avaient ajouté : « tant de baisers à son enfant ». C'était bien cela, en effet, les
enfants n'avaient pas compris que le second vers
était le complément indispensable de l'idée ébau-
chée dans le premier; et il a fallu du temps et de la
peine pour les faire respirer après « promet » et

leur faire dire sans interruption : « et qui donne tant de baisers à son enfant ».

Mais le résultat obtenu, voici bien une autre difficulté : le mot « baiser » n'est pas du vocabulaire des gens du peuple. Ils *embrassent* leurs enfants; ils ne leur donnent pas de baisers. Vous doutez peut-être de mon assertion? Eh bien, voyez un peu : « Vous aimez votre maman parce qu'elle vous donne quelque chose, leur ai-je dit. Que vous donne-t-elle?

— Du pain! de la viande! de la soupe! du vin! du café! »

Bref, de tout, excepté des baisers. Je veux les ramener vers l'idée de la poésie. « Oui, leur dis-je, votre maman vous donne bien de tout cela; mais elle vous donne aussi autre chose qui vous fait bien plaisir. Rappelez-vous ce que vous avez récité : « J'aime maman, qui promet et qui donne tant de baisers à son enfant ». Réfléchissez bien. Que vous donne-t-elle, votre maman?

— De la viande! du vin!... » etc.

Alors, j'ai pris un enfant sur mes genoux, je lui ai dit : « Comme tu es bien gentille, je vais te donner un baiser ». Après le lui avoir donné : « Tu vois bien, c'est ça un baiser; je t'avais promis un baiser et je te l'ai donné; maintenant, je te promets deux baisers : les voici; et encore je te premets beaucoup, beaucoup de baisers, autant de baisers que tu en voudras », et je l'ai couverte de baisers.

On avait compris.

Hélas! il y a beaucoup d'enfants qui ignorent non seulement le mot, mais la chose! Que leur apprendrons-nous, si ce n'est cette chose exquise qui leur manque,... le baiser, presque autant que le mot.

L'enseignement exclusivement collectif des poésies donne lieu aux méprises les plus regrettables.
Si quelques enfants, parmi les plus avancés, entendent et répètent exactement, la plupart des autres
se laissent tromper par les analogies des sons, et
entassent avec candeur dans leur mémoire non-sens
sur énormités.

Ainsi on récite *l'Araignée et le Ver à soie.* Disons,
en passant, qu'entre autres idées fausses ayant
cours dans les écoles, il faut noter celle de l'inu-
tilité des fils de l'araignée. On les compare à ceux
du ver à soie, et l'on n'a pas assez de mépris pour
les premiers, tandis que l'on ne sait pas assez exal-
ter les seconds. Au point de vue industriel, c'est
permis; mais en histoire naturelle, est-ce qu'il
n'y a pas identité absolue? Et cette observation,
lancée, revenons à notre poésie.

> Pour moi, mon travail est utile,
> Si je fais peu, je fais bien.

Ces deux vers sont, par altération, remplacés
pour une quantité d'enfants par ceux-ci :

> Pour moi, mon travail *étudie*,
> Si je fais *peur*, je fais bien.

Comment ne pas emporter une tristesse navrante
d'une école où l'on a entendu de pareilles énormités?
Croyez-vous vraiment que si l'explication avait été
bien faite, les résultats seraient aussi décevants?
Croyez-vous aussi que si les mots avaient été bien
détachés, bien prononcés par la maîtresse d'abord,

puis par quelques enfants, choisis surtout parmi
ceux qui ont besoin d'être suivis avec plus de sollicitude, croyez-vous que si l'on avait fait réciter
ensuite à tous, sans leur permettre de crier, pour
éviter le brouhaha, croyez-vous enfin que si l'on
avait fait chaque jour réciter quelques élèves individuellement, on n'aurait pas mieux réussi?

Dans le même ordre d'idées, voici deux autres
vers qui font partie d'un chant d'école :

> Grenouille verte,
> Danseuse alerte.

Les enfants chantent ainsi :

> Gre-nouille verte,
> Dan-seusalerte.

Ici c'est le chaos intellectuel et malheureusement
presque inextricable. Avec beaucoup de peine, nous
arrivons à faire un mot des deux parcelles sépa-
rées : gre-nouille, l'animal est assez familier aux
enfants; l'adjectif « verte », qui s'adapte à gre-
nouille, est fait pour nous aider plutôt que pour
nous entraver. Quant au second vers, que de peines!
Il faut avoir assisté à ces séances de redressement
intellectuel pour s'en faire une idée. Nous avons
d'abord détaché le mot alerte, puis nous l'avons
expliqué *par le fait* séance tenante — l'inspectrice
générale faisant d'abord le tour de la classe d'un
pas lourd, puis faisant un second tour d'un pas
leste, vif, alerte... et tous les enfants l'imitant
ensuite dans les mêmes conditions.

« Eh bien, maintenant que vous êtes des mar-

cheurs alertes, faites-moi voir si vous êtes aussi des
danseurs alertes. » Vous croyez peut-être que la
seconde expérience alla toute seule? pas du tout.
Il fallut encore danser lourdement, puis lestement
pour faire comprendre la danse alerte; il fallut
parler de danseurs alertes, avant d'en arriver aux
danseuses alertes, et enfin à la « danseuse alerte »
de la poésie, et je ne suis pas bien sûre d'avoir fait
pleine lumière dans les esprits.

Ah! si l'on avait fait dire d'abord « grenouille »,
et pas gre-nouille! si l'on avait montré une gre-
nouille, — il y a presque partout un tableau qui la
représente; si l'on avait fait dire ensuite « danseuse » en ajoutant : « C'est la grenouille qui danse.
C'est une danseuse. Elle danse légèrement, comme
vous, lorsque vous ne faites pas de bruit; c'est
pour cela qu'on l'appelle *danseuse alerte*. »

Si, si, si....

Une autre fois c'était *la Laitière et le Pot au lait*.
Le ton de la récitation, les mots écorchés me chagri-
nèrent, il me semblait impossible qu'un morceau
de poésie ainsi « crié » eût été compris. Je priai la
directrice de désigner l'enfant qui savait le mieux
la fable, et quand il eut fini :

« Comment s'appelait la laitière? » lui demandai-je.

Il resta muet; je renouvelai ma question, je
m'adressai à quelques-uns de ses camarades.
Même insuccès dont je ne fus d'ailleurs pas surprise, les enfants ayant récité : « Perrette-sur-sa
tête », comme s'il se fût agi d'un seul mot : « Per-
rettesursatête ».

Je vins donc à leur secours. « Elle s'appelait Perrette, comme d'autres s'appellent Mariette, Georgette, Antoinette. Comment s'appelait-elle?

— Perrette.

— C'est bien.

— Que portait-elle sur sa tête? »

Cette seconde question n'eut pas d'abord plus de
succès que la première; cependant je finis par
obtenir cette réponse :

« Une laitière!

— Comment! une laitière! Perrette portait une
femme sur sa tête! »

Ici la maîtresse intervint : « Dans ce pays, me dit-elle,
« laitière » est synonyme de « pot au lait »; le vase
dans lequel on met le lait s'appelle une laitière. »

Vous voyez d'ici le malentendu. Mais alors que
comprenaient les enfants lorsqu'ils disaient :
« Notre laitière ainsi troussée comptait déjà dans
sa pensée »? etc., etc.

Oh! mon Dieu! ils ne comprenaient rien; c'était
du fouillis, du galimatias!

Il tombe sous le sens cependant que lorsqu'il
s'agit d'un exercice de langage, et l'étude d'une
poésie est l'exercice de langage par excellence, *on
doit faire traduire d'abord en français les expressions
du terroir.* Dans le cas présent, le titre de la fable
lui-même, *la Laitière et le Pot au lait*, appelait, exigeait cette traduction. Car, enfin, dans l'esprit de
ces enfants pour lequel une « laitière » signifiait un
« pot au lait » que devenait le pot au lait indiqué
dans le titre? S'agissait-il de deux pots au lait? C'est
à s'y perdre!

Et puis : « Racontez donc la fable comme un conte ! »

« Il y avait une fois une marchande de lait (comment appelle-t-on les marchandes de lait?) qui s'appelait Perrette (comment s'appelait cette laitière?). Un jour, elle allait vendre son lait à la ville. Elle avait mis son pot au lait sur sa tête; mais le pot au lait était en terre durcie, ou bien en bois, ou bien en fer battu, ou bien en cuivre, et c'était lourd et dur sur la tête de Perrette; alors elle avait mis un petit coussin, un *coussinet* », etc.

Ces enfants étaient intelligents, vivants, charmants; j'ai passé avec eux un moment inoubliable!

. . . .

Et si l'on me demande la conclusion de ces nombreuses pages, je dirai : L'enfant a un corps qu'il faut soigner, une âme qu'il faut respecter, une intelligence qu'il faut développer; en transformant notre école maternelle en école préparatoire, en traitant l'enfant en « matière scolaire », nous sommes coupables envers son corps, envers son âme, envers son intelligence. Si nous péchons, c'est par ignorance, ignorance de l'enfant lui-même dont nous avons la charge, et c'est ici ou jamais le cas de dire « charge d'âme »; tous nos efforts doivent donc tendre vers les études psychologiques. Il y a de bons livres; il faut les lire et les vivre; mais il y a surtout l'enfant, le livre vivant; il faut le pénétrer, ce qui équivaudra à le respecter, à l'aimer.

FIN

TABLE DES MATIÈRES

CHAPITRE IV

L'éducateur doit se persuader que l'enfant est d'abord un être exclusivement sensitif.

CHAPITRE V

L'éducateur doit se rendre un compte exact du milieu dans lequel vivent les enfants qui lui sont confiés.

DEUXIÈME PARTIE

L'ÉCOLE MATERNELLE DOIT ÊTRE LE REFUGE CONFORTABLE ET ENSOLEILLÉ DE L'ENFANT PAUVRE.

CHAPITRE I

CHAPITRE II

CHAPITRE III

CHAPITRE IV

CHAPITRE V

TROISIÈME PARTIE

BONNES HABITUDES MATÉRIELLES.

CHAPITRE I

QUATRIÈME PARTIE

LE PROGRAMME DE L'ÉCOLE MATERNELLE PORTE EN PREMIÈRE
LIGNE : DES JEUX.

CHAPITRE I

CHAPITRE II
Éducation morale.

CHAPITRE III
Punitions.

Coulommiers. — Imp. PAUL BRODARD. — 683-94.

Librairie HACHETTE et C¹ᵉ, boulevard Saint-Germain, 79, à Paris.

BIBLIOTHÈQUE VARIÉE, FORMAT IN-16

A 3 FR. 50 LE VOLUME

Ouvrages de pédagogie et d'enseignement

BIGOT (Ch.) : *Questions d'enseignement secondaire.* 1 vol.

BRÉAL (M.), de l'Institut : *Quelques mots sur l'instruction publique en France;* 5ᵉ édition. 1 vol.

— *Excursions pédagogiques* en Allemagne, en Belgique et en France; 2ᵉ édit. 1 vol.

COMPAYRÉ, recteur de l'Académie de Poitiers : *Histoire critique des doctrines de l'éducation en France depuis le XVIᵉ siècle;* 5ᵉ édition. 2 vol.

Ouvrage couronné par l'Académie française et par l'Académie des sciences morales et polit.

— *Études sur l'enseignement et sur l'éducation.* 1 vol.

COUBERTIN (P. de) : *L'éducation en Angleterre.* 1 vol.

— *L'éducation anglaise en France.* 1 vol.

— *Universités transatlantiques.* 1 vol.

DUPUY (A.) : *L'instruction publique et la démocratie (1879-1886).* 1 vol.

FERNEUIL : *La réforme de l'enseignement public en France;* 2ᵉ édition. 1 vol.

FOUILLÉE (A.) : *L'enseignement au point de vue national.* 1 vol.

GRÉARD : *L'éducation des femmes par les femmes. Études et portraits;* 4ᵉ édit. 1 vol.

— *Éducation et instruction.* 4 vol. :

Enseignement primaire; 3ᵉ édit. 1 vol.
Enseignement secondaire; 2ᵉ édit. 2 vol.
Enseignement supérieur; 2ᵉ édit. 1 vol.
Chaque ouvrage se vend séparément.

GUILLAUME : *Pestalozzi,* étude biographique. 2ᵉ édition. 1 vol.

HAYEM (J.) : *Quelques réformes dans les écoles primaires.* 1 vol.

KERGOMARD (Mme) : *L'éducation maternelle dans l'école;* 2ᵉ édition. 1 vol.

MARTIN (A.), inspecteur d'Académie : *L'éducation du caractère;* 2ᵉ édition. 1 vol.

Ouvrage couronné par l'Académie des sciences morales et politiques.

PÉCAUT (F.), ancien inspecteur général de l'instruction publique : *Études au jour le jour sur l'éducation nationale (1871-1879);* 2ᵉ édition. 1 vol.

— *Deux mois de mission en Italie.* 2ᵉ édition. 1 vol.

ROCHARD (Le Dʳ) : *L'éducation de nos fils.* 1 vol.

— *L'éducation de nos filles.* 1 vol.

SALMON : *Conférences sur les devoirs des hommes;* 2ᵉ édit. 2 vol.

Ouvrage couronné par l'Académie française.

SIMON (Jules), de l'Académie française : *L'école;* 12ᵉ édition, contenant le résumé de la dernière statistique scolaire. 1 vol.

— *La réforme de l'enseignement secondaire.* 2ᵉ édition. 1 vol.

SPULLER (E.) : *Au Ministère de l'instruction publique. Discours, allocutions, circulaires.* 1ʳᵉ série (1887). 1 vol.

— *Au Ministère de l'instruction publique.* 2ᵉ série (1888-1889). 1 vol.

THÉRY : *Conseils aux mères sur les moyens de diriger et d'instruire leurs filles.* 2 vol.

Ouvrage couronné par l'Académie française.

Coulommiers. — Imp. P. Brodard. — 5-95.

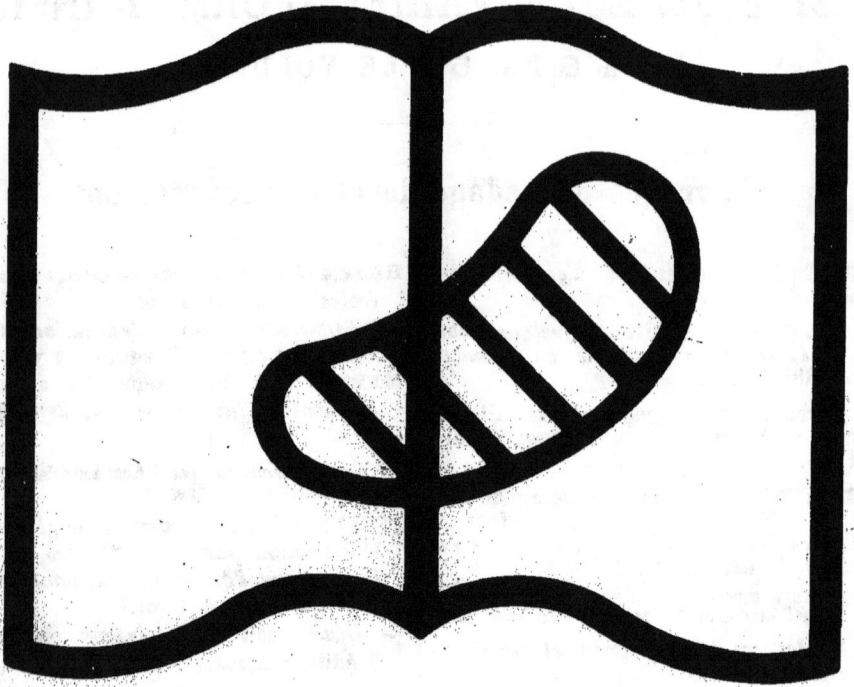

Original illisible

NF Z 43-120-10

www.ingramcontent.com/pod-product-compliance
Lightning Source LLC
Chambersburg PA
CBHW071623270326
41928CB00010B/1754